作者简介

AUTHOR INTRODUCTION

关彬

- 吉林大学兼职教授
- 中国总会计师协会代账协会核心导师
- 青岛阿米巴企业管理咨询有限公司总经理

曾就职于中粮、九州通等中外 500 强企业，专注于稻盛和夫应用知识体系研究多年，在阿米巴经营中国化实践、稻盛和夫经营哲学研究等领域建树颇丰。多年咨询与培训经验，历任高级咨询顾问、项目总监，为多家不同行业客户提供全方位的阿米巴模式咨询服务，使其至少提升5%的利润，理论与实践经验丰富。曾操盘一汽铸造、松下电器、金彭车业、欧亚商业连锁、亨通集团等规模性企业的阿米巴项目。

出版畅销书《从德鲁克到稻盛和夫》及《阿米巴经营》知识光盘。

利润为王

关彬◎著

阿米巴实操落地手册

企业管理出版社
EMPH
ENTERPRISE MANAGEMENT PUBLISHING HOUSE

图书在版编目（CIP）数据

利润为王：阿米巴实操落地手册 / 关彬著. -- 北京：企业管理出版社，2023.6

ISBN 978-7-5164-2840-5

Ⅰ. ①利… Ⅱ. ①关… Ⅲ. ①企业利润—企业管理—中国—手册 Ⅳ. ① F279.23-62

中国国家版本馆 CIP 数据核字（2023）第 094445 号

书　　名：利润为王——阿米巴实操落地手册
书　　号：ISBN 978-7-5164-2840-5
作　　者：关　彬
策　　划：朱新月
责任编辑：解智龙　刘畅
出版发行：企业管理出版社
经　　销：新华书店
地　　址：北京市海淀区紫竹院南路 17 号　邮　　编：100048
网　　址：http://www.emph.cn　电子信箱：zbz159@vip.sina.com
电　　话：编辑部（010）68487630　发行部（010）68701816
印　　刷：天津市海天舜日印刷有限公司
版　　次：2023 年 6 月第 1 版
印　　次：2023 年 6 月第 1 次印刷
开　　本：710mm × 1000mm　1/16
印　　张：22.75 印张
字　　数：326 千字
定　　价：78.00 元

PREFACE

前言

从“工作推动型”管理，向“价值拉动型”经营进化

关 彬

“老板算账，员工算钱”是当前企业普遍的现象。老板关注企业盈利，干部、员工关心自己的腰包，从而造成上下关注点不同，如何实现上下同欲呢？

把干部、员工从“打工”的心理和角色回归到“主人翁”的心理和角色是需要进行机制、模式调整的。当前，不少企业成本管理几近穷尽，绩效管理沦为形式，竞争极其激烈的经济条件下，如何通过全员精打细算，实现“深度经营”？如何调动员工积极性，真正地把大部分员工用利润手段牵引到经营的队伍里来显得愈发重要，阿米巴经营模式就是打造未来先进生产力所必须借鉴的工具和手段。

企业经营，一般需要在两个层面进行探讨。第一个层面，关乎决策，关乎选择，对企业长期发展起决定性作用，叫作“结构效率”似乎更合适；一旦“结构效率”确定，就进入第二个层面，也就是日常该怎么干，通过怎样的管理手段和经营操作去达成阶段性计划与目标，可以叫作“运营效率”。

“结构效率”和“运营效率”是相互依存、相互促进的，并且不是截然按照层面或阶段性分开的。当“运营效率”像“钻天猴”一样，达到一定高度，各项指标已经达到极限之前，就需要反过来在“结构效率”上下

功夫了；而“结构效率”调整好了，日常就要推动“运营效率”的实现了。按照我的“企业经营管理逻辑图”来理解，就 OK 了。

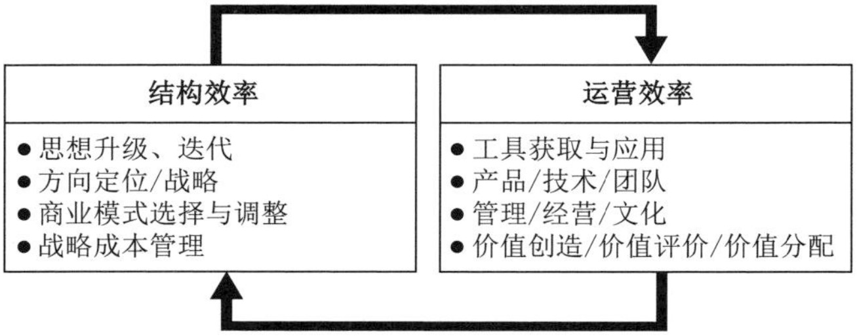

企业经营管理逻辑图

稻盛和夫的经营哲学，可以归类于“结构效率”；稻盛和夫的“阿米巴经营模式”作为降本增效的强有力工具，可以归类于“运营效率”。

近年来，随着市场竞争加剧，企业盈利能力所受挑战越来越大，靠政策、靠老板、靠资源、靠垄断、靠关系、靠股东等领导式经营、集权式经营、资源式经营等模式已渐趋乏力。股权激励、合伙人制、共享制等自主经营、全员参与经营的混合模式应运而生，而其中系统且适合追求利润提升的工具——阿米巴经营模式的应用就恰逢其时了。

曾经被誉为很有效率的科层制，受到日益崛起的个性化思潮的强力挑战；

曾经被誉为很有效果的雇佣制，受到不断崛起的共享经济模式的强力挑战；

流行的“给多少钱干多少活”的打工思想，越发受到主人翁精神回归的挑战；

粗犷的管理已经进化到需要大多数员工按贡献、按成长论英雄的时代……

现实的企业管理模式紧紧囿于“管”，已经有些失效，如何实现干部、员工在企业经营角度的“主动经营”“自主经营”“参与式经营”，如何实现干部、员工主人翁精神和行为的“主体归位”，已经成为企业不得不面对的现实课题。

实现企业从“工作推动型”管理向“价值拉动型”经营进化，阿米巴经营模式就是非常有力的工具！

CONTENTS 目录

01 第一章 怎么看
为什么？是什么？认知、概念与原理

第一节　没有永远成功的企业，只有优胜劣汰的企业　/002

一、与时俱进　/002
二、管理之殇　/005
三、经营进化　/009

第二节　学好原理，再做题　/019

02 第二章 怎么办
落地思路指引 + 落地方法论

第一节　落地思路指引　/056

一、落地原则　/056
二、顶层设计　/059

第二节　落地方法论　/061

一、方法论：“六盘”+“六定”　/061

二、落地七步：变、分、算、运、奖、育、文　/072

三、落地三阶段　/074

03 第三章 怎么干

落地七步：变、分、算、运、奖、育、文

第一节　必须做的：思维转变（怎么“变”）　/078

一、目的与意义　/078

二、企业现有十大问题　/079

三、思维升级，最需要的“五大思维”　/084

四、思维升级，需要的“新四化”　/086

五、思维升级，需要更新的三大理念　/087

六、思想意识变革的基本方法　/090

第二节　必须做的：化小单元（怎么“分”）　/093

一、目的与意义　/093

二、内部市场化导入　/093

三、建立“自主经营体”　/094

四、自主经营体设计　/095

五、横向设计　/096

六、寻找利润区　/097

七、组织拆分，分工协作，功能重构，新利润巴设置　/100

八、利润巴的数量、大小、层级　/102

九、利润巴的合并、分拆、取消、风险控制 /102
十、服务巴的设置 /103
十一、公共服务平台 /103
十二、利润巴、服务巴、公共服务平台的综合设置及其功能 /103
十三、自主经营体业务形态架构（阿米巴组织架构）图示 /104
十四、经营授权 /105
十五、重构利润区（重新设置利润巴，以提高积极性和整体利润） /106
十六、阿米巴经营体系构建 /108
十七、财务部门在阿米巴经营中的作用 /109
十八、阿米巴自主经营体划分过程中的注意事项 /114
第三节 必须做的：经营核算（怎么“算”） **/116**
一、目的与意义 /116
二、自上而下角度：“公司整体利润实现”到“模块利润实现” /117
三、自下而上角度：以利润为杠杆，让员工从“观众”变成经营的“主角” /118
四、经营会计的“三素一值” /118
五、阿米巴经营模式导入的切入点：实现员工自我算账 /127
六、人人挑担——内部市场化，传递外部压力 /130
七、各利润巴的阿米巴经营核算表 /143
八、阿米巴经营核算表日报表与每日经营、每月核算 /145

九、各利润巴报表数据的准确性衡量与监督　/147
十、报表构成、模板及报表五要求　/147
十一、利润巴（自主经营体）的考核要点　/150
第四节　必须做的：日常运营（怎么“运”）　/152
一、目的与意义　/152
二、完善公司级的运营体系　/152
三、建立目标计划体系模块　/154
四、保障机制模块　/161
五、改善体系模块　/171
六、充分贯彻经营原则　/175
第五节　必须做的：激励评价（怎么“奖”）　/186
一、目的与意义　/186
二、薪酬体系再认识　/186
三、激励体系再认识　/189
第六节　选做的+慢慢做的：人才培育（怎么“育”）　/195
一、目的与意义　/195
二、用好人才　/195
三、培养人才　/198
四、活用人才　/200
五、理解人才　/201
六、留住人才　/202
七、吸引人才　/203
八、领导人才　/204

第七节　选做的 + 慢慢做的：两化突围

（怎么“文”）　/207

一、目的与意义　/207

二、从稻盛哲学中借鉴智慧，提炼企业自己的“经营文化”　/208

三、“企业文化”的重塑　/210

四、让“经营文化”成为经营效益的持久保障　/219

五、学习稻盛哲学，聚焦“经营文化”　/221

六、奋斗精神　/223

04 第四章

怎么判

正确判断：常见误区 + 121 个答疑解惑

第一节　阿米巴经营模式操盘误区　/226

一、中国阿米巴经营模式“四大流派”　/226

二、似是而非的阿米巴经营模式案例及点评　/228

第二节　通用问题借鉴：中国某知名车企阿米巴经营模式导入前，匿名调查问卷　/247

一、问题、质疑　/247

二、建议、意见　/249

第三节　阿米巴经营模式答疑解惑 121 问　/253

一、关于阿米巴经营模式的模糊认识　/253

二、与财务相关问题　/255

三、与事业部相关问题 /259
四、与承包相关问题 /263
五、与绩效相关问题 /263
六、与信息化相关问题 /264
七、与日本渊源的问题 /265
八、通用类常见问题 /266
九、国有企业阿米巴经营模式导入的相关参考问题 /286
十、营销领域阿米巴经营模式导入的相关参考问题 /291
十一、现实激励问题 /294

05 第五章 怎么辨

经营之道 常识必知 本质洞悉 项目笔记

第一节 经营之道 /300
一、稻盛和夫·真正的经营 /300
二、稻盛和夫·真正的“用人” /302
三、稻盛和夫·真正的目标管理 /305
四、稻盛和夫·真正的“高收益” /306
五、阿米巴经营模式必须“中国化” /308
第二节 常识必知 /312
一、“阿米巴小虫”可以养 /312
二、阿米巴核算落地过程中常见的六个问题 /313
三、阿米巴经营助力中国企业弯道超车 /316
四、阿米巴经营更需要“创意功夫” /317

五、阿米巴经营要的就是现在进行时 /318

第三节 本质洞悉 /321

一、阿米巴经营的本质 /321

二、阿米巴本质的跨越：从交付到交易 /323

三、阿米巴模式中国化实践的思考 /327

四、独立核算≠阿米巴经营 /329

五、观点·阿米巴模式借鉴与应用 /332

第四节 项目笔记 /335

一、咨询笔记·阿米巴经营咨询项目实施中的五个误区 /335

二、项目笔记·阿米巴实施过程的有效对接 /337

三、项目笔记·阿米巴的理想国 /339

四、项目笔记·阿米巴玩的就是规则 /342

五、阿米巴模式是否持续有效，取决于企业能否实现“化整为零”与“化零为整”的闭环 /343

后记 /347

参考文献 /349

为什么？是什么？
认知、概念与原理

第一章

怎么看

CHAPTER 1

第一节

没有永远成功的企业，只有优胜劣汰的企业

一、与时俱进

1. 稻盛和夫先生 2015 年 4 月 14 日在中欧商学院（上海）的寄语

2015 年 4 月 14 日，稻盛和夫先生在召开“稻盛经营哲学中国大会”间隙拜访了中欧商学院（上海）的部分企业家，在演讲过程中，稻盛和夫先生讲道：“中国具备在不久的将来成为全球经济大国的潜能，中国的企业今后也将取得更大的飞跃。但是，如果缺乏像‘阿米巴经营’这样精细的经营管理体系，企业将很难持续发展。”

稻盛和夫先生在其《稻盛和夫阿米巴经营实践》中也讲道：“为什么阿米巴经营在中国能得到如此广泛的支持呢？我认为，这是因为很多的中国经营者都强烈地意识到要想迅速适应外部环境的变化，就必须正确地把握组织的实态，对核算进行精确的管理。在这种情况下，阿米巴经营正好满足了中国企业的这种强烈需求。通过分部门核算制度，让每一位员工都具备经营意识，追求核算效益。”

2. 共享经济时代三大特征

（1）不是所有企业都不行了，是你的企业不行了。

中国的国有企业，除所有制固化以外（*混改也在突破*），这些年的进

步相当巨大，在目标管理、业绩管理等领域已经非常值得民营企业学习。我所接触的很多国企干部、员工，个个响当当；我所接触的很多国企员工，个个强于我接触的民企建筑工程类公司员工。所以，民营企业家不进步，民营企业高管不进步，民营企业就是故步自封的“大锅饭”。

不与时俱进，不研究新东西，企业怎么能保持活力，持续经营?

（2）世界已经进入“干活时代”，角色已经不固定了。

首先从个人角度看，在这个时代，你很难将自己嵌入一个特别稳定的组织架构中（**比如你在公司的岗位、角色等**）；其次，公司的社会化分工不但越来越精细，而且公司的角色稍微一固化，就马上被别的公司超越，很难有翻身机会。

因此，世界实际已经进入“看任务干活”的时代，无论是个人还是公司都必须有持续的思考力、调整力、转化力。你或你所在公司的角色随时可能重组，以应对新机会的挑战。

（3）员工有活力，企业才能有活力，老板已经不能充分代表企业活力。

个性崛起，以及个性化崛起已经决定了组织的相对衰落，柔性组织、无边界化的自组织可能更适应未来变化的需要。过去靠老板、股东活动能力强、有资源，企业就活得很好的时代一去不复返了。

老板、股东有活力，更要创造让员工充分发挥的舞台，让大家都展现活力，释放潜能；企业打造平台，让全员参与“表演”，企业才能唱出“经典好戏”。

3. 经营创新的必须：已知风险与挑战 vs 未知风险与挑战

企业缺什么，资金？人才？管理能力？这些都是你知道的，你知道的就是你预知的，甚至是掌握的；你不知道或是你未预知的才是最大的风险和挑战。比如，有关键人才即将被挖走了你还不知道，有一笔预先可回款的货款回不来了，帮别的企业担保即将出事了等，你都不知道，你都没感觉，如果突然发生，你就会“懵圈”。

怎么办？必须伸出你的“触角”，让更多的人参与经营，让大多数人帮你预警，跟你捆绑在一个“战车”上，成为你的帮手，只要你不是孤家寡人，就会有一群人帮你预知和一起迎接各种风险与挑战。

4. 经营创新的必须：自我的改变 vs 组织的改变

老板自身不断改变与提升是必须的。老板是公司的“天”，如果这个“天”太矮，公司里就都是“武大郎”，公司的经营局面就是“武大郎开店”。现在当老板为什么难？因为老板要终身学习、终身提升。老板的“自我改变”是组织改变的前提。

组织的改变更难。现实社会中很多老板确实在自我改变与提升，但是企业内部就是驱动不起来，各级干部领导力、执行力都是“马尾穿豆腐，提不起来”，组织依然很难改变与进步。

企业家 & 职业经理人成长模型如图 1-1 所示。

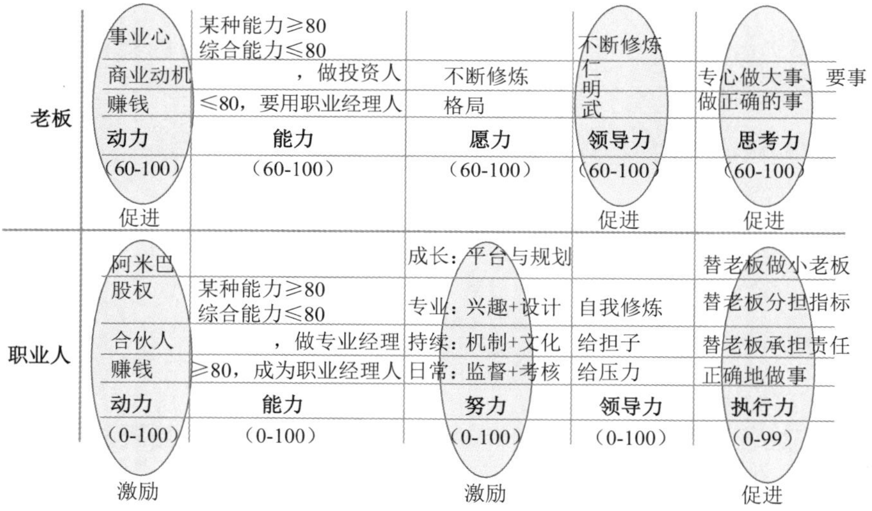

图 1-1 企业家 & 职业经理人成长模型

5. 自驱动型 + 赋能型 + 平台型 = 未来企业组织模式

自驱动，就是人或组织能够自我激励，主动积极地参与公司业务，在统一的经营计划步骤内，即使领导没有特别叮嘱与安排，也能主动“开源节流”，主动算岗位的账，即我们常说的“领导在与不在一个样”。

赋能，分为自我赋能和组织赋能。自我赋能，就是自己主动学习，主动研究，主动通过业绩改善来提升自己；组织赋能，就是公司通过各种设计和制度安排来给干部、员工提升工作所需的能力，其中最重要的就是“经营授权”。

平台，就是公司要有目的地去打造“舞台”。这些“舞台”，就是大家以合伙人的心态、平等的心态、互信的心态，以公司牵头建设“实”或“虚”的参与型组织，让员工愿意在这些组织中担任角色，创造性地发挥其能力和主动性，进而突破常规组织局限，各岗位角色会更好地有机结合，迸发出无限的活力、创造力，进一步发展生产力。

公司可以是一级平台，还可以创造更多的任务型、小组型、项目型、车间型、临时型等各种“舞台”。公司大平台可以是各种各样的“舞台”积木搭建起来的。

二、管理之殇

1. 传统管理模式下必须着手破解企业价值链短路与断档问题

下图是传统管理模式下的企业价值链（见图 1-2），现在的企业也是这样运转的，看起来“一切都很美”。在这个价值链中，辅助增值活动如果比较弱，比如人力资源的人才培育不强、技术开发不强，势必造成基本增值活动的障碍，这就容易在日常企业经营管理工作中造成辅助增值活动与基本增值活动短路；而在基本增值活动中，价值流不顺畅，比如采购的一次合格率不高，就容易造成生产的断档。

最好的解决方案就是明确区分责任中心制。华为之所以取得成功，很多人说华为是“铁三角”模式，华为讲“基本法”，实际华为成功的核心要素是“责任中心制”。“责任中心制”，就是该花费的业务单元，要专业性、服务性地把钱花好，花到刀刃上；该赚钱的业务单元，要努力把利润赚回来；公共服务的业务单元，要服务好全员、各部门，把控好政策。

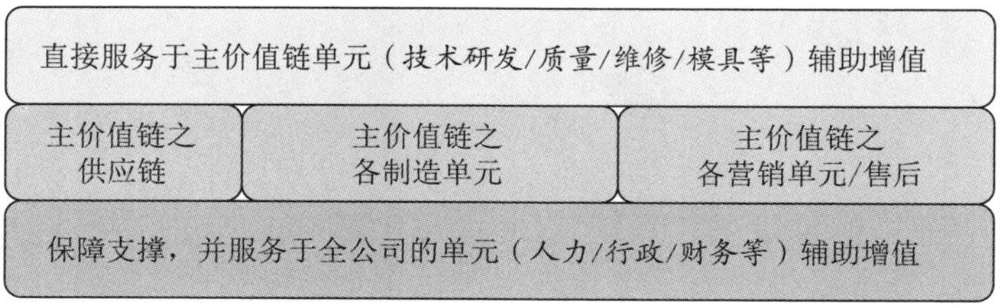

图 1-2 传统管理模式下的企业价值链

明确区分责任，再把文化、沟通、会议、考核等制度性机制串联起来，企业价值链就会逐步增值、融会贯通，而不是断档和短路。

2. 中心变了，世界就变了！文化、组织、机制都要适度调整

过往我们大多强调“以流程为中心”和“以领导为中心”，实际上弱化了“以客户为中心”“以用户为中心”的根本。

流程和制度不是越多越有用，以领导为中心也没有错，但是要从根本上去关注客户或用户的需求。自行车诞生 100 多年了，慈禧太后骑的自行车都是特别硬的座子，真正有了弹簧座子则是近 50 年的事了。这就是关注客户和用户感受的活生生的例子。

再比如，在超市行业，如果基层售货员机械地执行总部送货、配送蔬菜的流程，每天不同时间段蔬菜会有不同折损。售货员若只知道遵守流程，而不去利用授权打折、促销等吸引顾客的措施，蔬菜损失一定很大。

所以，文化要聚焦到经营上来，每个岗位都要聚焦到“销售最大化、支出最小化”“定价即经营”“每日核算”等经营文化上来，而不是大而空地写到书里、贴到墙上的企业文化。

所以，组织要建设成自驱动的组织，行政组织架构可以不变，但业务形态要演化为“倒三角”组织架构，演化为“科层制 + 小平台”的组织。这可能需要企业逐步在经营理念和经营行为上都作出适合时代变化的调整，如图 1-3 所示。

图 1-3　企业在经营理念和经营行为上做出调整

所以，企业要建设成真正“主人翁”似的主角参与型的机制，要强调自主经营，强调授权经营，强调“独立核算”，甚至强调“自负盈亏”，强调增量业绩，强调共同分享，以合伙人机制、阿米巴机制、股权机制等去实现自主驱动。

3. 保住现有位置的办法，就是不停奔跑

外成大势，内烹小鲜。这应该是新时代老板们运筹帷幄的座右铭。

时代在飞速发展，互联网让信息更透明，老板和员工在互联网面前一视同仁；高科技让员工掌握了更多技能；竞争的充分性，让资本阶层压力无限放大，谁能帮助企业承担利润指标的责任？个性崛起和个性化崛起引起组织的相对衰落，应该引起老板们的注意。

什么是大势？智能化、平台化、授权化、赋能化、万物互联化、思想多元化、思维多层化、个性化、光速变化等都是势不可当的大势。记住这句话：在趋势面前，原有的优势可能会变得一文不值。

跑在同行前面，没必要消灭同行，只有保持在比他跑快半步，而且是不能停止地奔跑，才能保住现有的位置。

4. “做强”强于“做大”！活下去，成为绝对理由：做事、做市、做势

2017 年年底我曾到日本考察，跟日本企业经营学大咖坂本光司做过短暂交流，坂本光司多年致力于日本企业研究，根据他的对比调查，日

本人口不到中国的七分之一，但企业总数跟中国不相上下。这是因为日本基本没有大企业，日本的经济都是“小而美，专而精”的小企业支撑起来的。

以下是坂本光司经营学的基本观点。

-- 不要光追求业绩，更要追求与事业相关人员的幸福的经营；

-- 不要急于快速扩张，而是追求年轮型稳健增长；

-- 章鱼八爪一样平衡经营；

-- 不是追随性经营，而是自主型经营；

-- 不是坐等、死等式经营，而是践行提案、创新型经营；

-- 不是家族式经营，而是大家族式经营；

-- 不提倡个人主义经营，而是追求全员参与型经营；

-- 不提倡命令型经营，而是提倡上下沟通型经营；

-- 不是依赖于他人资本型经营，而是充实型自我水库式经营；

-- 不是追求第一经营，而是追求唯一的经营；

-- 不是单纯的战略型经营，而是追求理念性经营；

-- 不是我行我素的经营，而追求式、合作式经营；

-- 不提倡低工资经营，而追求高福利经营。

坂本光司的这些经营思想中，很多地方与稻盛和夫经营思想一脉相承，在日本具有极强的市场基础和生命力，这就是日本企业做强的、值得我们学习的“秘诀”之一。

只有做强才能应对任何危机，稻盛和夫的京瓷不仅仅是世界 500 强，而是特种陶瓷领域世界级的领导者和探索者。京瓷从来都是踏踏实实做事，把管理做成技术，称其为“管理技术”，这就是做事；京瓷通过赢得客户尊重（*而不是简单地满足客户需求*），从而成为 IBM 成长过程中绝对的优势合作伙伴，这就是做市；京瓷把握特种陶瓷领域的发展脉搏，抓住了集成电路等电子业澎湃发展的大趋势，从而奠定了它今天的世界级行业地位，这就是做势。

在充分竞争的市场条件下，我们需要研究一下坂本光司那些经营思想，学习京瓷是怎么“做事”“做市”和“做势”的，这样我们的企业不仅能活下去，还能活得更好。

只有顺势而为，才能大有作为！

5. 一般的企业看高层，良好的企业看中层，优秀的企业看基层

只有老板和股东在忙活的企业，就算把老板累死，也不一定成功；只要能发动到中层，承上启下，调动基层就容易了。所以，如何建立一个让基层充分参与、自主开源节流的机制很重要。

有人问：花公司的钱，干公司的事，是关心实用价值，还是金钱本身的价值？花公司的钱，办自己的事，是关心实用价值，还是金钱本身的价值？花自己的钱，办公司的事，是关心实用价值，还是金钱本身的价值？花自己的钱，办自己的事，是关心实用价值，还是金钱本身的价值？

试问：公司老板关心利润，部分高管也在关心利润，那中基层关心什么？中基层在关心自己的收入，高层和中基层根本不在一个频道，必须切换到统一的频道，就是“利润”的频道，让基层也能从增量业绩，尤其是增量利润中得到好处，基层就一定会真正关心岗位的开源节流。

三、经营进化

1. 持续激活、全面激活，激活个人、激活组织：人人成为经营者

哪个企业经营者不希望企业里每个员工都主动开源节流呢？现在很多老板习惯于追求“人人都是经营者”。诚然，应该有这样的追求，但是必须对这句话有充分的理解，否则就是一句空话。

公司里谁去主动算收支的账了吗？先看部门，销售好像一直在算，但销售偏爱“收”；生产好像天天在算账，在被动地算成本的账，实际生产研究的成本体现的是偏爱“支”；采购也能天天算账，可是更关心的也是“支”；那么好像只有财务部门在算收支的账。可是财务是基于各部门业务在算收支的账，是“马后炮”的账，这不是直接产生利润的

算账。再看公司干部和员工，您可以盘点一下，哪些干部、员工在岗位上主动去算收支的账？每每的预算，花还不够花呢！这不还是偏爱“支”吗？

因此，“人人都是经营者”是一种假设和追求，但“人人成为经营者”是可以实现的。“千斤重担万人挑，人人肩上有指标”，这是传统经营模式下经常挂在管理者嘴上的一句话，实际也是假设，因为员工抱有的“打工心理”和“观众”角色，使得实际工作中员工（尤其中基层员工）基本都是看客、观众，远远游离于经营之外。

这就需要赋能机制、平台机制、经营授权，通过内部市场化把现场与市场链接起来，就可以逐步让“千斤重担万人挑，人人肩上有指标”和“人人成为经营者”变成现实，把绝大多数人拉进经营的队伍。

2. 所有经营者都面临并必须重视的经营管理中的“七大现状”

（1）管理过度。

改革开放40多年来，中国企业从西方管理体系中汲取了很多营养，所以，企业更看重流程和制度。没错，企业必须基于制度和流程，才能确保管理落到实处，但中国的企业往往矫枉过正，要么是制度太多、版本太多，不知所依；要么是流程设置太复杂，以流程来规避风险导致效率太低。流程一放就“乱”，流程一收就“死”。实际这就是管理过度的问题。单纯靠制度和流程不能完全解决问题，制度和流程只是管理的基础，而不是赋能的风帆。

就管理中出现的问题，一般很难根除，所以经常一个问题反复出现又很难解决。比如深圳3A企管咨询公司董事长刘承元博士就写过一篇广为流传的文章——《为什么制度管不住一盏灯？》一语中的，单纯靠管很难全面激发人性，相反还会造成逆反和矛盾积压。

过度管理会出现的典型问题有：靠会议落实会议，靠考核驱动考核；高管缺乏激情，中层缺乏执行力，基层不懂感恩；绩效流于形式，问题不能根治，业绩始终徘徊。

（2）被动管理。

公司往往习惯自上而下去安排工作，所以老板们都是在“做正确的事”，而中基层们都是照章行事，或习惯于等命令，或习惯于上级拍板，或推一推就动一动，这都是被动执行，美其名曰“正确地做事”。实际上，这就是被动管理。

被动管理往往造成“漏斗效应”。所谓漏斗，就是公司的决定、决策，往往从高层开始打折扣，到基层信息所剩无几，大部分被漏掉了，即使不漏掉，下级也是被动地接受工作任务，结果很少有积极主动的效果，而原则是不犯错误、少犯错误地执行；事不关己，高高挂起。自上而下下达年度目标与计划，就是典型的被动管理现象。

被动管理造成的另一个典型问题是：为公司干，为老板干，而不是为自己干。员工被动接受指令，工作任务和目标都是被迫接受的，很难产生成就感，倒是很容易产生“是给公司干，给老板干”的感觉。这样，员工提不起精神，目标感不强，达成意愿就更低了。

（3）成本管理。

从公司角度去全面控制成本，尤其是制造系统更是成本当先。制造系统从部门到个人都要关注成本，控制成本，成效依然不甚理想。这是因为，我们往往把制造系统当作成本中心对待。

浙江中兴精密工业集团有限公司（以下简称中兴精密集团）**董事长张忠良先生分享：成本管理的问题点。**

一般制造型的企业，随着业务的发展，产品数量增多，制造部门的成本体系构建也会变得复杂和烦琐，往往会出现内部成本与市场竞争力脱钩，销售部门会抱怨来自市场的压力，而制造部门对于现状依旧反应很慢，内部成本体系的变革和改善不能按照市场的需求确定价格，从而丧失很多机会。

通过深度阅读稻盛和夫老师的《回答生产厂家的利润产生于制造部门》，让我明白了京瓷阿米巴的威力和京瓷持续成功的奥妙所在。中兴精密集团各事业部和子公司需要快速思考和理解阿米巴真正的价值，就像稻盛和夫老师告诉我们，经营的目标一旦确定，就不能随意改动，要付出不亚于任何人的努力，来实现高目标。

这里除了京瓷的哲学让每一个京瓷员工有想要成功的强烈愿望，确立了哲学共有以外，还有一整套京瓷正确的、时时接市场地气的成本管理体系，确立数字共有，并在这套成本管理体系中，让我们学习的会计七原则能时时应用于经营中，并不断挑战完美主义至上，确立内部精细化的改善，甚至不允许有浪费一日元的机会，确立目标（**改善目标**）共有。

这就是京瓷市场竞争的"武器"，但"武器"的根本是以爱为根、以心为本的经营体系，让在经营的每一位京瓷人感受到工作的意义是通过劳动带来"提升心志，磨炼灵魂"的喜悦。要实现这样幸福工作的氛围，就需要围绕员工幸福和为社会尽责的使命，为经营树立大义名分，尽管京瓷如稻盛和夫老师说的"还不完美"，但只要哲学共有，持续走在符合成功方程式的光明路上，京瓷自然会活力满满地成为一个高收益的大家庭。

想到这里，让我更加坚定中兴精密集团所走的经营之路，一定需要哲学的持续深化以达到血肉化的渗透，中兴人的内心要流淌着中兴哲学的血液，要确立着中兴人的崇高理想和长期目标。同时，我们更需要接地气，充分理解稻盛和夫老师的"实学"和构建真正给予市场的阿米巴经营的重要性，追求制造经营的"真实力"是我们走向高收益和永续发展的光明之路。

稻盛和夫老师关于成本管理问题点的充分解答和分析，我们集团每一个子公司的经营层都需要认真学习和思考，这是我们需要的经营之魂。后续，我会深入基层，与大家深度讨论《实学》的本质和能量。

再回到问题本身，让我思考我们的组织定位和目前很多企业组织定位的弊端。

在组织的层层管理中会忘记组织最初设立的目的，而成为管理和权利的中心，层层的管理增加了经营成本，权利的欲望让内部出现官僚主义，使组织的设置没有真正为经营服务。经营需要低成本，经营需要每一个资源都创造真正的价值，这个真正的价值不是管理价值，而是真正创造产品利润的价值。组织要形成合力，要围绕组织为创造价值最大化而思考，这就需要突破自我，突破现有组织的常态化来思考，组织以价值创造为追求，而不是以管理职位和权利为荣耀，需要让组织回归到正常性。

组织设置需要简单化，如京瓷构建阿米巴经营体系并都成为利润中心，而直接服务于利润中心的间接部门是成本中心，它接受利润中心部门的评价。其他管理部门的设置推进各项体系有效运作，持续让体系创造更大价值，思考、规划战略和新事业。

但中国一些企业的管理部门就是管理制造部门，如生产计划、品质管理、项目管理等。由于制造部门没有的功能，往往会出现效率不高、目标不一致、评价很难客观、产生新矛盾和推诿的现象。

解决这些问题的最佳路径和方法就是实施真正的阿米巴核算经营体系，真正解决我们全员确立高收益之路的瓶颈，就需要从组织切入，让组织围绕真正的利润价值创造而开展工作，重新确立正确的思维方式，重新追求工作的意义。

这也是全体中兴干部需要思考的课题。为此，我要求大家认真阅读经营与问答5，从中我们会明白很多经营的真理。接下来我需要交流成本管理的问题点，这与我们的组织和组织人的思维方式直接相关，需要我们为做出组织的变革而思考。

这里分为三个层次来具体分析。

第一层，一般企业的成本管理会遵照“目标成本法”，这在20世纪90年代非常流行，当时市场经济中存在着计划的成分，市场波动和变化没有像今天如此之快，确立制造零部件的“目标成本”就可以计算出我们可以实现的利润，也就是销售价格 − 制造成本 − 间接费用 = 销售利润（或税前利润）。间接费用包含营销费用、财务费用和管理费用，这三项费用相对好管理，但制造成本的波动影响会加大。这种成本核算方式与制造成本、市场产品销售价格的变化没有关联性，把制造现场与市场隔离，让制造现场失去对于市场的真切感受，阻碍他们挑战市场的勇气。

第二层，把制造作为利润中心的成本计算体系，但具体的成本核算采用“标准成本”计算，也就是说，标准成本作为下达的目标，制造部门首先把达成标准成本当作目标，并对比和改善。但就经营环境来说是变化的，无论是外部客户需求的变化、汇率的变化、采购环境的变化，还是内部经营的持续改善，尤其是效率的提升等，这时候“标准成本”就不标准了，而是落后于现场的实际。

管理和设置标准成本的部门，如财务部门或经管部门，为了掌握各道工序、各种产品的成本和生产时间，需要花去很多费用和劳力。管理部门无法很快对应制造现场的持续改善的变化，制定标准成本时并非自己的实行目标，总是“根据以往的实绩”或略微提高一点。这样由于内部和外部环境的变化，成本目标由管理部门下达，制造部门本身也是受制造部门以外管理部门的管辖，这样制造部门的自主经营就成为一句空话，仍无法实现真正的“利润中心”。

第三层，京瓷的阿米巴经营就是把制造部门当作真正的利润中心，让每一个家人都成为经营的主人，真正落实“人人都是经营者”的理念，在真正的阿米巴经营中，制造部门直接面对变化中的现实的市场，负责调整产品的售价，使之适应变化中的市场价格，形成一个能够灵活应对市场、降低费用、提升利润的组织架构。在阿米巴体系中，费用项目一清二楚，便于管理，结果就是彻底地削减成本。

以上，让我们来总结一下，我们要想引入依据成本计算的管理会计，就要想办法克服成本计算方式中包含的问题，把“生产厂家的利润由制造产生，制造成为经营的主体”作为前提，构建一个忠实于原则的、简明的系统，建立一个对于制造现场的人容易理解且可以活用的管理系统。阿米巴经营中，制造部门是创造利润的主角。这就是我前面分析的组织问题，真正构建有实力可以快速应对市场和创造高收益的公司，根本问题就是打破组织现有局面，让组织的每一个人都围绕经营现场创造价值。

中兴精密集团确立了阿米巴经营体系作为我们的经营之魂，我们需要再花5年时间，真正构建有实力的阿米巴经营体系，这是我们的自我挑战，也是确保中兴追求幸福企业的大道上，能够成为一家高收益和永续经营企业的保障。

（4）月度经营。

习惯上，我们经常把经营的周期按照月度时间轴来计算，这与会计习惯于核算周期是一致的。所以，我们检核日常业绩就以月度来考虑。一般是，开个月度经营会议，把一个月的指标与计划对比，对完成度、改善点等做一下总结、回顾和下月安排。

实际上，经营过程中的问题不会按照我们月度时间轴出现。市场的变化、经营管理中的问题、人的变化、环境的变化都是随时发生的。如果我们全都把宝押在月度上，那一年12个月，可能最多就做11次大的节点改善、检视、总结、安排。而对于随时发生的变化，按照稻盛和夫的观点，必须随时对应，所以要把经营的时间轴切换到每日经营上来。每个阿米巴每日的经营情况，即收入、支出、时间等都确定为每日检视、每日对比，那么每日的利润情况、每日的问题、每日与计划目标的差距都可以及时对比，进而及时调整。

（5）财务管理。

传统经营模式中，经营数据都是以财务的核算为准。现在的财务体系，标准说法是西方的会计体系。从经营角度讲，需要尽可能多地理解财务会计和管理会计内容。财务会计更多是财务专业部门的工作，需要符合国际上确立的相关标准准则，如国际会计法、税法等，这是企业经营必须遵守的一致性规则。

而管理会计则贯穿于经营的方方面面，可以非常具体和细化，其成熟度也是企业精细化管理和基本功的一个重要指标。高管团队还要熟知“利润表、资产负债表、现金流量表”三大报表。这三张报表具体反映了企业经营的全貌，需要了解彼此的勾稽关系及彼此间的影响程度。三大报表提供了过去（做了哪些事）、现在（拥有哪些资源）、将来（该做哪些事）发生的信息，也反映企业盈利能力、企业资产负债风险和现金造血能力。

真正搞清楚三大报表关系的各项数据的“过去、现在、将来”，对于经营者来说是极高的要求。同时，三大报表对于有规模和上市企业所需要体现的重点又需要围绕“股东、董事会、经营团队”三大对象去思考和分析，让投资者理解公司的价值，让董事会看懂风险并作出重大决策，让经营团队理解核心指标并落实 KPI 指标的达成。

这些问题确实复杂难懂，又不接经营地气。无法通过这类报表落实到每天的经营改善，也没有办法落实现场的具体改善，没法达到我们希望的通过用最简单的经营手段来确保经营指标的达成，并使最终结果持续改善（或实力提升）。实际上，财务管理的本质是在服从于国家标准和国际会计规则的前提下必须服务于经营，稻盛和夫对此有深刻认识。稻盛和夫直面这些问题，强调一切经营从实际出发，让会计回归经营本质，为经营服务，从而形成现在的阿米巴核算体系。

稻盛和夫的这类论述和阿米巴经营核算体系的实践是一项伟大的创举，是企业经营学的智慧结晶。一切的经营离不开三要素：人、财、物，而稻盛和夫的经营会计观点就是让每一位员工参与到经营中，让全员围绕经营意识自主决策。所以，经营会计实际是从财务会计、管理会计延伸出来的真正的经营核算工具，其关键要素就是“三素一值”，即收入、费用、工时和单位时间附加值（国内可以理解为人均小时利润）。这三要素的运用比较容易学习、掌握，全员参与到基于收支算账的经营意识就容易实现。

（6）工作行为与工作绩效的矛盾。

绩效管理既是对工作能力、效果的考核，更是对工作过程的检验。国内企业在绩效管理上虽然采取了所谓的 KPI、OKR 的绩效管理模式，但绩效管理并没有真正与工作行为合二为一。

而阿米巴经营模式对于利润巴就是考利润实现；对于服务巴就是考自

身能力提升，考对利润巴的服务；对于公共服务平台的部门，就是考这些部门的制度政策平台搭建得如何，对利润巴、服务巴及整个公司的服务如何，能力提升得如何等。这样再细化以后，就容易使绩效变真实，变得相对靠谱。在工作行为与工作绩效之间的常见矛盾就自然而然化解了。

（7）经营与管理两极化。

所谓经营与管理两极化，就是企业要么特别重视经营，要么一味学习别人的管理，所谓的“学以致用”。

一味重视经营，只要赚钱就行，想尽一切办法赚钱，不考虑任何有关员工的问题，不考虑任何社会责任，那就不是企业行为，而是商业行为，不是企业家，而是商人，是生意人。经营的目的直接体现为赚钱，为了赚钱而忽略底线、忽略人格、忽略社会责任，就有可能是在赚“昧心钱”了。

一味重视所谓管理，就会出现过度管理的问题，制度越搞越多、模式越来越多、标准越来越多、流程越来越复杂，基本停留在“管”“控”的状态，员工没有基本的授权和积极性。尽管企业希望通过管理提升员工积极性，也做了些文化活动，愿景使命也上墙了，但实际还是形式大于内容。

管理和经营，两者略有区别。管理重制度和流程、标准，所以管理实际是偏向“规则”；经营，偏向于企业内外的人，管理相对固化，经营偏向于把人心搞活，偏向于抓住价值链里各环节的人心，尤其是长期的人心。在企业内部，经营主要是抓住员工的心。

稻盛和夫的阿米巴经营首重经营，强调的是通过调动员工积极性来实现既定的高目标。当然，京瓷在日常企业活动中把管理做得很扎实，比如京瓷的“双零管理”（零不良，零库存）都是做得极其出色的。稻盛和夫认为人的因素第一，在 30 岁的时候就提出其至今没有变更的经营理念：追求全体员工物质和精神两方面幸福，并为社会发展作贡献。这个经营理念，就是把“员工、客户、股东”三要素排序的时候，员工放在第一。只有实现员工满意度，才能实现客户满意度。稻盛和夫并不是一味迁就员工，他的风格是“菩萨心肠，霹雳手段”。他真的爱员工，却也极其严厉。他强调“小善似大恶，大善似无情”。

稻盛和夫的阿米巴经营之所以成功，就是员工第一、经营第一，经营与管理结合共同推进。在稻盛和夫所有著作和经营演讲中，他很少谈“管理”两个字，可京瓷的管理一点也不比其他世界500强差，稻盛和夫更强调“心”的作用，他对企业效益提升总结的秘诀就是“提高心性，拓展经营”。在稻盛和夫成功操盘的三家世界500强里，提高心性的动作是靠其经营哲学来固化的。京瓷、KDDI、日航强调的都是稻盛经营哲学，它对阿米巴经营持续落地具有非常重要的意义。经营哲学从广义角度讲，是属于文化的范畴。

可以说，经营让企业活下来，管理让企业活更好，文化让企业活更久。

第二节

学好原理，再做题

1.“阿米巴”生物学角度理解，“阿米巴经营”就是其生物特性的延伸理解

类比逻辑强调：了解事物的本质，要从“概念”和“框架”开始。关于阿米巴经营模式可以从三个层面去理解。

第一个层面，生物学角度：阿米巴就是生命力特别顽强、自动适应外部环境变化的单体细胞的虫子。

“阿米巴 (Amoeba)”在拉丁语中是单个原生体的意思，属原生动物变形虫科，也叫“变形虫”。变形虫最大的特性是能够随外界环境的变化而变化，不断地进行自我调整来适应所面临的生存环境。

第二个层面，由阿米巴虫生物特性引申到经营管理之中的含义。

阿米巴经营就是以各个阿米巴的领导为核心，自行制订各自的计划，并依靠全体成员的智慧和努力来完成目标。通过这种做法，让第一线的每一位员工都能成为主角，主动参与经营，进而实现全员参与经营。在阿米巴经营方式下，企业组织可以随着外部环境变化而不断“变形”，调整到最佳状态，即能适应市场变化的灵活组织。

第三个层面，明确打造利润中心。

营销部门本身就是利润中心，只是营销人员自认为是费用中心，不花钱就做不了销售，所以，必须通过阿米巴模式的应用，让营销人员充分认识到自身利润中心的定位；制造部门肯定要从成本中心切换成利润中心；

采购部门虽然不是以收支方式算账的部门，但对利润和对降本增效的影响太过重要，所以，采购部门也要定位成兼具服务性质的利润中心。

2. 阿米巴经营模式对经营管理突破性提升意想不到的五大作用

（1）实现大多数人主动参与经营。

阿米巴经营模式通过小组织核算，能够充分体现每个员工在组织当中的作用和存在感，调动全体员工的积极性，让员工参与到部门经营的各项活动中去，通过赋予员工参与经营的能力和条件，实现全员参与的企业经营环境，使阿米巴经营的核心——“每一个员工都懂得经营”的理念转变为现实，改变了原有决策层才能够经营企业的局面。每一个员工只要懂得了“经营就是要增加销售和减少成本”这一根本思想，员工就会对核算数据和指标变得非常敏感，促使他们关注日常经营和改善，全员因此可以很容易地参与到经营决策中。

只有将经营的指标设计成每一位员工都可以掌握的形式，才能够在赋予员工决策权力的同时赋予他们相应的能力，真正实现全员参与经营，使企业不再是某个或某几个雇主在思考企业的创新与发展，而是有无数个头脑不断地思考着企业在方方面面的创新与发展。与此同时，结合企业文化，阿米巴经营模式能够大幅度提高员工对于企业的归属感和忠诚度，使全体员工摆脱“打工者”的身份，摒弃“工作只是为了换取报酬”的思想，将自身职业规划、未来发展方向和生活水平的改善与企业的盈利和发展紧密相连，个人利益与企业利益逐步趋同，最终实现员工和企业的双赢。

（2）根据核算衡量部门贡献度，加强目标意识。

通过阿米巴经营中经营结果的快速反馈，能强有力地影响员工的意识，激发他们努力向上的能量，不断挑战高目标，各个部门的经营也能通过每月、每周甚至每日的核算结果进行快速准确地衡量。“单位时间核算制度”明确业绩标准这一准则，促使提供各种产品和服务的各个阿米巴微组织统一用标准化的指标对绩效进行测评，给每一个员工下达清晰易懂的工作目标，从个体着手提高单位时间核算价值。

阿米巴经营模式下的每一次改善，都可以通过具体的金额核算出来，给予员工最直接的成就感作为激励，在物质和精神层面及时、有效地提升员工满意度。企业每天通过发布在全体会议上的最新数据，使得各阿米巴经营单位能够及时感受到提升绩效所带来的精神激励和物质激励，也能据此感受到在未能达到满意绩效时所产生的群体压力，借此通过正、负两种强化方式不断推进企业各个组织的改善和进步，实现企业的整体改善和发展。

（3）实现可视化经营。

在阿米巴经营模式下，不但管理层能够清晰地看到企业的每一个经营角落，而且员工可以清楚地看到企业的整体经营状况。在各个阿米巴组织间明确相互的交易关系、合作模式、利益纽带的前提下，各个阿米巴组织之间及其组内员工都能够清晰地看到与其建立了客户与供应商关系的组织和部门，明确了自己的服务对象和供应方，掌握了企业上下游关系和生产经营流程，对个人和所在组织的重要性空前了解，有利于企业整体流程的改善和员工责任感的进一步提升。

通过建立企业内部可视的买卖关系，“卖方”阿米巴组织如果没有达到“买方”阿米巴组织的要求，那么“买方”阿米巴组织有权利选择外部供应商进行采购，以降低本阿米巴组织的经营成本，这一举措使得每一个“卖方”阿米巴组织都要关注“买方”阿米巴组织的需求，从而提供更好的产品或服务，以提升自身的单位时间核算价值，保持自身的价格优势，实现自身在企业中的价值，避免利益受损甚至遭到淘汰。

（4）“自上而下”和“自下而上”的经营贯通。

自上而下的命令式经营模式和单纯的自下而上的提交目标式经营模式都有对应的缺点和弊端，通常表现为公司决策缓慢、经营不顺。阿米巴经营模式能够将顶层的战略目标顺畅地传递给基层，基层又能很好地根据战略目标制订详细核算计划，有效地建立顶层与基层沟通交流的平台。

为了应对当今经济社会的快速发展，阿米巴经营模式也着力于提高企业的应变能力和适应力，企业生产经营中的问题能够快速、准确地在一线和现场得到解决，企业因此能够更快速地应对外界的变化，更加敏感地将外界的需求转变为阿米巴组织的机遇和企业的最终利益，从而使得每一个阿米巴组织都成为具有活力、能够快速反应的组织，使得企业能够成为适应力强、反应迅速的整体。

（5）培养跟公司一心的、有经营意识的人才。

阿米巴经营模式让基层干部、员工学习并承担和企业经营者一样的课题，通过每个个体数据的核算，培养其经营和改善意识，给优秀并有远大抱负的员工发展的机会。与其他组织形式不同的是，阿米巴模式设计出了更多、更灵活多变的领导岗位，给员工提供了更多职业发展的机会和施展自我能力的平台。每一个部门可以成为一个阿米巴组织，每一个流程也可以构建一个阿米巴组织，阿米巴组织通过不断的分裂和合并，使得每个员工都有机会成为一个阿米巴组织的领导者。

而一旦员工成为阿米巴组织的领导者，其最重要的任务和职能就是负担起团队每一个成员的利益并领导所在团队参与企业经营和改善，激励团队成员向着共同的目标前进。每一个阿米巴组织的领导者都要为所在组织的经营成果承担起全部责任，同时他们也拥有比以往任何一个部门负责人所拥有的更多的权利。因此，每一个阿米巴组织的领导者都能够像这个阿米巴组织的“企业主”一样，进行阿米巴组织的日常管理工作和经营决策，并为最终经营成果负责。借此，企业员工在日常经营管理活动中逐渐提升了管理能力和业务水平，培养了企业归属感和责任心，实现企业全员共同参与、共同盈利的最终目标。

3. 阿米巴经营模式能有效堵住吃掉利润的六个“黑洞”

（1）追求业绩增长，忽视利润增长。

这是大部分公司常见的通病。我接触的某燃气公司，分为七个车组，每个车组的液化气和丙烷销售都是按量提成，从来没有计算过车组利润。学习阿米巴以后，经过测算，某车组几年来基本对公司没有任何利润贡献。

（2）服务缺失或服务不到位带走利润。

现有的业务保障部门经常不受直接价值创造单元的制约，比如生产车间与维修队之间，机器坏了，维修队维修不积极，自然影响产出。再比如，有些产品技术含量高，需要在客户处演示才能促进销售，如果技术服务不及时、不到位，则很难与客户成交。

（3）员工敷衍了事吃掉利润。

这一块可以体现为“三无”，即没人关心公司到底如何，没人关心利润是否跟我有关，没人关心公司好坏。这个“三无”对员工来说，收入少了再换一家公司就行，所以，公司继续存在“三无”现象，周而复始，利润能好吗？

（4）产品缺陷，吃掉利润。

如果产品设计不好，质量只是达到最低级的客户满意而已，产品定价上不去，用量上不去，利润自然也上不去。

（5）价格战、广告站、促销战等烧掉利润。

靠价格战、广告战和促销战拉动销量是销售人员最喜欢用的方式，这些钱都是公司出的，但销售额提成却是销售员的，公司利润无形之中就被麻木地烧掉了。

（6）库存积压，吞噬利润。

传统管理模式下，计件工资，多干多拿；采购多买，库存安全；销售多存库存，发货有保证。这些想法都没错，但很难用机制保证。应用阿米巴经营模式，这些相关责任部门不仅算收入、算费用、承担相应利息等机制设计，还容易避开这类“黑洞”。

4. 知其然，知其所以然：阿米巴经营模式的“前世今生”

京瓷创业阶段，从 8 个伙伴开始，到 20 余人，到 100 人，到近 400 人。从艰难创业到精细化阿米巴经营，京瓷是走过艰苦历程的。

京瓷 1959 年创立，稻盛和夫当年 27 岁。1963 年，稻盛和夫就尝试提炼和应用阿米巴经营模式。京瓷只有 30 名员工的时候，稻盛和夫就意识到：我没有资源，没有关系，有的只是30颗火热的心。怎么发挥大家的积极性，这是稻盛和夫创业阶段就意识到的问题。等到企业几百人的时候，稻盛和夫发现大家的奋斗精神还不如几十人的时候，离职率也在上升，高学历的人才留不住，由于陶瓷原材料是黏土，大家对于这样灰头土脸的工作环境也不甚满意。

最让稻盛和夫上火的是陶瓷元器件市场价格每天都波动很厉害，对于他这个不知道会计为何物的人来讲，真是有点手忙脚乱。为了搞清楚快速变化的成本，他责成会计部做及时的分析。可会计部根本做不到每日的成本分析。无奈之下，稻盛和夫的老上司青山部长（稻盛和夫打工时期的技术部长）请了一位据说是极其资深的会计专家来给稻盛和夫讲讲财务和会计。结果整整一下午的讲解，还是把稻盛和夫搞得云里雾里，不得要领。最后稻盛和夫与那位会计专家总结交流时说："您讲的无非是'销售最大化，费用最小化'"！这句话成为后来阿米巴经营模式的重要原则之一。

虽然京瓷员工近400人了，但是没有多少人像稻盛和夫这个老板一样思考各项费用和收入问题。稻盛和夫就想如何让大家在工作的时候能像自己一样思考呢？怎样让大家主动关心费用和收入呢？由于稻盛和夫对中国古典文化非常精通，他想到了《西游记》里面的孙悟空。孙悟空拔毛一吹就能变出800个小孙悟空。如果提炼一个模式，让大家也能主动像孙悟空一样行事不就OK了吗？所以，稻盛和夫想到了最简单的、不依赖于财务专业化的数据经营模式，那就是恢复到没有现代标准会计体系的时代，老板、管家、伙计都是按收支为主记账和算账的。大家都能学会这种方式，而基层员工学不会标准会计体系呀！于是，简单的阿米巴经营模式就初步提炼出来了。

5. 阿米巴经营模式的十六个"阿米巴不是什么"或"阿米巴不鼓励什么"

（1）阿米巴不是管理模式，而是经营模式。

管理主要是指日常制度、流程、标准等规则及其相关活动，管理相对稳定，需要职业化配套支持，才能很好地保证各部门、各岗位人员按部就班地开展工作，尤其是高效地执行这些规则；经营主要是针对人，针对内外的人：外部的人就是客户、用户及其他与人相关的资源，内部的人就是干部和员工。经营就是如何让外部的人满意，如何让内部的人有积极性，核心是如何抓住人心。

阿米巴经营模式主要是指通过调动员工的积极性，实现员工自主核算活动，主动开源节流，确保高目标的实现，包括最重要的利润指标。如果员工不主动、不积极，跑冒滴漏、机器稼动率低、成品率低、质量低下，就很难高质量地实现Q（质量）C（低成本）D（准时交付）。

（2）阿米巴不仅仅是简单地算算账而已。

有人认为，阿米巴不就是让员工算算账吗？这有何难？实际真有难度，难在以下三点。

1）员工愿不愿意主动算岗位开源节流的账？如果积极性没有调动起来，员工节约的每一度电跟他本身没有一点儿关系，他为什么会节约用电？越接近基层，员工的现实性越明显，关键是把利害关系与激励政策结合起来使用，才能调动基层员工的积极性，他们才愿意主动去算岗位的细账、小账。

2）算账，主要是算数，但要看到数字背后的东西，那就是“相”。所谓“相”，就是人的面相、精气神，对团队而言，团队的“相”就是团队的努力程度和团队成员的精气神。把握团队成员及其团队整体的“相”是要通过“算数”“算账”来衡量和把握的，也就是依据。理解不到这一点，单纯地算数、算账没有任何意义。

3）算账，除了“相”，另一个是“理”。所谓“理”，就是要看团队及其成员是否按照“收入最大化、费用最小化”的基本原理算岗位的账。岗位上每个人如何才能做到当班的“收入最大化”“费用最小化”？

（3）阿米巴不是包产到户。

阿米巴经营模式强调“独立核算”，甚至强调“自负盈亏”，所以很多人以为阿米巴经营模式等同于承包的模式。承包经营与阿米巴经营的区别，如图 1–4 所示。

	承包经营	阿米巴经营
责任	利益最大化	追求利润同时关注现金和人才培养
权力	大权，甚至财权+人事权	事前计划，事中管理，事后评价
		系统控制风险
利益	承包人利益最大化	增量业绩和利润，员工与公司共享
长短期利益平衡	关注短期利益，急功近利	既关注短期利益，又关注长期利益
大局观	局部利益最大化，形成“诸侯”	关注局部利益同时必须服从大局
		服从全局
资源利用	破坏性，透支性	合理利用，资源集约度高

图 1–4 承包经营与阿米巴经营的区别

（4）阿米巴不是分权，是赋权。

阿米巴经营模式，是把各个业务单元划分为每一个相对独立的经营个体，看起来是分成一块一块的，实际这是表象。阿米巴经营模式里的“分权”，看起来是“分”，但“分”只是手段，而“合”才是目的。通过“分”，也就是“赋权”来刺激积极性提升，从而实现利润目标的充分实现，而公司存在直接的意义就是利润实现，所以，最后体现的是“合”。

阿米巴经营模式强调的“赋权”，实际就是“经营授权”。高管仍然保留“战略决策权”，比如资源权、关键人才权、重大决策权、资金审批权、风险控制权等，下面的则是“战术决策权”，比如部分奖金分配、部分定价与折扣、相对采购权等。

阿米巴经营模式里的“经营授权”是需要进行制度设计的。

（5）阿米巴不强调短线利益。

阿米巴经营模式既强调短期内利润结果的实现，又强调对过程的把握。各个阿米巴组织都是通过《阿米巴经营核算表》来动态掌握每班、每日、每周、每月经营情况的，所以阿米巴经营模式是强调“事前计划、事中控制、事后评价”的。

阿米巴经营模式通过“每日核算”“每日经营”的经营原则贯彻，不仅确保了经营指标的实现和提升，还培养了“会算账、懂经营”的、与公司一心的骨干人才。

（6）阿米巴不鼓励计件制和提成制。

生产领域计件制与销售领域销售额提成制，在我们日常管理中是非常常用的办法。计件，简单易行，对生产员工有直接的刺激作用，所以被广泛应用；销售额提成，对销售员有直接刺激作用，多卖多提，也因此被广泛应用。

实际上，生产计件制在某种程度上是一种简单、懒惰的管理行为。计件表面看起来不用去做那么复杂的生产管理、人员管理和薪酬管理，背后却是对质量的损害、对资源的消耗。所以，很多汽车主机厂及其零部件生产都采取计时工资制。

销售额提成制对于毛利极其高的行业是可以的，但对于常规毛利的行业就有损害了。本身毛利就不高，销售员为了自己有提成，一直向公司要政策，从而实现其销售行为，无形之中确保了销售员的收入，却不一定能确保公司的利润。

我在泰安有个朋友经营出口纺织企业，外贸业务员一直实行的是销售额提成制。所以，每次提交的订单审批表看起来毛利都不错，老总审批完开始投料生产后，外贸业务员又总是提交外贸客户的补充要求。这些要求都是一开始没有体现出来的增加花色、增加颜色等有难度的要求。这就是销售额提成的毛病。

只要企业不是暴利，就需要把计件制和提成制逐步过渡到“利润实现”这一频道上来，甚至可以通过目标设计，按照增量业绩或增量利润的角度去匹配薪酬与绩效。

（7）有了类似的所谓核算表，并不代表真的实施了阿米巴。

2018 年，我曾访问一家物流企业，该企业负责人给了我一张很好看的所谓的阿米巴经营报表，我看了一下，表确实做得非常好，但我看不懂，我不知道各个物流营业所是否能看得懂。阿米巴经营报表就是要简单、通俗地反应业务单元的收入、支出、利润和人效信息，如果从业者看不懂，只有老板看得懂，那就失去意义了。

有了所谓的核算表，也不代表做了阿米巴。某物流公司老板自认为有了这样的核算表，就是在应用阿米巴，实际各物流营业所业务一塌糊涂。所以，表做得再好看，如果不实用、不能促进积极性提升，那就不是真正的阿米巴。

（8）企业做了预算管理，并不代表就是实施了阿米巴。

阿米巴经营模式与常规经营模式一样，都是需要做年度、月度经营计划的。有些企业认为做了类似的年度、月度预算就是做了阿米巴了，做了经营计划、预算管理就代表做了阿米巴。这样想象，太过简单，是个误区。

（9）阿米巴不强调过度管控、管理，更强调经营授权。

阿米巴经营模式没有完全脱离原来的管理模式，只要组织存在、人员存在，就需要管控，包括制度、政策等都是管控的手段。但是阿米巴组织日常运营在大的管控制度和政策下，则给予了更多的经营授权，譬如风筝可以自由飞翔，但不能离开线绳的束缚。

（10）阿米巴不是单纯的成本分解制。

成本管理是日常经营活动中非常重大的活动事项，成本对利润实现的制约特别大，因此必须不断削减成本才行。但是请注意，一味地削减成本，有时会影响质量、安全和后续生产力，甚至影响员工积极性，因为，成本管理只是提升利润中一个重要手段，而非全部手段。

（11）阿米巴不是单纯的、单向的目标分解制。

阿米巴经营模式的日常运行，需要对各个阿米巴组织进行目标管理（原有财务核算条件下，没有办法实现对最基层业务单元，如生产车间、销售区等每天核算收支及利润情况），要考核各阿米巴组织的日收支和利润情况，这种考核对照的就是设定的目标值。所以，目标值的设定与以往传统模式所谓的“目标分解”有所不同。

以往的目标分解，更多时候是领导者的主观意志；而阿米巴经营模式下的目标分解，则强调三个关键要点。

1）“自上而下”与“自下而上”的结合，也就是各个阿米巴组织，要在总体目标和增长率设计框架下自行计算。阿米巴组织内，阿米巴巴长带领大家一起算如何能实现更高且可行的目标，以及其保障措施，再上报。“自上而下”与“自下而上”的循环过程，在稻盛和夫的京瓷一般要循环两次。

2）通过“算”来确定对目标的清楚程度和自我接受。“算”是各个阿米巴负责人带领本巴内成员算，看看到底能做多少，什么样的措施支持目标实现。这个“算”其实很巧妙，通过阿米巴组织自我算账，阿米巴组织负责人及其成员会很清楚自己未来的指标，以及对应的措施，甚至包括预期的奖金都可以算出来。“算”的第二个巧妙之处就是，“算”的过程其实也是阿米巴组织对指标的接受过程。

3）通过“算”建立本巴的利润指标反馈系统。经过本巴对指标的计算，经过公司的审批、指标系统的清晰确立，年度、月度并分解到每天、每班。本巴即可围绕确立的利润指标安排生产与改善。

（12）阿米巴不强调过多的负向惩罚制。

管理学实践过程中，有的学者提出了“竞损”一词，即员工不满意的时候，尤其是被处罚过后，总会给公司再偷偷地造成一些你想象不到的损失，这些损失可能比你处罚他的还大，并且不容易被发现。

阿米巴经营模式更强调员工能动性的发挥，处罚手段不可不用，但不要成为主要手段，让大家变被动为主动，变“让我干”为“我要干”。

（13）阿米巴不是末端改进制。

前面讲过，阿米巴强调“事前设计、事中控制、事后评价”，所以，阿米巴经营模式不是等到最后利润产生才去对应性看过程，而是要抓住每一个过程的细节看产出。

比如在指标完成上，阿米巴组织要每日跟进指标完成进度，包括日累计进度、月累计进度。只有每日跟踪、每日找差距、每日找异常，到月底才能确保指标的完成。

（14）阿米巴不是下限管理法。

有的公司在阿米巴经营模式探索应用过程中，采取财务的“标准成本法”进行考核，高于标准成本的就罚，低于标准成本的就奖。这其实是简单粗暴的做法，看起来简单易行，但有效性可能只有两个月。因为这种做法太死板，原材料、人工都经常变化，所谓的“标准成本”经常不标准。

（15）阿米巴不是财务核算制。

阿米巴采取的是“收支”方式算账，跟家庭流水账相比多了核对关系，所以公司阿米巴的账表叫作“有核对关系的流水账”更贴切，在日本也叫作“以表代账”。

会计管理在账务处理上一般都采用“权责发生制”，基于借贷的盈亏平衡方式记账。这种记账方式要求很高，全体员工很难学会或用好。所以，会计记账方式只限于会计部门，很难推广到其他部门。

（16）阿米巴不是老板核算制。

阿米巴经营模式强调的是“自组织、自运行”，其核心就是建立业务单元自主算账的模式，各业务单元以“收支”的方式算自己业务单的收入、支出，以及利润实现。

传统模式下，各业务单元的负责人都是间接对利润指标负责，甚至不负责，而老板却要独自一人完全扛起利润指标的责任。企业经营好了，年底发了奖金，皆大欢喜；企业经营不好，年底发不出奖金，大家都嘲笑老板无能，认为是老板的责任；而切换到阿米巴经营模式下，各个业务单元的负责人肩上都要扛起利润指标的责任，为了利润实现而去算好岗位和业务单元的账。

6. 到底什么是阿米巴经营模式？稻盛和夫先生的定义及理解

到底什么是阿米巴经营模式？稻盛和夫先生曾有两个经典描述。

经典描述一：企业经营不能只依靠少数领导者，而是应该由全体员工共同参与。所谓的阿米巴经营，就是将整个企业划分为一个个被称为“阿米巴”的小集体，从公司内部选拔阿米巴领导并委以重任。各阿米巴自行制订各自的计划，实行独立核算，并依靠全体员工的智慧和努力来完成目标。通过这种做法，让第一线的每一位员工都成为主角，主动参与经营，进而实现全员参与经营。

关键要点：不能只是少数领导、每一位员工成为主角、内部选拔阿米巴领导。

经典描述二：在正确的经营理念指导下，把组织划分成一个个小团体，通过独立核算加以运作，在公司内部培养具备经营意识的领导，以实现全员参与的经营模式。

关键要点：经营理念、小团体、独立核算、经营意识、全员参与。

7. 到底什么是阿米巴经营模式？看看阿米巴经营模式的“企业说”

（1）中国电器研究院、江苏苏美达集团：小前端，大平台。

据了解，中国电器研究院2014年开始，为应对新常态、新形势下的激烈竞争，为持续打造竞争新优势的实践和探索背景下，构建了“小前端、大平台”的组织生态。它以业务组为前线作战单元，直接面对市场和客户进行独立核算，把组长视为一线CEO，直接呼唤后台的“炮火”，以保持对市场变化和客户需求的敏锐快速反应。经过几年的实践，它已组建了200多个业务板块的“阿米巴小组”，每个小组给予200万元左右的年度利润指标计划，推行效果非常好。

同样是中国机械工业集团有限公司下属的江苏苏美达集团，“小前端，大平台”的阿米巴小组式核算与经营效果也很显著。

（2）长春老韩头清真食品有限公司（以下简称老韩头食品）：岗位的活自己干，自己的账自己算，自己的利润自己赚，开源节流做老板。

老韩头食品给予阿米巴经营的定义不再高大上，不仅通俗易懂，还很确切地把阿米巴经营模式给描述出来了。基层员工能非常形象地、透彻地了解阿米巴经营模式，并且知道怎么做。

（3）温氏食品集团股份有限公司（以下简称温氏集团，700多亿元规模上市公司，国内农业产业化龙头企业）：分段管理，分段利润。

非常形象地把价值流各节点、各业务单元的贡献度表达清楚了。如果改成**“分段经营，分段利润”**可能更准确。

（4）华丰裕达集团有限公司（**国内焦化行业领军企业**）：主体归位，责任下沉，利益内嵌，目标共同，管理自循环。

这个描述非常到位。以前是以领导经营为主，以销售部门实现公司利润为主，一线对价值贡献的衡量、关注都不到位或缺失。

主体归位：让我们想到了二十世纪五六十年代的主人翁精神，想起了鞍钢的孟泰。那就是让经营回归一线，让听见“炮火”的人参与决策；让员工从观众变成主角；

责任下沉：把一线捆绑到利润贡献上面来，给一线建立现场记分牌。改变领导经营、少数人经营的局面，逐步实现全员参与经营；

利益内嵌：把增量业绩、增量利润、工作质量的提升与员工的切身利益挂钩，这就形成了真正的经营绩效；

目标共同：把利润目标统一到一个频道上来，进而形成目标共同体、利益共同体和命运共同体；

管理自循环：就是自主经营、独立核算，甚至自负盈亏，也可以理解为在经营授权下的“业务自循环”。

（5）一汽铸造有限公司压铸厂（**一汽旗下零部件企业**）：“要我干”变“我要干”，提高利润精细算，转变思维做老板。

这是心理角色的转换，是真正的主人翁意识的回归，是当作自己家的活计去干的劲头。

（6）建筑工程类企业：项目公司化。

把每个项目当作一个小公司一样对待，进行项目的独立核算，比如可以细化到工区、楼号，或者土建工程、机电工程、照明工程等。工程比较大的时候，按照标段、工区、工程性质去区分就可以了，只要能实现独立核算、提升工程质量和交付速度就可以。

这个定义通俗易懂地把阿米巴经营模式的基本要义表达了出来。

8. 到底什么是阿米巴经营模式？请再看看四个深度理解

（1）阿米巴经营模式也叫作“分部门核算制”。

各个部门都要算自己业务的账，尤其是经营基本活动的业务单元，而不是仅仅将数据提供给财务和领导而已。经营的基本业务单元要通过设计模拟自己本部门的业务收入、费用与成本支出，模拟利润；经营的辅助单元在本部门节流、效率、专业性发展之余，要为经营的基本业务单元提供服务、支持和保障，同时接受经营基本业务单元的考核。

Tips

这个也叫作“部门算”“人人算”。

（2）售价还原成本法。

售价还原成本法是相对于现行的“标准成本法”而言的，“标准成本法”是以原来的成本评估当下的库存；“售价还原成本法”是以市场价与成本价间的关系自动调节库存评价。

当市场销售价格（或标的价格）已基本锁定的时候，重点要向内看，向内挖潜。所有的成本项目都不是一成不变的，必须从替代、升级、效率、技能等角度千方百计去“活化成本”，从而确保产品和服务的市场竞争力。

会计“标准成本法”与阿米巴核算“售价还原成本法”的区分，如图1-5所示。

标准成本法、实际发生法的利弊

- 标准法：有目标参考便于对照改进；
- 标准法：与实际成本的客观性值得商榷；
- 标准法：与实际成本变动的滞后性明显；
- 标准法：对精确核算和实时核算的帮助不大；
- 实际法：月底突击，影响阿米巴结算；
- 实际法：阿米巴成员不具备财务专业知识；
- 标准法、实际法：阿米巴成员都不易掌握。

预先测算的某项产品成品率×售价=成本

◆ 售价是已被客户或业态锁定的

标准成本法与阿米巴核算的区分：阿米巴核算的几个特别不同点		
阿米巴核算		**标准财务核算**
只有期末才盘点、尽量减少半成品。月度、季度、年度是标准期末时点作为实际公司订单考虑，只有完整地交付成品，才是真正的价值实现	半成品	日常成本核算必须纳入核算，无论标准成本法还是实际成本法
必须及时计入阿米巴的当期收入	废料	财务管理中一般是计入公司收益
以“售价还原成本法”计算阿米巴成本	新方法	售价变动，倒逼成本削减、各种创新

图1-5　会计“标准成本法”与阿米巴核算“售价还原成本法”的区分

售价还原成本法是阿米巴经营模式中特别重要的一个方法。

Tips

这个也叫作“倒着算，往回算”。

（3）可以理解为“基于净现金流流入的收付实现制”。

阿米巴经营模式就是以收支的方式算自己业务的账，基本方法就是“收支”的家庭算账的方式，这也是稻盛和夫归纳总结后的创举。

这就涉及以收支的收付实现制和会计借贷平衡的权责发生制的区别了。财务部门也用收付实现制，但账务处理大部分都是权责发生制。举例如下，您算一算就能找出两种方式的区别。

我在北京工作，今天开了上月的工资 2 万元，但我需要在北京租房子，全年一次性缴纳房租有优惠，今天我就一次性缴纳了 12 万元的房租（按月缴纳需要 13 万元）。

按照会计权责发生制记账的方法，我今天是赚了还是赔了？数额是多少？

按照阿米巴模式收支记账的方法，我今天是赚了还是赔了？数额是多少？

Tips

这个也叫作“收支算”。

（4）可以理解为“经营的实况直播”。

阿米巴经营强调“每日经营”和“每日核算”，制造业必须每日出阿米巴经营日报表、工程类至少每周要出阿米巴经营周报表等，所以，阿米巴经营模式能够及时反应各个业务单元的经营情况，相当于各业务单元的经营状况的“现在进行时”。

会计角度的核算，由于专业人数限制，触角不可能每日都伸到车间班组或项目上；同时，会计记账必须是把每个月的各类业务数据汇总齐了才能出经营分析、三大报表，以及其经营报告、会计出数，相当于“过去完成时”。所以，财务反映的经营情况是严丝合缝的（如果核算准确的话），从这个角度讲，会计是“看到了才会相信”，而很多时候，经营是“相信了才会看到”。

Tips

这个也叫作“及时算”。

上述四个角度将有助于您对阿米巴经营模式的深度理解。

9. 到底什么是阿米巴经营模式？这里有实用、准确的定义

我做了很多阿米巴经营咨询的项目，也上了千百次阿米巴经营模式的课程，感觉仍然有很多人搞不清楚什么是阿米巴经营。所以，经过反复提炼，我总结了一个实用、准确的阿米巴经营模式的定义如下。

把企业划分成若干个小集体，每个小集体都按照一个小公司的方式运营，独立核算、自负盈亏并对这些经营小集体进行利润考核与努力程度评估！

通过赋权经营，在公司内部培养与老板理念近似的并愿意追随老板的经营人才，逐步带动大部分人主动参与经营，创造高收益，成就员工，彻底解放老板的经营管理模式！

这个阿米巴经营模式的定义，把阿米巴组织**怎么划分**（划分成若干个小集体），**怎么运营**（每个小集体都按照一个小公司的方式运营），**怎么考核**（对这些经营小集体进行利润考核与努力程度评估），**赋权、培养哪些人才**等要素都表达得很清楚，非常值得参考。

10. 阿米巴经营模式的五个关键原理非常重要，必须搞清楚

第一个原理：经营利润 = 收入最大化 - 费用最小化 - 费用分摊。

这个原理就是各个业务单元以收支方式进行自己业务计算的方式。

第二个原理：核算两条线（业务单元，也就是“阿米巴”与财务都各自核算，见图 1-6）。

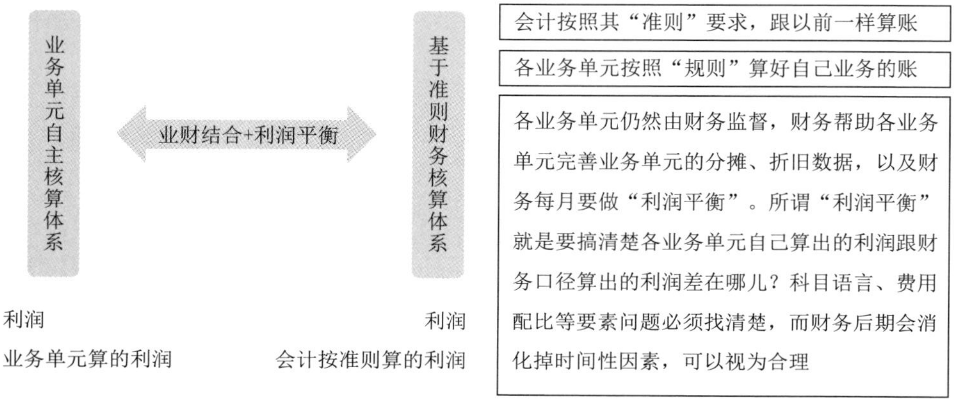

图 1-6　核算两条线

第三个原理：“核算主体、核算收益节点、利润中心概念”不同。

各业务单元，也就是各个阿米巴组织，在“核算主体、核算收益节点、利润中心概念”上与会计制度有很大不同，如图 1-7 所示。

经营主体（核算主体）	财务角度：统一以公司为经营（核算）主体
	阿米巴角度，是以化整为零的各个业务小单元作为阿米巴经营主体
核算收益节点	财务角度：公司开发票、发货，甚至是回款口径计算
	制造合格半成品进入下一工序，或验收合格入仓库就算完成销售收入 制造合格成品进入成品库，就视为完成了销售收入 营销成本价提货，商品售出、回款，完成销售收入 财务角度：公司是利润中心、营销部门是利润中心、总部是利润中心
利润中心概念	阿米巴角度：各个小阿米巴组织都是利润中心，无论制造的阿米巴车间，还是销售区域，甚至是销售人员个人

图 1-7　核算主体、核算收益节点、利润中心概念区别

第四个原理：建立从现场到市场的一条经营线（见图 1-8）。

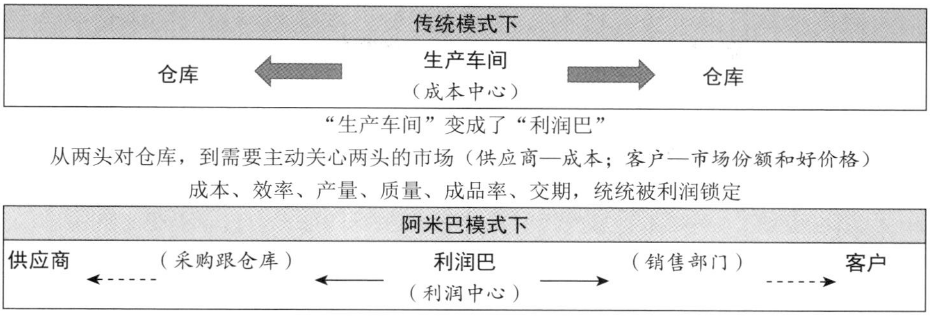

图 1-8　建立从现场到市场的一条经营线

传统经营模式下，各个车间领料跟仓库打交道，入库跟仓库打交道，对于供应商、客户两个外端不但不闻不问，而且问也白问，反正干活完成“数量”就 OK。

阿米巴经营模式下，各个车间从成本中心变成了利润中心，变成了利润巴这样的自主经营体。利润巴从原来的两头跟仓库打交道，演变成了要主动跟市场端的供应商打交道（通过仓库和采购部门），来降低成本；要主动跟市场端的客户打交道（通过销售部门），来扩大销售份额和提升销售价格；中间段，自己按照收支的方式算细账、算小账，算效率、算产出的账。

各个利润巴通过内部定价模拟销售，对主辅料的计算，实际是前端跟客户市场搭上了线，后端跟供应商市场搭上了线，只是内部核算由自己完成，以模拟利润为抓手看清了每个利润巴（自主经营体）的价值贡献。

第五个原理：阿米巴经营模式是怎么算账的？

阿米巴经营模式算账强调的是“自主核算”“独立核算”“部门算”“人人算”“岗位算”“及时算”“收支算”“倒着算”。

自主核算：各个利润巴、服务巴、公共服务平台都要算账，算开源节流和效率的账；

独立核算：在业务能形成闭环的前提下，核算本自主经营体的收入、支出、利润、效率等项下的“小账”“细账”和“明白账”；

“人人算”：人人都要算精细的开源节流的账；

“岗位算”：无论在什么岗位上，都要根据岗位特点、要求算岗位产出和投入的账；

“及时算”：根据业务需要或阿米巴报表设计时间要求提前算好账，尤其是阿米巴经营核算报表；

“收支算”：阿米巴经营的核算方式都是以收支方式算账，即算收入是多少、成本和费用支出是多少；

“倒着算”：售价还原成本法的算法，当市场销售价锁死的时候，必须采取“活化成本”、持续提升效率和改善等办法降低成本，确保预期利润或更高利润指标的达成。

这五个原理，目前在国内外阿米巴经营模式的相关书籍里都没有任何描述。稻盛和夫写了几本阿米巴经营模式的书籍都非常棒，但是翻译成国内能理解的版本时没有加注这类原理内容。

11. 阿米巴经营模式的六个突出特点

（1）从“财务核算”到“收支核算”。

很多人总是把二者搞混，或者自动跳到财务核算的频道上。

稻盛和夫在接任日航董事长的时候已经 78 岁，而且日航已经宣布破产并倒闭，累计亏损 2.3 万亿日元。面对这个烂摊子，该如何拯救呢？他想到了自己发明的“独门暗器”——阿米巴经营模式。于是他想要好好设计一下日航的阿米巴落地思路。

他让财务部门随意抽取一份名古屋飞北海道航班最新的分析报表来，看看该航班赚不赚钱。收到报表，稻盛和夫一看是两个半月前的，稻盛和夫要求拿最新的分析报表，财务部说这就是最新的，稻盛和夫傻眼了。两个半月前的报表就是最新的，每天那么多航班，哪有可能及时采取航班改善措施并争取盈利呢？

这时候，稻盛和夫该如何设计日航的阿米巴经营模式呢？关键是收支。以航班为最基本的自主经营体，客舱、飞行直接设计成以内部交易方式、各自以收支为基本核算模式的经营思路，所有空指、地服、货运、营销等业务部门都设计成以合作对价方式、各自以收支为基本核算模式的经营思路，日航变革前后组织架构对比如图 1–9 所示。

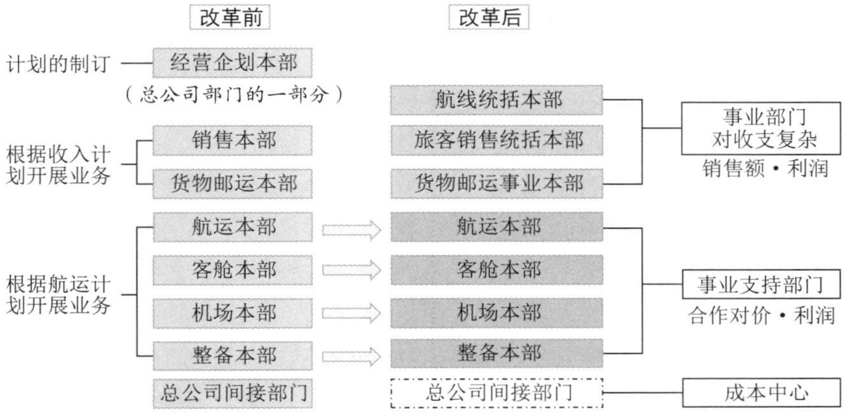

图 1–9 日航变革前后组织架构对比

稻盛和夫认为以财务核算的方式不能迅速反映每个航班的经营状况，而采取收支核算的方式就可以迅速反映出每个航班乃至每个部门的经营状况。日航现在能做到每个航班飞行结束两天之内就可以核算出盈亏情况。

（2）从“财务会计”到“经营会计”。

财务会计，是按照《中华人民共和国税法》《中华人民共和国会计法》，以及 4 个会计主体和 13 个会计准则记账的，非常严谨，但是相对滞后，不能迅速反映经营主体的日、周的经营状况。

所谓“经营会计”，是区别于财务会计和管理会计而言的。后两者都是标准会计体系中的准名词。财务会计，主要关注的是成本，而全部关注成本也不一定能产生利润。财务会计太专业，大家不易学会；管理会计，主要是给经营者提供决策分析适用的标准会计术语，大家更不易学会。

经营会计说白了就是基于“收入”“支出”和“时间”三大要素进行核算的、非常易懂易学的日常经营工具、算账工具。经营算账计算示例如图 1–10 所示。就相当于我们居家过日子，要考虑一个月的收入，还多少房贷？还多少车贷？孩子上学费用多少？日常生活开销多少？怎样努力提高家庭收入？怎样理财提高家庭收入等。阿米巴经营会计与财务会计对比如图 1-11、图 1-12 所示。

销售额		200万
变动费用	销售成本	32万
	产品运输费	5万
	业务招待费	3万
	小计	40万
边界利润		160万
固定费用	人工费	38万
	其他费用	62万
	小计	100万
利润		60万

变动费用：与销售额成正比增加的费用

固定费用：与销售额不成正比增加的费用，即使销售额为零也要发生的费用

销售额 - 变动费用= 边界利润
边界利润 - 固定费用= 利润
边界利润率= 边界利润/ 销售额

图 1-10　经营算账计算示例

科目区别	阿米巴经营会计构成		财务会计
	经营会计	单位时间核算	
主要目的	提供决策依据	提升成长效益	外部利益者使用
应用对象	管理干部	干部员工	股东与政府
数据来源	原始经营依据	原始经营依据	首次整理加工
会计作用	提升经营水平	提升管理水平	不直接提升经营
报表设计	经营数据	每日单位时间效益核算表	企业会计准则

图 1-11　阿米巴经营会计与财务会计对比

财务会计 ↓ 管理会计 ↓ 经营会计

比较要素	传统财务会计	阿米巴经营会计
作用	报告财务状况和经营业绩	掌握经营情况并及时调整政策
制作者	财务会计部门	巴长
报告对象	对外有关部门和权益相关人	各级巴长
计算准则	有关法律依据	公司内部规定
计算对象	公司的综合财务报表	各巴经营报表
功能	主要核算	包括预算、预提，最后核算
报告周期	月度/年度	日、周、月各类分析报表

图 1-12　传统财务会计与阿米巴经营会计对比

经营会计的切入点就是让员工自主算账，算岗位收支的账，算岗位工时的账。从松下幸之助开始就考虑如何实现员工自主算账，到了稻盛和夫时代，通过阿米巴经营会计方式，开始实现员工自主算账。

经营会计强调的就是“销售最大化，费用最小化”，即千方百计地实现收入最大化，支出（成本及各项费用）最小化。

经营会计体现的是“相数理”。“相”，即经营的表面状态，有无活力；“数”，就是经营数据、收支数据、工时数据；“理”，就是透过“相”和“数”看经营体的状态，赢了还是亏了。经营会计好处如图 1–13 所示。

利用会计报表激励人心，刷存在感

量化事业竞争力

使用会计报表，各级可以迅速改善经营状况

利用会计报表可以公正地评价

利用会计报表可以合理地分配

经营会计的好处

部门项目			事业部门			合计	总公司管理
			事业部A	事业部B	事业部C		
销售额		1	16560	15620	15180	47360	
变动费用		2	7450	7810	8350	23610	
边界利润		3	9110	7810	6810	23730	
			55.00%	50.00%	45.00%		
固定费用	人工费	4	3500	3000	2630	9130	
	设备费	5	210	180	160	550	
	其他费用	6	3150	2700	2360	8210	
	资金利息	7	140	120	100	360	
小计		8	7000	6000	5250	18250	
贡献利润		9	2110	1810	1580	5500	
总公司分摊		10	575	493	432	1500	
经营利润		11	1530	1320	1150	4000	

便于及时找到盈亏平衡点

发现事业结构：哪里亏？哪里赚？

洞察费用漏洞

使用会计报表，明确各事业部门责任、明确项目改善点

利用会计报表把经营哲学落地

利用会计报表打破“部门墙”

图 1–13 经营会计好处

“经营会计”主要是以收支的方式算账，“经营会计”一词源于日本。松下幸之助最早提出员工要自主算自己岗位的账，但是真正实现员工岗位上算账模版化、机制化的是稻盛和夫。

稻盛和夫之所以能够成为全世界唯一一个成功操盘三家世界 500 强的商界领袖，除了他的经营哲学以外，就是因为他在京瓷、KDDI、日航都成功地应用了阿米巴经营模式，他让员工用收支的方式在岗位上算自己的业务账，所以都取得了惊人的经济效益。

其实，现代会计制度源于欧洲，最早是意大利商人在地中海做生意时发明的基于“借贷平衡”的权责发生制记账方式。在欧洲这套会计记账方式进入中国以前，我们的老祖宗用什么方式算？就是大收大支。稻盛和夫看到大部分员工学不会会计这一套，所以他让大家**恢复到古代商人算账的方式，并加以表格化、机制化，从而诞生了今天的“经营会计”**，诞生了阿米巴经营模式。

（3）从“月度经营”到“每日经营”。

传统管理模式下，一般我们都以月度为经营的时间轴，因为月度是跟会计核算时间轴吻合的。每月月底财务开始所谓的“扎账”和“盘点”，月初就会出资产负债表、现金流量表、利润表三大报表，以及其他分析报告，公司会据此数据组织整体的经营分析会议并提出整改或提升的意见，与会各部门（一般是以大部门为单位）会后回去落实。针对财务数据，各部门一般会在指标累计完成、产供销数据的问题、重要工作任务完成等关键问题上作出部署，各部门回去后再层层落实。层层落实到基层的业务单元，比如车间、班组，就已经变成漏斗一样所剩无几了，何谈改善？何谈解决问题？

这是我们都熟悉的月度经营的方式。这种方式有几个缺点。第一，按月反应，时间拖得太长，明明知道问题发生，改善起来总是滞后。客户的感受和问题、市场的变化总是随时随地的，它不会等你，更不会按月来配合你；第二，按照月度跟进月度、年度目标完成的话，反应不仅慢半拍，而且会来不及。

阿米巴经营模式特别强调“每日核算”，只要公司开门，就有水电、折旧的支出，就要节约；只要干活，就有产出问题，就有效率问题，所以每个岗位、每个团队都必须算“小账”、算“细账”、算“明白账”，算本业务单元收入、支出和利润的账。

阿米巴经营模式更强调“每日经营”，每天收入多少、支出多少、利润多少、人均小时利润多少、每日跟进的指标差距还有多少、采取什么样的措施能紧紧跟踪或超越目标的达成。每日经营就像田径赛跑一样，每一秒都不能落后，要紧紧咬住，不然指标达成按月来就很危险。

阿米巴经营模式的“每日经营”不但时间轴上能够做到“日”的快速，而且避免了传统模式下的层层落实问题。基层各业务单元按照阿米巴经营模式已经变成了独立核算的“块”，而不单纯是上级领导关注的下面的“层”。这些“块”需要独立核算，需要每日出具可以准确及时衡量其业绩的“经营报表”，所以每日经营已经切换成真正的“每日绩效”和“每日利润产出”了。

（4）从“模糊经营”到“精准经营”。

以整个公司为核算主体，下面的小业务单元就不能精准衡量其每日的价值贡献度，每条产品线、每个车间、每个项目、每个品类就不能准确计量真实贡献，那我们就只能一如既往地“笼统地算账”。比如我们经营一家小型超市，一般都是晚上看一下总的销售情况，但是按照阿米巴经营模式，我们就要算细账，传统经营与阿米巴经营区别如图 1–14 所示。

传统经营		阿米巴经营				
科目	金额	科目	蔬菜	水果	调味品	合计
销售额	2000	销售额	500	1000	500	2000
进货成本	1700	进货成本	300	1100	300	1700
盈利	300	盈利	200	-100	200	300
哪里赚了，哪里亏了，无从知道，模糊经营		分部门核算，哪里赚了，哪里亏了，谁做得最好，谁做的差，清清楚楚，改善有重点，奖惩由市场				

图 1–14　传统经营与阿米巴经营区别

（5）从“大块头”到“化小核算单元”。

中小型独立法人、工厂、事业部，都可以实现其独立核算、自负盈亏的经营，但依然是“大块头”，有时还是“大锅饭”的状态。按照阿米巴经营模式的操作要求，仍然要继续化小，要化小到最能调动积极性的最合适的业务单元。只要满足三个条件就可以实现“化小核算单元”。

（6）以“模拟利润”实现助推财务角度的“真实利润”达成或跃升。

各业务单元变身为自主经营体，按照前述原理，各自主经营体实现了、甚至是挑战性地实现了模拟利润指标；按照订单或计划，当财务实现开票、回款等动作时，财务角度的真实利润实现不但得到了验证，而且有可能实现新高。

这样实际是两条双曲线的跃升式运行，一条曲线是先实现的模拟利润，另一条曲线是几个月后实现的财务角度的真实利润。两条曲线，仅仅是有时间差而已。

Tips 注意

要注意的是各业务单元阿米巴核算的真实性、严谨性。如果这个真实性和严谨性在监督下，并且可以验证，那财务角度的真实利润实现就是非常棒的数据，经营效益就在双曲线上得到了有效验证。

12. 阿米巴经营模式带来的“七个变化”

（1）让员工从“观众”变成“主角”。

传统企业管理模式下，更多强调的是“层”级管理。层级管理，往往造成下级总是处在等待的状态，久而久之，下级就会缺乏主动性，习惯于听领导指示再干，并且层级管理的漏斗效应也很强，尤其是基层的业务单元每天或每班交付的只是产（商品）的数量而已，该业务单元里的人都不知道自己创造了多少利润，财务也不可能当天（班）帮助计算出利润。

阿米巴经营模式下，更多强调按“块”经营。每个“块”就是设计出来的自主经营体，每个“块”都要独立核算。“块”的头领就相当于小微公司的总经理，也就是阿米巴巴长，在巴长的带领下，大家按照预定的利润指标要求去“开源节流”。巴长作为小微公司的总经理，无形之中就分担了老板的利润指标压力，在巴长带领下，大家有目标可循，有激励措施配套，就像一个独立的小微公司一样运营。

这样就能让观望的员工或只关心自己收入的员工主动参与经营，从“观众”的角色切换成了“主角”，切换成了利润创造的“主角”。这能增进员工的参与感、存在感和成就感。

（2）让员工从“给老板干”变成“给自己干”。

传统企业管理模式下，员工认为创造的利润都给公司了，搞不清自己在其中起什么作用。甚至大家还认为，钱都让老板赚去了，自己辛辛苦苦上班才赚这么点工资，心里一直不平衡，员工们感受不到老板做了多大的投资，承受了多大的外部压力。总之一句话：活是给老板干的，给公司干的，美其名曰“打工者”。

阿米巴经营模式下，由于各“块”都像小微公司一样运行，机器厂房等折旧分摊都算进“块”的费用里去了。各个“块”都有清晰的利润指标，如果能够实现这些利润，甚至超越目标实现增量利润，不仅自己的收入有保障，还可以多从利润里分一些奖金。也就是说，各“块”的员工，可以清楚地知道自己朝哪儿努力了，只要每一个人能在自己的岗位上“开源节流”，去发现异常，去改善，去提高成品率、产品质量、入库（销售）数量就能增加本“块”的销售收入；只要去研究节约、改善、机器故障，就会减少本“块”的支出，这一收一支，利润就会提升，奖金自然就多了。

只要关心岗位效率、质量、交付数量，找改善点，机器少故障，周而复始就形成了基层的自主经营体系。这样，就不会有“给老板干”“给公司干”的感觉，就能找到“给自己干”的感觉。

传统模式、股份制、承包制、阿米巴经营模式四种模式比较（见图1-15），目前只有阿米巴经营模式能体现员工是“给自己干”的。

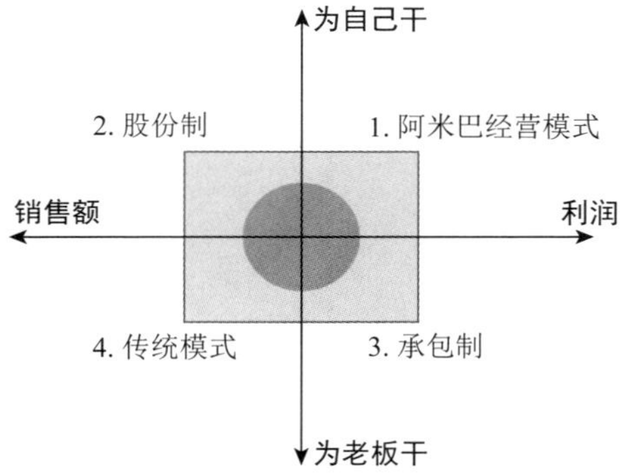

图 1-15 四种模式比较

（3）从“交付”到“交易”。

传统管理模式下，干多少活“只要”在传递的单据上写上入库数量（销售数量）就行了，本业务单元赚了或赔了都跟自己无关。

阿米巴经营模式下，干多少活“都要”在传递的单据上写上入库数量（销售数量），并且乘以单价，计算该批次产品（商品）的销售收入；

算完销售收入，还要算本业务单元的“料、工、费”支出，从而算出本业务单元的利润。因为利润跟自己的奖金有关，所以大家会更关心每班（天）的利润产出，往前推就会关心“料、工、费”的支出，再往前推就会关心销售收入实现多少，销售收入就是“交付数量 × 单价”演化而来的，所以大家也会关心“量”的产出，以及单价的合理性。

无形之中，大家就会关心每个岗位、每道工序（机台、小组、项目、业务摊等）的产出，这就是对价值的关心。对价值的关心演化成了对“交易”的关心，而不是像过去那样简单地干完了，一交完事。

（4）从“数字”到“金额”。

基于社会生存的需要，人们往往对“金额”的关注度高于普普通通的“数字”。上述第三个变化里面的描述，也涉及“金额”的计算，因为利润就是钱，是对自己收入有至关重要影响的因素，所以大家更关心利润额的获得。

（5）从分配到分享。

传统管理模式下，干什么活、干多少都是领导分配的；产生的收入也多是计件、计时或质量奖、产量奖等方式得来的，干多或干少收入基本一个样。

阿米巴经营模式下，很多量化指标和工作任务既有分配来的，又有争取来的（为了多得利润奖金、竞争性、不服输等动机）。指标实现了多拿钱，多干了也多拿钱，尤其是当大家努力过后，有突破性的成绩的时候，参与感、存在感、成就感、满足感就随之而来了。

（6）从“集权”到“量化分权”。

层级管理就是管理学上有名的“科层制”。“科层制”曾经是很有效率的管理模式，但是在今天日新月异的变化面前已经变得苍白无力了。集权的老板往往是“孤家寡人”，曲高和寡。聪明的、与时俱进的老板都已经学会放权了，不但自己不累，而且下边的人更有积极性。

阿米巴里面的“量化分权”是把战略管理权和战术管理权限分开。老板和高管保留战略管理权，把战术管理权下放到基层。

（7）管理走向经营。

从原来的基于管理制胜演化成经营制胜。企业效益的持续提升就是手的两面，手心和手背就是管理和经营，二者相互补充，相互促进。但这里注意的是，再也不要重管理，甚至管理过度，而是要寻找更多的调动员工积极性的手段，那就是经营制胜。

13. 阿米巴经营模式与传统经营管理模式的对比

常规模式与阿米巴模式的区别如图 1–16 所示。

常规公司组织及业务形态是：

中心控制，总部协调，内部互相依赖，对上级（含老板）指令等待，缺点是总部老化带来集体“死亡”，抑或低效内耗。

常规模式与阿米巴模式的区别

阿米巴模式下的组织及业务形态是：

分布式，不强调中心，不强调领导，一切以客户需求为导向，柔和边界，而不是各自为政的垂直或水平边界，强调自我生长，独立核算，内部市场化，特点是不会因为个体消亡而导致整体组织瘫痪！

图 1–16　常规模式与阿米巴模式的区别

现有经营模式与阿米巴经营模式的区别如图 1–17 所示。

14. 阿米巴经营模式中国本土化探索及目前企业应用

（1）中国的本土化探索。

关于“独立核算、自负盈亏”等经营性模式探索，中国企业界一直在进行，只是没有将其系统化、持续传承与推广。

第一类探索：中国企业常用的模式是承包制。承包制自安徽凤阳小岗村推出的“联产承包责任制”以来，被广泛使用，目前在工程领域、生产制造、独立的商业业务等领域仍然有广泛使用。

第二类探索：内部银行模式仍然被国内很多大企业使用。内部银行制诞生于吉林化学工业公司，强调独立核算个体之间设置往来会计进行内部结转，目前仍然有很多大公司使用，不过更多转向内部资金等调度。

比较科目	现有经营模式	阿米巴经营模式	备注
组织模式	金字塔形	倒金字塔形，或“楼层式”	
		责任中心制（赚钱的、服务的、管政策的三分）	
老板	一个老板	一个老板+N个小老板	
成立条件	注册法人	业务能形成闭环，可以收支算账即可	内部买卖……
经营状态	被动接受管理，一级管一级，等待的浪费	自主参与经营（各个阿米巴自主经营体）	
员工状态	逐级贯彻执行	逐级之下，一定范围内自主经营	从只等、只听话，变自主、自动
	给老板干	给自己干	
利润	公司利润	各个业务主体（自主经营体）利润	销售巴利润+生产巴利润……
授权	授权不授责，严格流程授权	量化授权，授权也授责	赋能
核算主体	老板核算，财务核算为主	业务单元独立核算，精打细算，自主经营	
核算内容	财务核算为主，权责发生制	收支流水账一样的报表	各业务单元自主收支核算
工作特点	交付，交待，很少内部买卖	内部市场化，内部买卖，同时在末端实现外部买卖链接	
与财务区别	财务核算为主，权责发生制	与财务核算并行	
	财务会计+管理会计	加入“经营会计”	
考核	各类绩效考核，偏个人绩效考核	各业务单元组织绩效，利润实现，费用承担	真正贡献
参与经营人数	主要是主席台和前三排的老板、股东、部分高管	老板+小老板，业务单元员工	
报表	生产日报、销售日报、月报、财务月报四张表	原有报表，新增各业务单元阿米巴日报表	老板一眼能看明白的报表
目标计划	自上而下，宣贯	自上而下+自下而上，双向打通	
经营周期	月度为主，季度，年	日核算，日经营，周，月	
支撑工具	老板风格+企业文化	经营文化	

图 1-17　现有经营模式与阿米巴经营模式的区别

第三类探索：内部买卖等内部市场化机制。这种内部交易的模式国内也有很多企业在用，比如我接触的东营生产母婴用品原料的一家企业，从企业创业开始，采购部门采购来的大宗原材料卖给生产部门，产生采购利润；生产部门生产出产品，卖给销售部门，产生生产部门的利润；销售部门卖给经销商或大客户，产生销售部门的利润。

第四类探索：事业部制也是广泛使用的独立核算、自负盈亏的模式。国内其他阿米巴老师的知识体系经常使用SBU（战略事业单位常用语），又称战略事业单元，既可以是一家完全独立的中小型企业，又可以是一家大公司或集团内的一个事业部门。SBU只要能够独立规划自己的经营战略，有独立的经营目标，就可以视为一个独立的事业单元。但SBU这种事业部体制依然是“大块头”，而不是划分到最小且最便于独立核算、最能调动积极性的经营组织。美的的小事业部制、阿里巴巴的小业务单元、韩都衣舍的小组织都是类似的体制。

第五类探索：海尔的“人单合一”和“创客”模式。海尔曾经是国内改革开放的先锋，海尔首席执行官张瑞敏就是改革的弄潮儿。他多次登上哈佛大学的讲坛，海尔多个案例也被哈佛商学院收录。海尔很早就提出“日清日高”的OEC模式。后来经过海尔张瑞敏的颠覆性、生态化创新，生产领域应用成了“人单合一”，销售领域成了“创客”。

第六类探索：分段管理，分段利润。广东最大的农牧示范性龙头企业温氏集团，不仅是一家上市公司，还是一家勇于探索的集团公司。温氏集团很早就实行了股份制，但是温氏集团老总提出了一个观点，就是每一块业务都要产生利润，叫作“分段管理，分段利润”。这个提法很新颖，也很有见地，实际改为“分段经营，分段利润”可能更好。

第七类探索：作业成本法。我曾与平衡计分卡（BSC-KPI）管理思想创始人罗伯特·卡普兰先生有过一周的交流和学习，对其管理思想极其钦佩（合影见图1-18）。交流期间我了解到，罗伯特·卡普兰先生也曾推出过一种叫作“作业成本法”的业务核算模式。

图 1-18 作者（右二）与罗伯特·卡普兰先生（左二）于 2015 年上海中欧商学院合影

因为罗伯特·卡普兰先生最早是会计师出身，所以他研发的“作业成本法”是基于会计算法得来的，相对复杂。曾有北京大学教授研究推广过罗伯特·卡普兰先生的“作业成本法”，但没有推广开。

（2）中国企业阿米巴经营模式的应用。

总地看来，国内企业无论是国企还是民企，都在研究阿米巴经营模式的深化结合与应用。

稻盛和夫先生的阿米巴经营模式相关书籍进入中国已经十几年，前些年市场没有达到充分竞争，相关书籍被重视和研究的程度较低。近五年来，各领域、各行业竞争加剧，企业必须精打细算，细水长流，全员参与算账和经营的时代来临了。

比如中国农业银行、中国电信、中国一汽、中国航天、国家电投、国家电网、南航等企业都在研究阿米巴经营模式与本企业的结合，以及深化应用，国内集体企业、民营企业更是广泛地在研究和应用阿米巴经营模式。

（3）阿米巴经营模式中国化实践的三种有效应用。

阿米巴经营模式在国内企业应用阶梯如图 1-19 所示。由于企业所处行业不同、企业发展阶段不同，老板风格不同、文化不同，对于新思想和新工具领会、吸收、转化的程度都会不同。

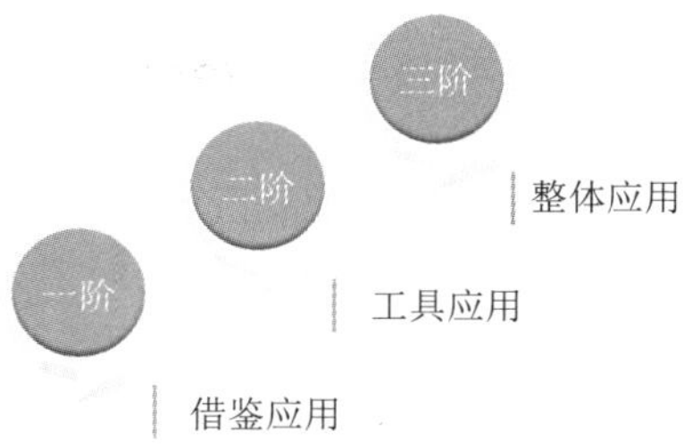

图 1-19 阿米巴经营模式国内企业应用阶梯

1）借鉴应用，也叫部分应用。

阿米巴经营模式里的独立核算、自负盈亏、业务单元自己算账、化小核算单元便于调动积极性，都可以结合行业特点和企业实际进行应用，甚至不一定必须应用其每日核算的“核算表”，只要能确保化小的业务单元自己能把账算明白，能对总体效益提升有帮助就可以。

位于东北的一家非常优秀的独角兽企业，在国内几乎没有竞争对手，其产品及其带有“算法”的软件都非常有特色，在国内化工设备智能制造领域一枝独秀。即使这么优秀的企业，其经营也是基于订单、项目的非标设备制造，国内成熟的几家主流软件，甚至 SAP 软件也不能完全适合它。公司推行阿米巴，要算各个独立业务单元的利润，比如计算钣金车间的利润，现行的国内某主流软件不能在 BOM 清单上实现自动抓取价格的功能，则利润计算很难实现。

怎么办？我与该公司总经理讨论后确定，实行经营股份制，也就是把利润模糊地算在公司，淡化各业务单元利润概念，强化业绩分红概念，设计一种“内部粮票”进行季度分红。各个业务单元都能提升效率，做好开源节流，算好自己的小账、细账，在总体利润大盘子中拿出部分比例进行季度分红。这样就做到了“月度有工资”“季度有分红”“年底有奖金和分红”的激励。这是部分借鉴阿米巴经营的思想实践应用。

2）工具应用。

不必把阿米巴经营模式想得那么高大伟岸，只要当成工具对待就 OK。为什么？工具都是人在应用，把工具摸透、用熟，自然就能起到事半功倍的作用。怎么应用？按照阿米巴落地的基本思路、步骤来操作即可。具体参见“笃行”部分章节。

3）整体应用。

稻盛和夫思想体系大体分为两部分，一部分叫“哲学”，主要是指其经营哲学，另一部分叫“实学”，也就是阿米巴经营模式。这两个部分在行业内被称为稻盛和夫思想体系的“两个轮子”。

其经营哲学，在京瓷有78条，在KDDI有38条，在日航有50条。这些条目都是聚焦经营上的规律性总结，比如，“销售最大化，费用最小化”“精益求精”“每日核算”“定价即经营”等。

稻盛和夫的经营哲学确实具有非常强的指导意义，既高屋建瓴，又非常接地气，但完全转化为自己企业应用确实很难。

稻盛和夫的实学，也就是阿米巴经营模式，企业当作工具使用，会逐步掌握。

如果同时学习和应用稻盛和夫的“哲学”和“实学”，一般的企业很难做到或做好，很多都做成了“夹生饭”。**两者都学、都用对企业的要求相对高一些，应用好的企业一般都在以下四方面比较成熟。**

第一，企业文化成熟。

企业文化成熟，说透点就是企业老板好、氛围好，企业有明确的幸福追求理念与使命，并且认真在践行。这样的企业实施阿米巴是有效果的，大家可以考察一下技研新阳（东莞的支柱企业）、兴瑞科技（深市上市公司）。这两家企业绝对具有代表性。

相反，**企业文化虚无或文化氛围不佳、老板一厢情愿搞改革、干部流动性大、核算基础薄弱的企业等**，阿米巴落地的效果都不会特别理想。

第二，老板思想成熟。

《礼记·大学》里有一句话，叫作“一人定国”。企业带头人如果不努力学习、不认真思考，企业必将故步自封，停滞不前，何谈发展呢？这样的企业带头人会让员工们感到没有奔头，更别提感受到企业的关怀和关爱了。

现在的竞争是越来越成熟、越来越充分的竞争，老板的格局和思想将决定企业的未来。老板心智模式相对成熟，尤其有社会责任感，对阿米巴模式也吃得透，自然而然为阿米巴经营模式导入提供了天然的土壤。

第三，组织体系成熟。

一是岗位健全，并能发挥其职业化作用。比如阿米巴讲核算，你的企业里连仓库保管员都没有，领料、备料、退库等业务全凭心情，那怎么能算好业务的账呢？

二是人员稳定性。一年骨干员工换好几批，知识体系怎么能有效传承、消化和转化呢？

三是内部执行力。老板在与不在，出力不一样；老板要求的，被高管和中层过滤没了；老板要求的，下级没有领会，根本不能入心入脑，哪有执行的效果呢？

第四，管理基础成熟。

首先是制度、标准、流程等规则是否健全，或具备健全这些规则的能力。如果不健全，怎么存得住“水”呢？

其次是职业化。管理就是职业化的有效运用。职业化的运用，就是能熟练地掌握标准和流程，有效地按照规则投入和产出。

再具体一点就是指，有投入产出的数据积累。

所以，中国化的有效实践与应用需要企业有针对性地判断。

落地思路指引 +
落地方法论

第二章

怎么办

CHAPTER 2

第一节 落地思路指引

一、落地原则

1. 你不知道的秘密：阿米巴经营模式落地的“6132”工程

（1）一个标准。

“向经营要利润，向利润要现金，向创新经营要效益”，这才是我们要的真正的经营结果。企业经营就是要产生利润，所以我们经常讲“利润为王、现金为王”。阿米巴经营模式就是“向经营要利润，向利润要现金”的模式，所有工作的结果就是持续提升企业的利润。因此，所有利润巴、服务巴、公共服务平台都要围绕着“向经营要利润，向利润要现金，向创新经营要效益”这个标准开展工作。

（2）一个理念。

工作提质量，公司增效益，员工得实惠。各自主经营体、公共服务部门的工作质量要不断提升才能为利润提升打下坚实基础；通过导入阿米巴经营模式，公司不但形成柔韧的经营网，并且效益能够得到提升，否则公司就失去发展的意义；阿米巴经营模式不同于承包，其本身就是多赢模式，尤其是员工通过“三力”（潜力、活力和能力）提升的增量业绩或增量利润，得不到相应回报的，积极性会受到极大挫伤。

（3）一个原则。

阿米巴经营模式在中国的成功实践离不开中国的社会环境，因此与日本原汁原味的阿米巴经营模式相比会有些变通。这个因中日之间社会环境不同（文化、制度、经营土壤等不同）而提出的原则是强制管理，自主经营。

所谓强制管理，就是公司制度、文化、底线、自上而下的布局及阶段性任务安排等，都必须强制接受。所谓自主经营，就是在经营授权条件下，各个自主经营体独立核算，自主追求增量业绩（含增量利润）的经营活动。

（4）一个频道。

一个频道，就是指利润的频道。不但老板和高管把目光放在追求利润上，而且各业务单元的目光也要切换到利润这个频道上来。原一汽集团董事长徐留平在一汽2020年度规划会议上讲道：未来不考那么多指标，就以利润和利润率为主，进而实现“目标共同体”“利益共同体”和“命运共同体”。

（5）一套语言。

形成一套各业务单元都认可的、完善的交易规则。从对阿米巴经营模式的认识，到对组织划分、经营会计、核算模板、科目解释、收入、支出、时间、预实分析、费用分摊与折旧、定价方法、目标与计划、阿米巴相关会议、阿米巴人才培养等具体内容都有准确界定。

形成上下一致、格式一致的、各个自主经营体分级的阿米巴经营核算报表。

各个自主经营体构成的整个公司的自主经营体系，按照这些规则和各级自主经营体各自的核算报表进行自主核算，从而实现全员参与经营。

（6）一套体系。

原来的管理架构都是行政职务，导入阿米巴经营模式后，行政职务又被赋予了新的职能，即经营的职能，各自主经营体的负责人变身为“大、小巴长”，也就是俗称的“小老板”，变成了老板（公司领导班子）的“委托经营者”；各级核算员、统计员也演进为经营会计，要从核算角度去开展工作，而不是过去简简单单地做个“传声筒”而已。

这样，原来的行政组织角色叠加了经营者的角色，可以理解为管理和经营的“一体两面”，或“一岗双责”，从而赋予了各级业务单元负责人经营责任，进而构筑了公司层面的经营体系。

Tips 经营五要素

我们天天说到“经营”这个词，那“经营”到底是什么？我认为，五个关键要素构成了具体的“经营”：客户意识、服务意识、核算意识、收益意识、灵活调整意识。这些意识自觉地在岗位上践行，就是我们常说的“经营”。

（7）两个平台。

一个创业平台，一个公共服务平台。把各级阿米巴组织（各块划分完的独立的业务单元）视为各级创业平台，各级阿米巴着力创造利润；公司职能部门视为公共服务平台，这个平台要具备发改委的功能（定阿米巴政策、规则）、审计署的功能（财务肩负审计监督、利润平衡等责任）、文化和旅游部、民政部的功能（把公司搞得有人气，有后台保障）。

（8）两个闭环。

一个闭环是“化整为零”，另一个闭环是“化零为整”。“化整为零”就是阿米巴组织怎么划分，或者理解为创业平台怎么划分、怎么打造。“化零为整”就是要在思想上认识到“分”仅仅是手段，公司仍然是一个法人，一个对外的品牌，全局一盘棋；“分”的目的是充分调动积极性，实现独立核算和利润准确衡量，“合”才是最终目的。所以，最后还是要实现“化零为整”的闭环，而“化零为整”恰恰是对老板们水平的考验、对公司管理功夫的考验。

（9）“两套账”。

财务是一套账，按照国家法规和专业准则做的会计账，是目前公认的企业经营晴雨表。由于阿米巴经营模式是借助“收支”模式来实现各业务单元自主算账，形成各业务单元自己的利润可衡量指标（财务角度无法实现），所以实际是建立起了另外一套账，也就是阿米巴经营报表体系（以表代账）。

现在比较流行的“区块链”概念，实际就是分布式的信息存储，由原来集中的“图书馆”的功能演化为每个业务单元都有自己的“资料室”一样。各个业务单元（各巴组织）都有了自己的“账簿”（以表代账），不过这个账簿是需要财务进行监督的、经得起验证的“有核对关系的流水账”。

二、顶层设计

阿米巴经营模式有效落地需要先明确导入思路，这很关键。

我们先对阿米巴经营模式有效落地的方法做整体了解，了解以“六盘”和“六定”为主线的思路指引，再去了解阿米巴经营模式具体落地的“落地七步”。

1. 顶层设计的思路指引

阿米巴经营模式不是盲目导入的，要想不跑偏，需要先从顶层设计开始。

我在北京的一次阿米巴课程上见到唐山某集团公司高管现场录我的课程，我很好奇，问他们录了干什么？他们回答说录了回去给老板听听，因为老板要求他们集团各业务板块的阿米巴经营报表数据必须跟财务数据一致。这位老板就是在还没有彻底搞明白阿米巴原理的前提下导入阿米巴的（参见前文“阿米巴经营模式原理二”），结果把下面的人搞蒙了。

还有一家在中国非常有名的拖拉机企业，先是在销售领域搞了阿米巴导入试点，仍然是按照过往的算法算收入，然后由财务给出每月的模拟利润。这种所谓的“阿米巴”，只是在经营授权上给销售大区多放了些权力，其余与绩效考核无异。正确的做法应该是以阿米巴经营模式的方式确定收入方法、变动费用和固定费用支出的方法，来算自己销售区域的账；销售大区要搞成“创业平台”，甚至要细化到以销售员为最基层的小巴长的阿米巴创业平台。

阿米巴经营模式导入的有效性离不开顶层设计，这个顶层设计就是阿米巴经营模式导入的具体思路指引：“六盘”+“六定”、落地七步。

第二节 落地方法论

一、方法论："六盘"+"六定"（见图 2-1）

盘组织	盘人员	盘资产	盘文化	盘测算	盘成果
定实施计划	定操盘者	定收入模式	定定价方法	定利费模式	定激励政策

图 2-1 "六盘"+"六定"方法论

1. 盘组织

"盘组织"就是要对组织进行盘点和变革性设计。可以参照上述"6132"工程的思路来进行。具体内容包括以下几点。

-- 哪些"成本中心"可以切换成"利润中心"？

-- 哪些利润区需要设计？哪些需要重构（打乱组织和人员，重新匹配经营职能）？

-- 利润中心需要设计成几层？

-- 成本中心有哪些？怎么设计好其服务与考核？

-- 怎样进行"经营授权"？

"盘组织"要与"六定"里的"定实施计划"进行关联性设计。设计完的利润中心是要试点推进还是全面铺开？实施多长时间后进行总结？

2. 盘人员

“盘人员”就是要对现有的骨干干部和员工进行盘点。哪些人可以堪当大任成为巴长？哪些人适合做操盘的阿米巴秘书？是否需要进行巴长岗位竞聘？各个大型利润中心的阿米巴秘书怎么产生？

并不是所有人都适合做巴长，或者适合做阿米巴秘书。阿米巴巴长和阿米巴秘书都有其衡量标准，每个企业都可以制定自己的任用资格。

3. 盘资产

“盘资产”就是要对各利润中心的固定资产，如厂房、机器设备等的价值进行盘点，看看其残值是多少，这需要财务的支持。盘资产的过程中要注意不能以资产的原值进行分摊，还要注意把公用资产的分摊和专用资产的分摊区别开。

所谓的“盘资产”就是对各个利润中心的资产摸底，不然做费用分摊时会对各利润中心的利润核算的冲减有很大影响。在以往的阿米巴经营模式导入时经常发生的就是财务账上有的资产车间没有，或是车间有的财务又没有，或者是财务、车间都有的型号又对不上，这就是企业财务在资产管理上做得不到位。资产管理好的，一天就能把资产盘明白、分明白；资产管理不好的，半年都盘不明白资产。

为便于核算，也有个别公司在盘资产上不做特别处理，没有让各利润中心承担相关资产的费用分摊。是否让各利润中心承担相关资产的费用分摊，取决于老板对于资产管理，心里明白怎么处理更好。

4. 盘文化

“盘文化”就是对企业文化进行简单的盘点。企业是否具备接受新思想和组织变革的基础？公司的领导力和执行力如何？尤其是公司的企业文化是不是“大而空”的文化？公司是不是具备奋斗的文化？

“盘文化”要搞清楚推行阿米巴经营模式的动机是什么？如图 2-2 所示。

<table>
<tr><td rowspan="2">做阿米巴目的判断</td><td>考核员工</td><td></td><td rowspan="2">阿米巴核算规则制定的判断</td><td>算账管理</td><td colspan="2"></td></tr>
<tr><td>培养员工</td><td></td><td>经营意识</td><td colspan="2"></td></tr>
<tr><td rowspan="2">组织划分原则的判断</td><td colspan="2">“只分”为目的</td><td rowspan="4">运用阿米巴方法判断</td><td rowspan="2">底层</td><td>结果</td><td></td></tr>
<tr><td colspan="2">“必合”为目标</td><td>过程</td><td></td></tr>
<tr><td rowspan="2">阿米巴核算规则制定的判断</td><td>算账管理</td><td></td><td rowspan="2">高层</td><td>利己</td><td></td></tr>
<tr><td>经营意识</td><td></td><td>利他</td><td></td></tr>
</table>

图 2-2 推行阿米巴经营模式动机

5. 盘测算

“盘测算”就是必须要清楚地认识到，阿米巴经营模式推行过程中，在产品定价、服务定价（*尤其是产品定价*）、激励政策等方面需要做大量的、基础性的数据测算工作。

“盘测算”说着容易，为了相对精准，操作起来，测算工作有时贯穿整个导入过程，甚至反复。阿米巴秘书和财务在这一点要有充分思想准备。

6. 盘成果

“盘成果”主要包括两类成果，一类是“行为成果”，另一类是“可视成果”。“行为成果”主要包括：员工积极性是否明显提高？推行一段以后，评估成本（*比如原材料、费用等*）是否明显下降？试运行一两个月后，利润是否能明显地提升几个点？

“可视成果”主要是指是否摸索出一套有效的阿米巴组织运行规则。一开始可以不完善，但要逐渐完善，形成不断升级的、越来越具有操作性的、公平的、标准型的规则文本。

落地方法论“六定”如下。

1. 定实施计划

“定实施计划”与“盘组织”同步进行，包括是在公司全面推行还是试点后再全面推行、计划推行周期多长、预期效果与费用如何计划等。

2. 定操盘者

“定操盘者”非常关键。是财务部门操盘，还是人力部门操盘，或是培训部门操盘？我在项目咨询过程中发现过让物流部门操盘的，这也不足为怪。

财务部门操盘或财务部门出人操盘，都可以，但前提是财务操盘者（**财务的主管**）必须具备经营思维。所谓经营思维，不是账房先生的概念，而是全局的、经营性的、熟悉业务的、有客户观念和服务观念的思维。这对财务人员，尤其财务负责人而言，还是有很高要求的。财务操盘者如果不具备这样的经营思维，就不建议财务操盘，容易把阿米巴经营模式最终推到“成本核算”的怪圈里去。

人力资源或培训部门牵头的道理基本与财务操盘阿米巴一样。那谁来牵头比较好呢？

规模比较大的企业可以设置单独的经营管理部，中小型企业建议部门兼职或设置阿米巴秘书体系即可。

老板对阿米巴经营模式了解领会非常深的，也可以做如下探索：把财务部门一分为二，分管财务部门的老总等于分管了两个会计部门，一个是原有的按照相关准则来处理账务的财务部门，另一个是经营会计部门。前一个部门按照国家相关准则、条例按部就班地开展工作，后一个部门按照稻盛和夫的“会计七原则”建立包括阿米巴秘书、统计员、记账员等在内的经营会计体系，对内为经营服务。目前已知的就是我一直推荐的山东天保集团董事长张传法，他对经营会计的理解非常深刻，企业应用得也很好。

基于较多的阿米巴咨询项目实践，我建议设置阿米巴秘书体系，即设置一个总体的阿米巴秘书，要求熟悉公司业务、公司人员，对数据敏感，认真负责，有一定成长性；然后在各个阿米巴组织中设立兼职阿米巴秘书，与总操盘的阿米巴秘书形成一张阿米巴秘书经营的网格结构；在公司层面还需要给予更大的行政支持，设置一个阿米巴秘书长，建议一般由公司实职的二把手担任最佳。执行角度，形成组织保障的阿米巴秘书体系如图 2–3 所示。

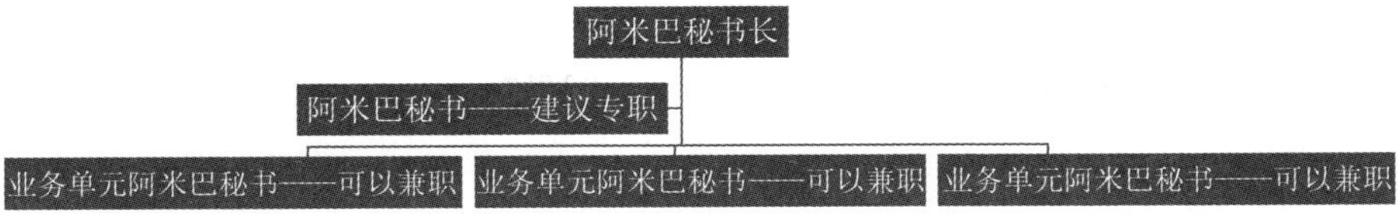

图 2-3 执行角度，形成组织保障的阿米巴秘书体系

Tips1 阿米巴秘书长

公司实权二把手担任较好，这样既能打通和理顺实际控制人与管理层的关系，又能代表公司给予阿米巴经营体系支持。阿米巴秘书长主要是在更高层面承接实际控制人的意图和意愿的转化、传达，代表公司给予阿米巴经营模式支持；各阿米巴之间出现巨大争议时，经营规则或定价等重要事项不能决断时，可以给予裁决。

Tips2 阿米巴秘书

阿米巴秘书具体协调、整合各自主经营体（阿米巴）之间的定价、费用、报表、竞赛等业务类工作，以及部分事物类工作。

阿米巴秘书若业务量特别大可以专职；也可以兼职，亦可以先兼职、后专职，具体看企业运行阿米巴的实际需求。

Tips3 “阿米巴秘书长”&“阿米巴秘书”，或“经营管理部”

日本大型公司的阿米巴运行是由“经营管理部”组织推进的，比如京瓷、日航。日航的经营管理本部下设“经营管理小组（6人）”“项目推进小组（4人）”“运营小组（6人）”“咨询顾问小组（5人）”。

国内也有很多公司设置了经营管理部。公司大，设置这样的部门有价值。但是国内中小型公司不设置专职部门，建议按照“阿米巴秘书长”+“阿米巴秘书”+“下级阿米巴兼职秘书”+“阿米巴巴长”的模式建立整体的阿米巴运营体系，财务再跟阿米巴秘书每月上旬完成利润平衡报告，整体操盘阿米巴运营体系。

3. 定收入模式

定收入模式对于制造业极其关键，商业及社会服务业相对简单。以制造业为例，**要考虑到以下四种情况。**

（1）生产卖给销售的模式。这种模式是把生产与销售平等对待来设计的。通过内部定价对某类产品完成定价，即生产部门的产品按照这个价格卖给销售，形成生产部门的销售收入；已经完成的这个产品定价同时又成为销售部门的提货成本，销售部门根据内部提货价再设定外部销售价。这种收入计算模式适合于整齐划一的产品，比如成套设备、相对固定类零部件等。

（2）委托加工费模式。这种模式是以销售为主导，销售部门拿来订单委托生产部门生产，采购部门买来原辅材料等，对于生产部门相当于“来料加工”，这时生产部门的收入就是加工费收入，而生产部门的加工费收入又是销售部门的成本费用之一，销售部门的收入就是公司产品销售正常定价带来的收入。这种收入计算模式适应性比较强，但需要以销售为主导来设计。

（3）佣金模式。这种模式是以生产为主导的模式。生产出的产品被销售部门全部卖出去后，都计为生产部门的收入。销售部门从整个销售额中拿佣金作为销售部门的收入。比如，京瓷销售各类陶瓷电子元器件，销售部门计算收入就是佣金模式。生产部门的利润就要扣减生产的变动、固定成本费用支出，再减去销售的佣金，才是生产部门的毛利。这种收入计算模式适合于“多品种、小批量”等小型的配件。

商业类销售，也可以给各个阿米巴业务小组内部定价，这个内部定价是各个阿米巴业务小组的成本，根据内部定价再适当加价作为商业类各个阿米巴业务小组的销售收入。商业类和社会服务业相对灵活，容易操作。

（4）砍块模式。上述三种基本都是标准产品和小批量、多品种的制造模式。但对于不同客户不同要求的特殊的定制化系统产品，比如各大药厂中药提取液不锈钢大罐的制作，不同汽车主机厂家对汽车天窗、座椅生产线的定制等，大多是类似于项目制的订单，都是非标产品范围。

这一类的企业在做经营核算的时候，在把项目订单的毛利率综合考虑后，公司砍走一部分目标利润（根据毛利情况，比如 45%、30% 等），再把税金、公司扣费等砍走一定比例（需要财务帮助测算），然后剩下的就是业务单元的该项目订单的收入。

四种收入模式如图 2-4 所示。

四种“收入模式”的选择		
1	加工费　模式	主料不受控
2	生产、卖、销售　模式	流程式增值
3	生产赚佣金　模式	小批量、多品种
4	项目订单砍块　模式	非标产品

图 2-4　四种收入模式

4. 定定价方法

内部定价是阿米巴内部交易的核心，内部定价完成后才能计算各个阿米巴组织（自主经营体）的成本和收入。

定价分为产品定价和服务定价两大类。

（1）产品定价。一般分为非标产品和标准产品两类。虽然分为两类，但定价方法还是依据“料、工、费”为基本核心。非标产品类按照

"料、工、费"来定，标准产品类可以以"盈亏平衡价格"的方法来定价（可以参照一汽铸造有色压铸厂阿米巴咨询案例部分内容）。

（2）服务定价。可以参考该行业技术服务类别人员市场价制定（比如软件支持人员、咨询顾问师等人天价格作为参考），但要适度下浮标准。各个行业的技术支持服务标准大不相同，但行业一定有其内部市场价格规律可循。

5. 定利费模式

定利费模式中，**"利"主要指利润**，即各个阿米巴组织（自主经营体）上缴利润的模式，但这种做法也仅仅适用于建筑及其他工程业；其他行业的阿米巴组织（自主经营体）都是计算利润，而不是上缴利润。

定利费模式中，**"费"主要是指管理费**。需要测算公司每月的管理费是多少，生产部门和销售部门及细分的阿米巴组织（自主经营体）按照什么比例分配，分配的规则是什么。这些都要定出来，然后分摊到各个阿米巴组织（自主经营体）。

如前面"盘资产"中提到的一样，有些公司为便于各阿米巴组织（自主经营体）核算，不把固定资产或机器设备的分摊折旧计入各阿米巴组织（自主经营体）中，有些公司的管理费也不做分摊，不计入各阿米巴组织（自主经营体）中。

甚至有的公司直接把订单的35%（百分比为举例，该比例可能很大，也可能稍小）提出作为公司留存，这35%里面就包含公司利润、管理费和固定资产折旧等。这种做法一般取决于是否便于核算，更重要的是取决于老板格局大小。但不管怎么做，"定利费模式"都是需要仔细思考、缜密推算和具体设计的。

6. 定激励政策

激励政策关系到员工积极性的高低和变化。在日本，由于制度和文化的原因，很多大公司很少给予物质激励，比如京瓷就是以精神激励和人事综合评价为主，以年度基本工资调整为辅。不过，近年来日本终身雇佣制也在弱化，很多日本小公司也已经开始给予物质奖励。我曾接触一家日本做烂尾楼收购和装修租赁的房产经纪公司，其把增量利润的 40% 作为物质激励。

定激励政策，有四个关键条件。**第一个是不能急。**激励标准定高了，比原来高了，向下调整肯定影响积极性，激励标准定得比原来总收入还低，直接打击积极性。**第二个是必须以“盘测算”为基础。**进行多种测算，甚至要把一年内的各种订单、生产、销售等数据拿出来测算。**第三个是中后期推出。**激励政策一定在导入的中后期推出，因为这样有把握、有余地、有调整空间。**第四个是不要把激励奖金全部发完。**计算后的奖金可以先发三分之二，预留三分之一作为春节奖金或其他奖金使用，只要能让员工相信后期或可以预期的时间发，就不会有问题。

至于激励政策如何制定，“落地七步”之“怎么奖”里面会有具体阐述。

案例

上海某公司事业部阿米巴实施方案大纲（草案）

一、公司实施阿米巴的目的

1. 实现公司的持续、持久经营，扩展市场形成公司主打产品；

2. 实现现有产品的近期市场成果；

3. 培养一批具有经营意识的事业传承人；

4. 通过“同创共享”实现员工价值，提高员工的幸福生活指数。

阶段点评

目的说得还可以。

二、公司目前的优势

1. 公司成立时间较长；

2. 在相关市场领域有较好的市场口碑；

3. 公司产品较多，在多个领域有销售的产品；

4. 公司所属的行业属于朝阳行业，有一定的市场前景；

5. 公司员工比较稳定；

6. 公司建立在产学研基础上，以转化高校科研成果为目的，在技术创新、技术研发上具有一定的资源优势。

阶段点评

没用，废话。

三、公司目前劣势

1. 没有定型、容量较大的市场和持久的客户群体；

2. 公司的核心竞争力正在逐步削弱；

3. 公司管理基础、规范管理、知识管理等现代企业管理制度薄弱；

4. 公司员工的技能业务水平、整体素质与市场竞争要求相比较低；

5. 公司整体市场竞争能力不高；

6. 公司产品群比较分散、没有形成拳头产品。

阶段点评

没用，废话。

四、针对公司的具体情况，如何采取措施扬长避短

1. 以解放思想为目的，打破公司现有的条条框框，抓人心；

2. 将员工的思想从名不符实的岗位中解脱出来；

3. 从不担责、不进取的职能中解放出来；

4. 从市场和现场中解放出来，建立从市场到现场的经营线；

5. 将员工从等、靠、要的思想中解放出来；

6. 解放员工思想，打破贪图安逸、不思进取、抱残守缺的思想。

阶段点评

找痛点倒是找得挺准的，带下划线的 1 ～ 5 都说得非常好，就是怕做不到。

五、如何解放员工的思想

1. 建立“人人分产品、全员打市场”的模式，建立一个全员的营销专责制，让每个产品都有专人负责，让公司每名员工认认真真地研究公司的产品如何在市场上推广；

2. 一定要把公司的阿米巴建成事业部式的阿米巴；

3. 一定不要把阿米巴建成单纯降低成本、降低费用的阿米巴，而要建立以市场拓展、事业部全面发展的阿米巴模式；

4. 细分市场，重建事业部阿米巴，建立一个维持 8 ~ 10 种产品的事业部阿米巴，完全按照人员的现有专业来分配人员与产品；

5. 公司要有一个明确的交易规则，解决巴与巴之间的交易；

6. 阿米巴随着工作项目的转变而转变，不是固定不变的。铁打的巴，贡献留痕；

7. 建立公司阿米巴的生态群，聚散有序，按贡献分配利润；

8. 公司以投资的方式建巴，以竞聘方案为依据，公司以成立的评审委员会的评审结果为准则，成本公司承担；

9. 建立规则，公司与各阿米巴分担责任、利益，逐步承担风险；

10. 财务分开，一个针对现有财务政策，另一个针对阿米巴体制，记账不分账。

阶段点评

说了利润巴的建立，也表述了按产品线建事业部制阿米巴，但是怎么建、建多少？

试点还是全面推开？

六、研发中心，在阿米巴的基础上建立专项研发组，实行个人研发承包制。

阶段点评

作为研发、阶段性突破，可以这样做，研发也可以设计成从研发完市场转化的产品销售额里提取佣金的方式鼓励，可能更好。

七、市场大项目，由公司全面组织项目组专账专记、专项专核，按贡献比例奖励项目组成员。

阶段点评

说得太笼统，应该按照项目式的阿米巴单独经营。

整体点评

1. 这的确是个大纲；

2. 公司的动机、发心非常好；

3. 有基本思路，但很凌乱，不系统；

4. 有些思路、说法非常好，见大纲第四项 1 ～ 5 条标注文字，比如**“建立市场到现场的经营线”**；

5. 目前这个大纲草案不具备落地性，应该总体参照“六盘”“六定”的思路进行设计。

二、落地七步：变、分、算、运、奖、育、文

阿米巴经营模式落地需要循序渐进推进“落地七步”，如图 2–5 所示。

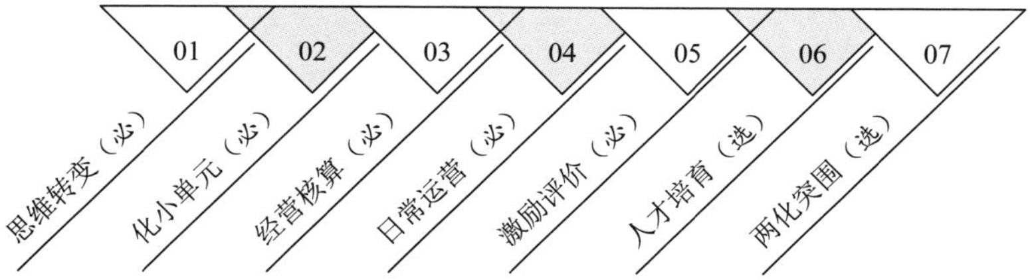

图 2–5 阿米巴模式落地七步（五必 + 两选）

这七步要想有效落地，确实需要企业付出一番努力，只要循序渐进，就一定能做到跟企业管理水平、人才素质与职业化、老板格局与思想的同步提升。

稻盛和夫说过，阿米巴要想搞得好，“机制、哲学、领导，一个都不能少”。

这里的思维转变、化小单元、经营核算、日常运营、激励评价都属于稻盛和夫说的机制部分；“人才培育”属于稻盛和夫说的领导部分；“两化突围”属于稻盛和夫说的哲学部分。

1. 经营破局：落地七步

第一，突破原有心智模式，解放思想包袱，轻装上阵拥抱变化：思维转变——变；

第二，内部市场化导入，模拟小微公司成为核算与自主经营体：化小单元——分；

第三，经营会计导入，学会以收支算账，自我算账、速降成本：经营核算——算；

第四，运营保障（进度PK、检查监督、自主改善、公共压力）：日常运营——运；

第五，薪酬体系调整，激励方式变化，原有绩效系统如何结合：激励评价——奖；

第六，内部人才能培养，外部人才能存活，领导能力日渐成熟：人才培育——育；

第七，构筑幸福文化体系，聚焦经营文化，勤练内功实现双轮驱动：两化突围——文。

2. 必须做的五步

思想转变、化小单元、经营核算、日常运营、激励评价。

3. 选做的 + 慢慢做的

人才培育；

两化突围。

三、落地三阶段

落地分理念导入阶段、体系构建阶段、试运行与正式运行三个阶段。

（1）理念导入阶段。

1）阿米巴经营模式基本知识点掌握：通过读书、培训、内部分享进行。

2）骨干员工从不知道到了解并掌握基本原理：对阿米巴经营模式定义、四大原理、五大特点清晰明了。

3）本公司阿米巴经营模式落地思路草案明确：通过老师辅导、公司总结，形成利润巴、服务巴、公共服务平台的划分，清楚阿米巴核算方式。

4）主要员工从陌生到不排斥，再到接受阿米巴：经过学习、培训、分享后，大部分员工不但初步了解了阿米巴，而且知道只要努力就能多提高收入，所以是有预期的，这样就为推广创造了基础条件。

（2）体系构建阶段。

1）建立整体创造利润模式到人人对利润负责模式：用利润做牵引，把利润指标及其相关行动准确地落实到化小的自主经营体中，明确责权利。

2）用经营会计建立各巴自己的账簿：各利润巴有了自己算账的工具，建立了自己的账簿，有了家底，能及时知道“自己家”支出和收入情况，赚和赔都能预知并去采取措施改进。

3）利润巴、服务巴、公共服务平台，按照“责任中心制”非常清楚地明确了各自的责任：利润巴就是要把钱赚来；服务巴就是要在不断提高自身能力的基础上，保障好利润巴的盈利；公共服务平台里的部门就是要做好专业，把服务做好，把大政策做好。

4）收支核算方法构建：围绕各利润巴怎么算收入，怎么算支出，怎么算利润，怎么围绕利润去提升成品率、收率、质量、机器稼动率而想办法，收支核算方法成为利润提升的利器。

5）自主核算习惯构建：从巴长到阿米巴秘书，慢慢养成算“本公司”小账的习惯，包括怎么“算计”能节约，怎么“算账”能提升效率等；大家想多挣奖金，那就都得算岗位的账。

6）定价方法与规则构建：包括谁卖给谁，用哪一种方法定价，怎么确立收入科目，怎么确立变动费用科目，怎么确定固定费用科目，利润形成的逻辑等方法与规则。

7）折旧费用分摊规则构建：制定包括固定资产、机器设备的归集，人员归集，划分，测算等数据规则。

8）阿米巴经营核算报表模板确定：每一个利润巴的报表模板数据来源，包括收入计算、支出计算、分摊进来的费用、填写说明、报表周期等都已明确并完成。

9）运行体系构建：包括什么时间报表，报给谁，怎么合并报表，谁来监督、验证；如何与薪酬体系、绩效激励体系挂钩。从巴长到巴秘，从利润巴、服务巴到公共服务平台互相支持、监督、服务的规则与体系已具备良好运行条件。

（3）试运行与正式运行。

1）试运行也就是常说的开始“跑报表”。阿米巴整体运营体系和规则基本完成，各利润巴开始跑报表，通过跑报表来验证定价、费用分摊、运营体系的有效性，验证利润取得有没有显著提升等。

2）召开阿米巴巴长月度业绩会议。总体的阿米巴秘书汇报，各利润巴巴长汇报利润完成情况，服务巴巴长汇报服务及被投诉情况；公共服务平台可以列席。

3）出具利润平衡报告。由阿米巴秘书和财务部共同出具签字认可的双核算系统，对比各自利润，找出具体差异并做出分析报告，在阿米巴巴长月度业绩会议上由阿米巴秘书进行汇报。

4）薪酬体系、绩效激励体系已经切换到阿米巴增量利润考核和增量利润奖金分配频道，验证这套结合的薪酬与绩效系统的有效性。

5）四会，即“会算、会看、会干、会改善”。在各利润巴能够有效复制与运行，跟岗位工作结合。

6）正式运行。试运行动作至少要运行 3 ～ 4 个月，有效运行以后开始确定正式切入的日期，一定提前公布正式施行日期，开始正式运行。

第三章

怎么干

落地七步：变、分、算、运、奖、育、文

CHAPTER 3

第一节

必须做的：思维转变（怎么“变”）

企业现状：限入困局、难于破局。

破局高方：思维升级、降级攻击、理念更新。

变革目标：没有成功的企业，只有时代的企业，跑赢大“势”才能赢。

具体方法：以更高一级思维破解现有企业难题，三大理念更新。

具体内容：透视企业现有十大问题，升级十大思维，企业“新四化”“倒三角”“中心变了，世界就变了”“三力”思维。

一、目的与意义

了解阿米巴经营模式概念，掌握基本原理，指导如何操作；阿米巴经营模式带来的好处预期，尤其是解决前怕狼后怕虎、患得患失、考虑自己利益得失等思想，现实点说就是解除对新模式变革的抵抗，为后续各项变革做足思想准备。

建立从现场到市场的经营线，让经营回归一线，让听见炮火的参与决策。

二、企业现有十大问题

企业经营模式的改革实践证明，创新经营只有打破固有模式，才能实现企业的“突围”。现实情况中，大多数企业都存在以下十大问题。

1. 普遍问题：发展阶段性重点不清楚，难于突破性成长

企业发展包含至少三个阶段：“种地”阶段，“种粮”阶段，“树人”阶段。

“种地”阶段，就是生存阶段，如何让企业存活下来是第一目标。这一阶段忌管理过度，“七八条枪”也赶时髦搞什么绩效考核等。这一阶段，企业部门尚不健全，一人多职很正常。老板是起步的生意人，必须冲在前面，解决企业生存问题，寻找后续发展与突破。

“种粮”阶段，就是企业发展阶段，面临的问题是解决生存问题后如何让企业在发展的快车道上良性发展。这一阶段，要开始制定较多的标准、制度和流程，这很重要，但是这一阶段，老板已不是单纯的生意人了，生意人可以没有那么多规则，但是老板“进化”到商人，就不一样了，要讲商业规则，即商道，不然很难立足。这一阶段，企业组织相对稳定，部门开始齐全，但部门职能不一定很强。老板必须是团队的主心骨，在团队的中央。虽然企业已经发展，但是不进则退，如履薄冰。

“树人”阶段，就是企业进入相对成熟期。这一阶段，企业在行业、地区已经具备一定知名度，老板既不是生意人，也不再是商人，而是企业家。作为企业家，要强调的就是社会责任了，也就是说企业家要对员工负责、对社会负责、对国家负责。这一阶段，企业组织健全，组织能力进一步提升，层级分明，“大企业病”也最容易出现。企业经营在某种程度上已经是国家的企业了。这个时候，企业家要退居幕后，职业经理人全面登场。

这三个企业发展阶段相互交织，混沌发展。在混沌发展过程中，很多企业夭折了。

2. 普遍问题：定位不清，利润偏薄，生存艰难

企业盈利跟企业定位有关，企业定位跟企业的价值主张有关。部分企业没有自己的价值主张。什么是企业的价值主张？价值主张就是企业吸引客户，让客户一下就能感知到企业的深刻表述。比如汉庭酒店连锁的价值主张就是“爱干净，住汉庭”；“让天空更蓝，让大地更绿”就是格力表述的价值主张；凤凰卫视的“就做不同”是其鲜明的价值主张。所有这些价值主张，其实就是企业定位。所以，企业首先要搞清楚自己是如何定位的。

定位不清楚、管理过度、执行力不高、人才短缺、文化含混等问题导致企业盈利能力偏低，不具备竞争力，很难生存。

3. 显著问题：因循守旧有余，创新突破不足

大部分企业既有计划经济时期留下的浓厚烙印，又存在强烈的家族化和亲缘化特征，导致企业容易停留在发展乏力、缺乏后劲、“一潭死水”的状态。

目前，企业家都在不停地寻找突破点，但往往浅尝辄止，或冲动冒进。

在所有权和管理权方面，企业所有者和管理者也存在角色错位、纠缠不清的现象，导致企业的管理总是看不远，看不清，放不开；

在组织创新方面，缺乏对组织的改革和重构，管理者侧重于守业，过于依赖流程管理；

在人力资源管理方面，南方企业要优于北方企业，尤其是很多企业能把员工看作内部客户，赋予基层更多经营授权，能把公司打造成员工的创业平台，打通并开放企业内、外价值链；北方的部分企业，或三四线城市及经济偏弱地区的企业管理者们在这方面或是想不到、看不透，或是抱残守缺、故步自封，或是老板“忙死”、员工“闲死”。

4. 显著问题：管理思维为主，经营思维欠缺

管理思维的侧重点是在制度流程等管理体系下“做正确的事”，而经营思维是“正确地做事”。管理往往围绕着规则转，经营则围绕着

"人"和"人心"转，是着力调动员工积极性的思维方式。部分企业掉入"制度越多越管用，流程越多越安全"的思维误区和"会议越多落实越好，老板什么都管却怎么也放心不下"的行为误区，从而难以形成良性循环的经营思维和健康的企业经营状态。

5. 显著问题：成本导向为主，不知如何进行利润导向

成本导向，大多是全员降成本的思维和动作。实际上，严控成本并不一定能带来利润的大幅提升，成本导向仅仅是提升利润的一个关键措施。传统经营管理主要是降成本的套路，员工会在私下做很多"抵抗"的动作。关键是要从"人、机、料、法、环"等多个要素去研究如何提升利润，尤其"人"的能动性如何才是最关键的。平时企业对"开源节流"的认识比较多，但大都停留在多拿订单、多建渠道、多降成本和费用，实际效率提升也是开源节流的主要内容之一。这一点，是大部分企业的"通病"。

大多数企业家朋友，都希望企业是利润导向，但降成本已经是管理惯性，再者，可能没想到利润导向，或者知道利润导向但不知道如何用利润做抓手去导向！

6. 显著问题：领导经营为主，全员经营缺失

现实环境中，往往以企业家为主体的高管团队是企业经营管理的主角，中基层员工大部分是"观众"，企业很难成为员工规划和发展的舞台。稻盛和夫说过："企业经营不能是少数领导人，而要全员参与经营。"如果企业仅仅停留在以领导为主的经营状态，则无法真正激发企业的创造力和生产力。

7. 显著问题：管理以集权为主，忽略平台职能

受计划经济影响，或是思维受限因循守旧，部分企业仍采用集权管理模式的"金字塔"形组织架构，企业所有权、管理决策权、人事权和财务

权都高度集中。集权模式下员工参与度和积极性较低，普遍缺乏企业归属感和主人翁精神。广大企业缺乏打造创业平台的理念和热情，没有为全员参与经营打造进行模式和顶层设计。

8. 显著问题：企业文化向虚，甚至组织氛围不健康

不能说企业“没文化”，任何企业都有自己的文化，只是表现形式略有不同，或有实有虚而已。

大部分企业首先是“老板文化”。所谓老板文化，就是老板行事风格形成的潜移默化的组织氛围。比如强硬、柔和、讲信用、善变、一言堂、太民主等不一而足，慢慢形成了企业自己的风格。

部分企业的文化提炼不够，而是简单地写到书里或贴在墙上。写到书里，就是人力资源部编一个《企业文化手册》，难于落实；贴在墙上，也就是把所谓的企业愿景、使命、价值观贴在墙上，关注度低，更别提对员工行为形成潜移默化的影响了。

我去过一家营业额 40 多亿元的广东的大公司，物流行业，其“服务之歌”“物流之歌”“装卸之歌”挂在墙上，都落几层灰了，现场抽查却没有几个人会唱！这是什么企业文化呢？调研该企业后，我发现员工对公司极度不信任，客户对公司极度不满，总部布置一套，下边营业所和装卸中心自己一套。这样的文化，如何确保企业持续成长？

9. 显著问题：科层制条件下，执行力低下长期不能解决

科层制，曾经是很有管理效率的管理体制。随着社会进步，科层制越来越受到挑战。一级管一级的模式，只会使下级进一步观望、等待、内耗和推卸责任。

工作任务一级向下一级传递，本身就是漏斗效应，加之“人的因素”因人而异，执行的效果自然打折扣。

关于执行力，很多老板认为是团队不行，是干部不行。实际上问题还在“领头人”。

老板及其团队是执行力第一要素。高层格局不够，不能兼容并蓄；高层视野不够，总是纠缠于眼前问题；高层缺乏定力，决策总是失衡，企业所有权和管理权不清晰等，这些会使企业职责不清，下级会越来越模糊，执行怎么能到位呢？

再说干部和员工团队。干部和员工在企业经营的角色中，目前大都还是“观众”角色，没有真正参与经营。企业的经营还是以老板为主，以领导为主，以“集权”为主。试想，他们都没真正参与进去，怎么会认真去执行呢？如果抱着“对得起良心就行了”“对得起工资就行了”“对得起领导就行了”等心态去工作，怎么能执行得更好呢？

Tips 执行力提升的五条铁律

No.1 一个入口：自己。

No.2 两项工作：共同目标、共守规则。

No.3 三个统一：统一思想、统一声音、统一动作。

No.4 四做原则：干实事、真干事、敢干事、能成事。

No.5 五个职能：承上启下、事前事后、一箭洞穿、不偏不倚、有始有终。

10. 通病：信任感缺失，指令不畅，漏斗效应，左顾右盼

这是极其普遍的状态。也不是老板舍不得，也不是员工不接受，但多年来，从老板创业初期到当下，由于企业的粗放管理，先前的决策和做法有很多不足之处，老板、股东和高管进步得不够，造成老板“恨铁不成钢”，各级干部却又“口是心非”，老板说一套，下边做一套。

老板说老板的，当面不反对，甚至是当面附和赞同，回去后消极抵制。老板讲了100，经过副总、经理、车间主任、班组长的过滤，到基层就剩40了。

与时俱进的企业的显著特征是：推动行业进步，培育和发展人才，打

造组织能力，回归客户价值，坚持长期主义。前原国家体改委副主任、中国经济体制改革研究会原会长高尚全先生说："提高中国企业竞争力就要找出一个能够适应中国国情的管理方法。"因此，阿米巴经营模式恰逢其时，是合适的经营创新工具。

Tips 解决上述十大问题的关键是思维升级，从更高的视角才能解决当下难题

企业要从思想意识上开始接受、研究、吸收、改良。所有行动的效果都取决于思想先行。中国社会主义革命的实践得益于马列主义思想在中国的传播实践，阿米巴经营模式也是一样，必须在思想上认识它，以改变自己的意识，改变组织的思想。解决问题的关键就在于思维升级。

三、思维升级，最需要的"五大思维"

1. 学习思维

2019 年 12 月份，我在山东前威海市委党校看到一句话，让我印象深刻：善于学习，善于重新学习。这句话说得多好！现在所有人的学习，都已经提升到是否影响自身和组织发展的高度了。不学习肯定落后，但是胡乱学习、不善于总结提升的学习、方向不对的学习，危害更大。所以，在充分竞争、日新月异的今天，善于重新学习、善于扬弃式学习多么难能可贵。

可以说，学习、善于学习、持续学习，已经成为生存发展的必备能力。

2. 对标思维

对标你的不是竞争对手，而是自己。为什么？因为你不能超越竞争对手，因为你不能跑赢大趋势。自己的水平不够，自己的目标不清，就要善于向高手学习，善于向行家学习。找到对标，对比一下自己的差距，在差距中找到"长板"。

都说找到短板最重要，实际是找到人家的那块长板更重要。“木桶理论”发展到今天，也要与时俱进了。

3. 工具思维

人类之所以区别于其他动物，就在于善于使用工具，人类发展史就是不断发明工具、借鉴工具、使用工具的历史。自己不具备这样的工具，就要去看看标杆企业使用的工具，研究透它，为我所用。

阿米巴经营模式，何尝不是您借鉴的经营工具呢？

4. 责任思维

企业要按照责任分清楚：哪些部门是要赚钱的？哪些部门是要服务于赚钱的？哪些部门是要服务于整个公司的，哪些部门是制定政策制度服务于全员的？

华为是中国最优秀的公司之一，华为就是把部门责任界定得非常清楚，这就叫作“责任中心制”。这种责任思维，不是要各部门、各位担什么责任的意思，而是要分清楚哪些部门、哪些人是为公司赚钱的，为赚钱的服务的，为全员搭建制度和政策平台的。

阿米巴经营模式就是把赚钱的、为赚钱直接服务的、打造公共平台的职责分得更清楚、责任更明确的一种经营模式，是典型的“责任思维”。

5. 路径思维

所谓路径，一定是对未来的方向和目标清楚，然后朝着方向和目标去思考路该怎么走。

首先，你想成为什么样的人？是赚钱而已，还是成就企业、成就事业、成就大家？如果是仅仅想赚点钱而已，一般来讲，很难发展起来，现在是抱团取暖、合伙作战的时代。

其次，未来你想把企业带到什么境地？停留在“种地”阶段？停滞于

“种粮”阶段？成就于“树人”阶段？估计很多人没有这样仔细思考过，或者思考过，但是一直没有思考明白。

商业的觉醒，决定了你未来的路径。改革开放以来，靠胆大赚钱、靠政策双轨制赚钱、靠抓大放小的国企改革赚钱、靠老板和靠股东们的资源和关系赚钱的时代一去不复返了，靠流量赚钱的时代到来了，靠全员经营赚钱的时代到来了，靠精打细算赚钱的时代到来了，靠创新经营赚钱的时代到来了。

什么是商业觉醒？是风向变了，是时代变了，是条件变了，不是为赚钱而赚钱了，你必须找到新时代的路径，并且及时跟进，否则，就会被时代抛弃！寻找你的路径吧！

四、思维升级，需要的“新四化”

思维升级需要的“新四化”是：品牌人格化、公司平台化、员工合伙化、岗位老板化。

所谓“品牌人格化”，是指在信息爆炸、快速传播，自媒体、多媒体爆发的时代，人人都是公司的口碑和形象代言人，个体已经不是简单的个体，其背后折射的是公司的群体，所以，个体形象会对公司品牌形成美化或者冲击。因此，要重视个体人格问题。

所谓“公司平台化”，这个更好理解，譬如海尔，创造了“日日顺”“乐家”等很多价值创造平台，成为“小微”的平台，而“小微”又成为具体业务触点的平台。张瑞敏在2018年年会上宣布，2018年要创建更多的平台，至少要实现10万个“小微”。海尔以“小微”为核心的运营模式如图3-1所示。

所谓“员工合伙化”，即把公司打造成合伙制的概念，虽然还要签劳动合同，那是法律底线的保证，但更要创造平等、机会、贡献、共享这样的机制。那么员工在每一个平台里或“小微”里都是合伙人，朝着一个共同的目标去奋斗。

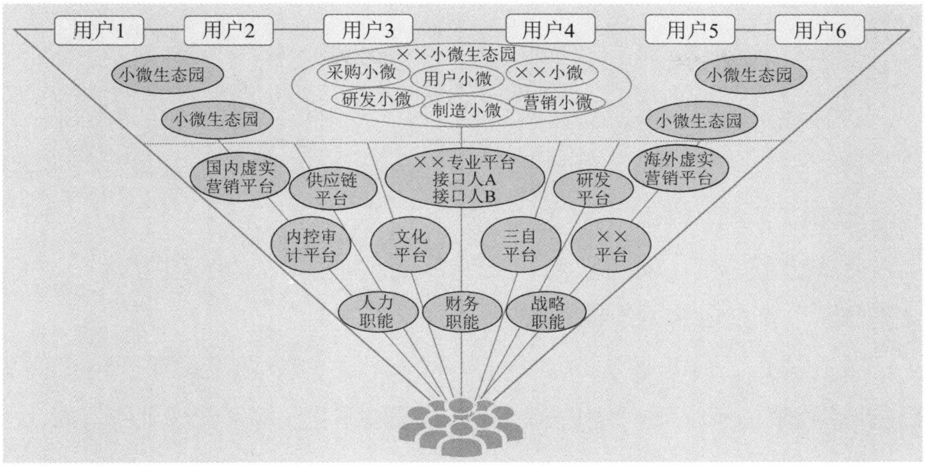

图 3-1　海尔以“小微”为核心的运营模式

所谓“岗位老板化”，就是创造更多的授权。这里的授权需要强调老板、股东们需要保留“战略决策权”，下放“战术决定权”，这两种授权的区别是极其重要的，需要根据公司情况讨论、阶段性确定。同时，要注意这样的授权是经营授权，而不是工作授权。后者是授权不授责，而经营授权是既授权又授责，即所谓的量化分权，让员工自己做决定，如任正非那句经典名言：让听见炮火的人决策。这也是海底捞你学不会的地方，因为海底捞的店长有 100 万元～ 200 万元的授权，海底捞的服务员有免单权等。这就是经营授权，即量化分权。

五、思维升级，需要更新的三大理念

阿米巴经营模式下，需要给各个利润巴（各自主经营体）像小公司一样注入资源，包括经营授权和流程调整。所以，组织变革理念必须更新，即“小前端，大平台”。

1.“中心变了，世界就变了”

企业以往强调以“领导”为中心，现在领导既是大老板，又是服务员；各利润巴（自主经营体）的小老板应该进一步受到尊重，各利润巴才是中心，要为这些利润中心服务。

以往在管理上，企业都强调以“流程”为中心，阿米巴经营模式下，则强调“流程＋客户”，更要关注客户感受，大部分“以流程为中心”要过渡到“以客户为中心”。

组织方面，“小前端、大平台”“项目型组织”“自运转组织”“任务型组织”都是未来的组织形态。

文化方面，企业必须打造吸引人才的幸福文化，打造聚焦于经营的可以指导经营的文化，如“销售最大化，费用最小化”等经营原则的贯彻。

机制方面，按“单”聚散，自主核算，人人肩上有指标，利润说话，公共绩效压力等。

2. 必须建立“倒三角”组织理念

以各利润巴（自主经营体）为中心，为重点。在商业、社会服务业，“倒三角”的组织理念更具有现实意义，因为这些行业的利润巴直接面对客户，客户的所有变化只有前线的利润巴最清楚，所以商业、社会服务业更应该“让听见炮火的人来决策”。生态型的“倒三角”业务架构如图 3-2 所示。

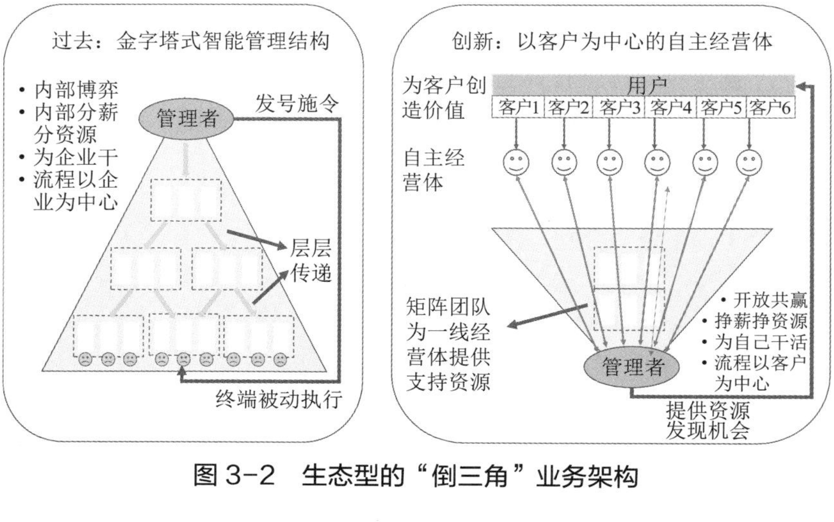

图 3-2 生态型的“倒三角”业务架构

制造业的车间等变成利润巴以后，不直接面对客户和用户，所以“倒三角”感觉并不强烈。但是应该资源下沉、权力下沉，让基层的利润巴没有“天花板”，老板和高管都变成“地板”，给予经营的全力支持，才是最好的组织状态。中国电器研究院和中国机械集团下属的“苏美达”公司就是强调“小前端，大平台”，其“小前端”就是直面客户前线的利润巴。非标设备制造公司现阿米巴业务形态如图 3-3 所示。

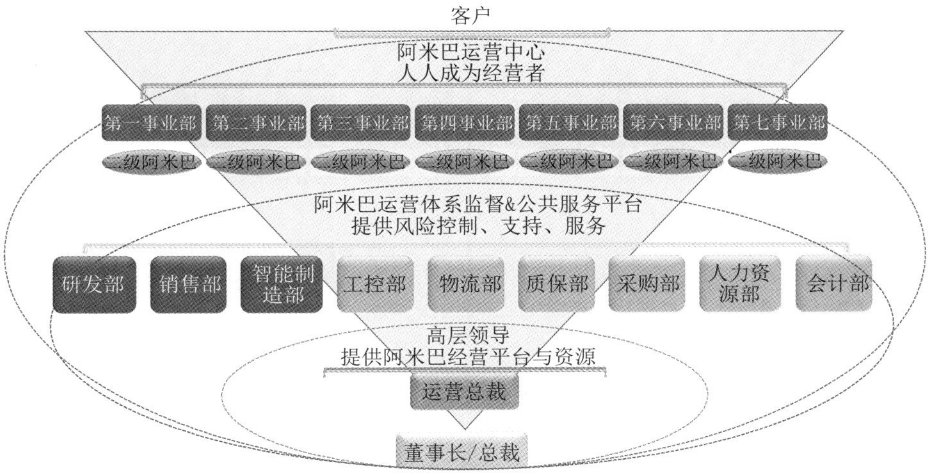

图 3-3　非标设备制造公司现阿米巴业务形态

3.“三力”经营

经营需要“三力”，这是稻盛和夫的基本经营思想之一。

第一，自力，就是自己的力量，善于判断自己，善于提升自己，善于用好自己。老板是否适合做董事长或投资人？亲自管理日常运营？这个需要自我判断。亲力亲为型的，可以直接参与经营与运营；不是亲力亲为型的，必须善于借力，用好职业经理人。总之，判断好自己，把自己一直置于最适合的位置很重要。

第二，他力，就是别人的力量。主要是指团队的力量、干部的力量、职业经理人的力量。老板全部自力，也得累个半死，所以，如何用好他力不可回避。至于用他力用到什么程度，还是需要提升自力，自我做最好的判断。

第三，宇宙力，就是“道”的力量。主要是指抓住规律，不违反规则，不破坏规则，以利他为原则去经营。稻盛和夫就是典型的以利他经营为主的标杆。全世界企业家愿意学习他，也因为他是最会赚钱的商人之一。站在利他的高点，他始终如一地践行，成为世界上“前无古人”，暂时“后无来者”的成功操盘三家世界500强企业的商业领袖。企业也要研究和借鉴这个宇宙力。

六、思想意识变革的基本方法

思想意识变革的方法有很多，看起来仍然很常规，无外乎培训、学习、分享等方法。但是每个企业在运用上述方法时有很大程度的不同。

1. 自我修炼，到“集体修炼”

首先，企业家要学会不断自我修炼，通过重新学习始终与时代捆绑在一起，格局、视野不断提高，始终能站在高于下一级问题的角度去看人、看事、看经营。

其次，培养高管，以及中基层团队，思维也要不断升级，跟上形势，学会新工具、新方法。

2. 读书

阅读阿米巴经营模式相关书籍，然后开会分享或家书分享等。特别注意要强调跟岗位的结合，而不是泛泛地读书。

3. 专项培训

内部讲师、外部讲师都可以。按照我的项目咨询经验，一般进行主要人员的2天或3天的阿米巴实战化内训比较好。经过这样的系统学习，一能掌握概念、原理、经营会计等基本知识点，二能有制订阿米巴的草案和思路，三能看到阿米巴经营模式给自己带来的好处，让大家对“以战促奖”“以奖促战”和拿利润说话有清醒的认识，知道努力提升利润就能多拿奖金。

培训完，分层、分级、分段的内部分享需要持续保持热度，既要有声势，又要有实际收获。

更详细的办法，也可以参考“企业文化变革”主题中的幸福文化“八大模块”中的方法，比如“境教”等都非常有借鉴意义。

Tips 稻盛和夫及其他日本企业家共通的经营学思想借鉴

1. 不要光是追求业绩，更要追求与事业相关人员的幸福的经营。

2. 不要急于快速扩张，而是追求年轮型稳健增长。

3. 章鱼爪型平衡经营。

4. 践行非价格型竞争性经营。

5. 不是追随型经营而是自主型经营。

6. 不是坐等、死等式经营，而是践行提案、创新型经营。

7. 不是家族式经营，而是大家族式经营。

8. 不是推销型经营，而是践行感动型经营。

9. 不提倡个人主义经营，而是追求全员参与型经营。

10. 不提倡命令型经营，而是提倡上下沟通型经营。

11. 不追求短期利益型经营，而是追求长远发展型经营。

12. 不是依赖于他人资本型经营，而是充实型自我水库式经营。

13. 不是追求第一经营，而是追求唯一的经营。

14. 不是单纯的战略型经营，而是追求理念型经营。

15. 不是保守闭塞型经营，而是透明型经营。

16. 不是我行我素的经营，而是追求合作式经营。

17. 不提倡低工资经营，而追求高福利经营。

18. 利他主义经营。

19. 客户化经营（满足客户、感动客户、赢得客户尊重）。

20. 挑战高目标经营。

21. 创造高收益经营（制造业 10 个点净利）。

22. “三现主义”经营（现时、现场、现物）。

第二节

必须做的：化小单元（怎么“分”）

企业现状：被动管理，粗放经营，上下不在一个频道（利润频道）。

破局高方：责任中心制，建立从现场到市场的自主经营体系。

变革目标：让听见炮火的人参与决策。

具体方法：建立自主核算的自主经营体。

具体内容：内部市场化、组织盘点、利润巴与服务巴、公共服务平台、寻找利润区域并重构、经营授权、以利润为抓手速降成本、阿米巴体系构建、阿米巴经营秘书职责与工作内容。

一、目的与意义

内部市场化导入，形成市场倒逼，人人成为经营者；利润巴、服务巴、公共服务平台职责更加清晰，以更少的人创造更多的回报。

二、内部市场化导入

要改变原有“等、靠、要”的业务状态，就必须实行市场倒逼。市场倒逼，就必须引入内部模拟市场化的办法，让僵化的、安于现状的人们，承受来自市场端的压力，感知外部温度的变化。内部市场化前后业务状态区别如表 3-1 所示。

表 3-1 内部市场化前后业务状态区别

之前	之后
“等、靠、要”，只关心涉及自己腰包的钱	多挣钱靠自己，靠利润提升
眼睛向内	向外看原辅料包材等能否便宜点，订单能否多一点，价格能否低一点
依赖财务算账，自己开源节流无益处	自己算岗位的账，算小团队交付产品收入和料工费支出的账
不努力，随大流	不努力，不用老板淘汰，小团队会淘汰
看领导行事	让小巴多产多销，少花钱多办事，成品率提升等精打细算
老板怎么说就怎么干	听老板的，听小巴长的，听客户的，开源节流
给公司干，给老板干	公司给基本工资，自己挣绩效工资和奖金，小巴效益好自己才好
按照预算花钱	小巴没利润自己也不可能多挣钱
浪费点没关系	浪费一分一毫都是浪费自己的
磨点洋工没关系	利润指标到小巴，自己收入也跟小巴效益挂钩了
出勤就得给工资	出勤只得到基本工资，绩效工资和奖金靠小巴利润实现
轻易离职跳槽	能多挣钱，还有主人翁的感觉，公司解决后顾之忧，轻易不辞职
企业文化贴在墙上，跟我没关系	起码小巴效益跟自己挂钩，公司经营好坏跟我有关

三、建立“自主经营体”

传统业务模式是以“科层制”为主要管理形式，一级管一级，曾经是很有效率的管理模式。但是一级管一级的模式，在个性化崛起、互联网信息高度透明、社会普世价值观变化面前，受到了严重的挑战。一级管一级，效率有时非常低下，并且“漏斗效应”严重。所以，在“新四化”的社会变化条件下，原来的一级管一级的“层”也开始变化，层与层之间原来封闭的、僵化的、实线一般的边界已经变成虚线一般的柔和边界，同时“层＋块”的形态日渐凸显。这里的“块”，就是新业务形态里的“虚拟小微公司”，常被称为“自主经营体”或“巴”。

1. 主动“自主算账”

以各利润巴模拟利润为抓手，要想从利润中获取奖金，就得千方百计把利润提升上去，达到或超越考核指标。只要员工能获得实惠，自主算账就会慢慢成为基本动作。

2. 做到“独立核算”

各利润巴划定后，就变成自主经营体了。相对独立的形态出现了，收入模式、利费模式、定价等规则都明晰了，就可以基于收支进行每日核算了。运行一段时间以后，定期通报本巴收支情况、利润情况、指标进度情况，慢慢就会养成独立核算的意识和习惯。薪酬和考核跟进后，“独立核算”就变成完整的业务了。

3. 实现“自负盈亏”

实现“自负盈亏”，得根据公司情况确定。一般，实现独立核算容易，但是实现利润巴真正的“自负盈亏”还有点难，难在大家的心里接受程度。工程类、销售业务类、门店类实现“自负盈亏”好推行一些；制造类利润巴比较难，因为制造类利润巴的订单获取仍然依赖于销售利润巴，除非事业部制的阿米巴自有销售权，或有稳定订单。

所有的“自负盈亏”都不应该变成承包那样“一包了事”，那样的话，员工会有被抛弃的感觉；阿米巴方式下如果有自负盈亏利润巴的出现，建议基本工资、社保福利等还是要有的，奖金部分靠自己巴内全员努力。

四、自主经营体设计

自主经营体设计，俗话叫“分巴”，简单归纳一下，一般有三种分法。

第一种，按照性质分，可以分为“生产巴”“营销巴”“研发巴”，或是“采购巴”“物流巴”“仓储巴”等。

第二种，按照纵向分，可以分为一级巴、二级巴，三级巴（考虑效率问题，最好不设置三级巴）。一级巴一般是利润转化主体，也就是通过领料、加工，把物料转化成半成品和成品的车间（工序、工段，或是班组）；商业中一般指各业务摊组（如蔬菜摊组、百货摊组、电商小组等）。二级巴，一般是业务管理平台，主要是对一级巴进行管理、协调、调度、指导的部门（比如营销部、生产部、门店、小事业部等业务管理部门或相对独立的业务主体）。

第三种，按照横向分，可以分为“利润巴”“服务巴”“公共服务平台”。

“利润中心”简称为利润巴、“成本中心”简称为服务巴。从集团角度看，事业部（工厂）都是利润巴；从事业部（工厂）角度看，营销部、生产部等都是利润巴；从营销部、生产部看，营销区域、大客户小组、生产车间都是利润巴。

五、横向设计

撞向设计也是横向分巴，非常重要，具体内容包括以下几点。

-- 哪些“成本中心”（服务巴）可以切换成“利润中心（利润巴）”？

-- 哪些利润区（利润巴）需要设计或重构（打乱组织和人员，重新匹配经营职能，重构利润区）？

-- 如何划分利润区（利润巴）与成本中心（服务巴）？

-- 利润中心（利润巴）需要设计成几层？

-- 成本中心（服务巴）有哪些？怎么设计好其服务与考核？

-- 如何培养阿米巴长？

-- 如何设置阿米巴秘书体系？

-- 怎样进行利润巴巴长“经营授权”？

设计完的利润中心是要试点推进还是全面铺开？实施多长时间后进行总结？

六、寻找利润区

1. 寻找利润区（设置利润巴，切换利润巴）的条件

盘点一下公司哪些成本中心可以切换成利润中心，这些被称作利润巴的利润中心切换的条件如图 3-4 所示。

第一条件	第二条件	第三条件	第四条件
能独立开展业务	便于独立核算	能执行公司目标任务	不增加管理成本
业务能形成闭环	并具备独立核算的条件	能定价，能出经营报表	如为了核算增配了多人就没有必要
制造：领料后能制造出半成品或成品	比如中药的揉、捻、搓工序难于定价	无需注册法人，虚拟经营	为了核算而搞得复杂也没意义
营销：公司拿出的产品能变成商品卖	就不容易设定成自营体		
出去、回收回来资金都叫形成闭环	不能以收支算账，就是不具备核算条件	这两个条件，具有关联性	

图 3-4　成本中心切换成利润中心的条件

2. 寻找利润区（设置利润巴，切换利润巴）的方法

（1）六维度法。

按照“工序”“产品”“区域”“个人”“小组”“项目”6 个维度来设置。6 个维度的自主经营体（利润巴，核算主体）如图 3-5 所示。

第一维度	第二维度	第三维度	第四维度	第五维度	第六维度
工序巴	产品巴	区域巴	个人巴	小组阿米巴	项目阿米巴
制造领域	制造领域	营销领域	营销领域	商业领域	非标制造
常用	不常用	常用	目前这样做的不多	超市常用	软件/工程
			营销人员应该做到个人		

图 3-5　6 个维度的自主经营体（利润巴，核算主体）

1）第一维度：工序巴。按照工艺流程的顺序设置利润巴。比如，稻盛和夫的京瓷，最早创业时就 4 个工序，分别是“原料搅拌”“模具成型”“窑炉烧制”“打磨包装”。于是，京瓷根据这 4 个工序设置了“原料巴”“成型巴”“窑炉巴”和“包装巴”。

2）第二维度：产品巴。按照产品线来设置利润巴。比如铸造行业的制芯分为有机制芯和无机制芯，所以可以分为有机制芯巴和无机制芯巴。

3）第三维度：区域巴。销售分为“大区”“战区”，根据区域划分，设置区域巴。

4）第四维度：个人巴。能够独立承担业务，并且能做收支核算的都可以从个人维度设计阿米巴自主经营体，尤其是营销领域。在一些产销型大公司，核算到个人还只是想法，待深化到个人；在一些商贸类公司，规模不一定大，反而已经核算到个人。

5）第五维度：小组阿米巴。几个工种组合而成的利润巴。比如韩都衣舍的小组制阿米巴，就是把“买手”“卖手”“网络美工”组合在一起，设置成了一个个小组利润巴。目前，韩都衣舍接近300个小组利润巴。

从小组维度设置利润巴，非常适用于电商行业、零售行业，以及其他社会服务业。

6）第六维度：项目阿米巴。从项目维度设置利润巴，一般适用于建筑工程、软件等行业。

常见的利润巴：源于生产系统的“生产巴”和营销系统的“营销巴”是最常见的利润巴。

“采购巴”的设置：有一个特殊的利润巴设置，那就是采购部门。采购部门是公司花钱比较直接也比较多的部门，采购精打细算产生的价值都对利润巴的运营和效益有直接影响。所以，采购部门设置成采购巴。

采购巴一般是以“多项降本”“各种替代”和“技术升级”（技术、工艺、设计部门合作实现）产生的金额予以奖励的。这需要采购制订计划、实施操作、年底验证。

（2）变通设置。

利润巴的设置不是一成不变的，要根据内在、外在条件和情况的变化来重新设置。

1）内在条件：如存在不便于核算或工序没有增值的时候，就要研究变通设置。我在做某个大型企业阿米巴咨询时发现，按照工序流程，其中有两个工序是没有什么增值的，还有一个大的工序流水作业，一人一条线，相当忙，特别不便于核算。

该企业生产衬塑管。衬塑管外层是钢管，里层是塑料管，穿在一起，比如地下管网常用衬塑管。衬塑管的生产流程如图 3-6 所示。

洗管（钢）2人 → 烘管（钢）1人 → 钢塑两类管穿管（10条线，1人/线）
塑管合成（聚氯乙烯颗粒合成，此处浪费严重）↗

图 3-6 衬塑管生产流程

这个车间工序乍看起来很适合按照工序来设置利润巴，但我发现洗管、烘管这两个工序没有特别的工序增值过程，设置成利润巴没有意义；穿管，每条线一个工人，流水线作业，先不说工人文化水平如何，就穿管生产线的流水速度，工人也没时间单独整理核算表。整体来看，这个车间必须换个思路去设置利润巴。

经过调研分析，我发现这个车间是按照甲、乙、丙三班倒作业的规律，因此，把该车间设置成甲利润巴、乙利润巴和丙利润巴就避开了不便于核算和不增值没必要细分到工序阿米巴的问题。

2）外在条件：比如北京某公司是生产销售工业摩擦片和摩擦液的。产品销售时，经常出现摩擦片销售得好而摩擦液销售得不好，为什么呢？因为摩擦液需要现场给客户演示，销售员不懂操作，所以摩擦液虽然利润高，但销售不畅。这家公司原来是销售大区制，销售按照区域设置区域利润巴。后来取消全国区域办事处，取消了区域利润巴，补充学化工的大学毕业生做技术支持，改为“销售员 + 技术员”的小组制利润巴。

（3）特殊设置（多法人，但管理团队一套人马）。

1）多法人组织，但无论总体还是每块业务规模都很小。

山东某小型集团，董事长、总经理 1 人，4 个法人公司，每个公司都不大，兽药公司连带生产 10 多人，生物技术公司 5 人，动物医院 3 人，连锁销售公司 4 人。这种“集团化”组织，在设计阿米巴自主经营体时就没有必要考虑按照产品和法人来设计了。根据实际情况，我给该“集团”设置了如下的 9 个阿米巴自主经营体。

-- 销售“战区”6 个自主经营体（周报表）

-- 生产自主经营体（含仓库、质检，批次报表）

-- 动物医院自主经营体（日报表）

-- 连锁销售自主经营体（日报表）

这些自主经营体须设置一个兼职的阿米巴秘书统筹运营就可以了。

2）多法人组织，但无论总体还是每块业务规模都较大。

山西某集团，董事长一人，下设纺织、家电配件、酒业、建材加工四大业务板块，每个板块都有总经理。这种情况下，针对四个单体公司，也就是四块业务，要对每一块业务进行组织划分来设计自主经营体，具体可以按照六维度的方法进行。

七、组织拆分，分工协作，功能重构，新利润巴设置

经济学家约瑟夫·熊彼特说过：“创新就是把生产要素和生产要素重新排列组合。”阿米巴经营模式创新应用的优秀企业“韩都衣舍”就是这么做的。

正常来讲，传统企业经营组织架构就是部门制、层级制。韩都衣舍把原来的采购部、美工部、销售部等部门取消。形成 3 人小组制，小组包括“卖手、买手、网络美工”3 个角色，类似于一个小公司。每个小组在公司规定的 50 个品牌内自选款式，自己定进货价、进货数量，库存都是小组的；进货后的库存管理、销售定价、销售出库等都是小组自行完成；产品图片的摄影、网络发布、美化等都是小组自行完成。公司以人力、行政、财务、市场支持、信息化支持、物流支持等形式搭建公共服务平台。韩都衣舍经过 10 余年时间发展，在业界已经遥遥领先。

我在某机械制造企业做咨询时，非标订单类机械设备制造也采取了类似韩都衣舍部门和功能拆解重置的做法，成立新利润巴，就是阿米巴自主经营体（叫事业部，只要是自主经营体就可以），扯皮、推诿的“部门墙”全部没有了。

该非标设备制造型企业导入阿米巴经营模式后，阿米巴事业部前、后的组织架构如图 3-7、图 3-8 所示。

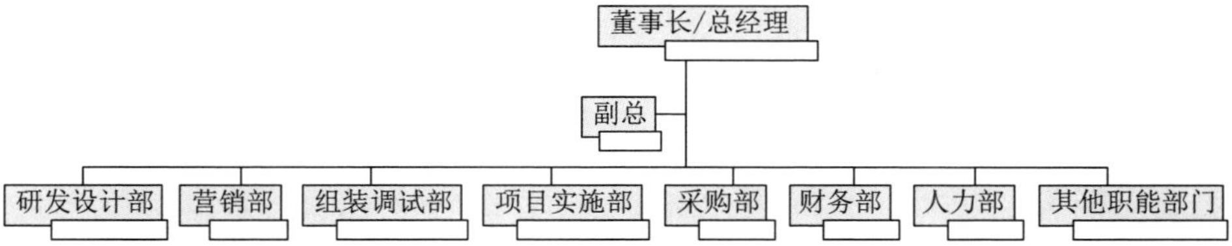

图 3-7　导入阿米巴事业部前的传统职能型组织架构

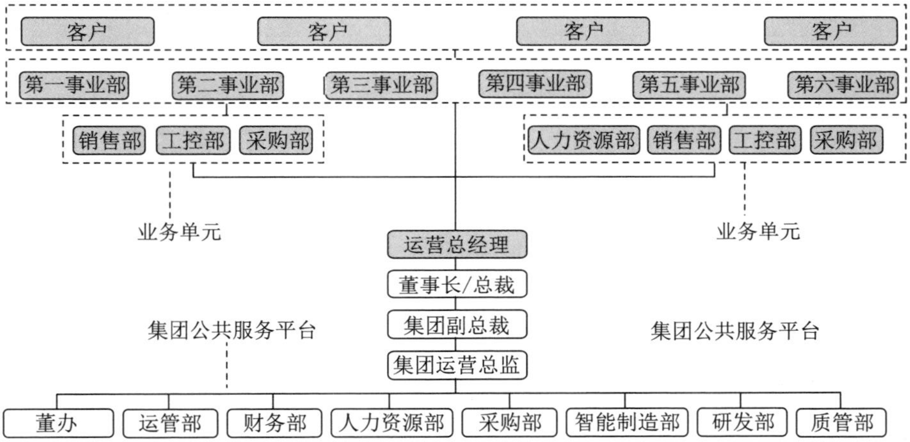

图 3-8　导入阿米巴事业部后的生态型自运行组织架构

以往接订单，研发设计、组装调试、项目实施、营销几个部门推诿、扯皮，订单交付一直不理想，现在重新调整为事业部式的阿米巴自主经营体，每个事业部内都有营销、安装调试、研发设计、项目实施人员，可以自行接单、组装调试、组织实施。

导入阿米巴经营模式以来，该企业进一步更新组织理念，变成“小前端、大平台”式的阿米巴运行态势，事业部直接面对客户，资源像开办小公司一样向阿米巴事业部倾斜。一年下来，公司整体利润翻了 6.78 倍。

这种部门拆解、分工合作、功能重置产生新利润巴的做法只适用于电商和部分生产制造企业。

八、利润巴的数量、大小、层级

企业不要追求利润巴设置的数量和大小，关键看是否便于提高积极性。比如制造业中，刚开始操盘时直接划到班组这一级我认为不可取，因为班组这一级直接执行公司变革的任务，他们不会认真执行，无论从文化、感情、层级管理上看都是远离中心的，都是最现实的。所以，我一般建议从车间开始设置，先把车间设置成利润巴。车间这一级在文化、向心力、管理水平方面基本具备变革的要求和能力。

利润巴的设置不要多于三层，否则会使管理和汇报关系、合并报表太过复杂，增加管理成本和难度，没有必要。

利润巴的设置是否可以到每个人？商业类、电商类、互联网等可以以单人为一个小的利润巴，制造业需要分工协作，原则上很难实现。

九、利润巴的合并、分拆、取消、风险控制

若利润巴运行的内在、外在条件发生变化，就要及时调整。如果利润巴巴长水平太低，可以让水平高的巴长兼任；如果利润巴的设置不容易形成一条价值链，或工序之间有持续扯皮时，也可以拆分重组；业务不存在时，自然利润巴就取消了。

利润巴像虚拟的小公司一样的存在，需要产生模拟利润，比如金额往来都是虚拟的，最终实现利润后的奖励也需要申请，经财务具体操作以现金实现的方式没有风险；风险在于巴长的操作水平，能把巴带到什么样的业绩程度?

阿米巴是“事前计划，事中控制，事后评价”，即使利润巴发生变更，也不会造成什么经营风险。

十、服务巴的设置

服务巴，即**直接支持、服务于利润巴的组织**，比如设备维修、模具保全、质量控制、生产计划管理等职能。

十一、公共服务平台

公司的人力资源、财务、行政党群等部门，不单单是为利润巴服务的，而**是服务于全公司、全体员工的**，原则上作为公共服务平台角色出现。

韩都衣舍就是各个业务小组都在创业平台里，公司把人力、行政、财务、策划、物流、信息化支持等打造成公共服务平台。

十二、利润巴、服务巴、公共服务平台的综合设置及其功能

在一个组织体系里，利润巴及其层级、服务巴、公共服务平台是有机结合运作的。

1. 一级利润巴

直接产生利润，也就是常说的“具体干活”的小部门。

2. 二级利润巴

是对“一级利润巴”起到管理、监督、调度、指导作用的，跟一级利润巴有隶属关系，也可以理解为一级利润巴的管理平台。

3. 业务平台

大型企业分工很细，比如在生产系统、工厂里设置的生产管理室、

生产保障室等，跟二级利润巴基本平级，对一、二级利润巴没有管理和隶属关系，但有业务指导和考核关系，这类就叫作“业务平台”。**特别说明：中小企业没必要设置业务平台，这些所谓“业务平台”统一纳入“服务巴”即可。**

4. 三级利润巴

一般以事业部或事业单元出现。跟一、二级利润巴和业务平台有隶属和管理关系。

十三、自主经营体业务形态架构（阿米巴组织架构）图示

某汽车零部件厂阿米巴组织架构如图 3-9 所示。

<table>
<tr><th colspan="5">一汽铸造集团有色压铸厂自主经营体</th></tr>
<tr><th colspan="3">PC（利润中心）</th><th colspan="2">NPC（费用中心）</th></tr>
<tr><th>一级阿米巴
（利润创造主体）</th><th>二级阿米巴
（创业平台）</th><th>三级阿米巴
（业务平台）</th><th>服务巴
（服务于一级利润创造主体）</th><th>公共服务平台
（公司服务平台）</th></tr>
<tr><td>前工序巴
后工序巴</td><td>EA211</td><td rowspan="5">生产管理室
生产保障室
技术开发室
质量保障室</td><td rowspan="5">前工程保全
后工程保全
模具巴
有色营销巴
压铸维修巴
压铸模修巴
压铸生产经营巴
采购巴
营销巴</td><td rowspan="5">人力资源部
经营管理部
党群工作部
综合组</td></tr>
<tr><td>前工序巴
后工序巴</td><td>EA888</td></tr>
<tr><td>有机制芯巴
无机制芯巴</td><td>制芯</td></tr>
<tr><td>前工序巴
后工序巴</td><td>二车间</td></tr>
<tr><td>缸体巴
大压铸巴
小压铸巴
后处理巴</td><td>压铸车间</td></tr>
</table>

图 3-9　某汽车零部件厂阿米巴组织架构

某美容连锁机构阿米巴组织架构如图 3-10 所示。

某污水处理厂阿米巴组织架构如图 3-11 所示。

PC（利润中心）		NPC（费用中心）	
一级利润巴（直接产生利润）	二级利润巴（管理平台）	服务巴（直接服务于一级利润巴）	公共服务部门（服务于全公司）
连锁门店	营销中心	市场策划	人力资源部
加盟拓展	生产中心	品管	财务部
突破团队	采购中心	售后服务	行政部
培训学院		广告物料	
品牌运营咨询			
线上业务平台			

图 3-10　某美容连锁机构阿米巴组织架构

PC（利润中心）		NPC（费用中心）	
一级利润巴（直接产生利润）	二级利润巴（管理平台）	服务巴（直接服务于一级利润巴）	公共服务部门（服务于全公司）
水运行班组一	生产运行部	设备维修	人力资源部
水运行班组二	检测中心	仓库	财务部
水运行班组三	采购中心	水质运行监测	行政部
第三方检测		技术服务	
水质管理组一		中控	
水质管理组二			
水质管理组三			

图 3-11　某污水处理厂阿米巴组织架构

十四、经营授权

授权，一直是管理学里重要的学问。普通的工作授权，是授权不授责。让你放手干了，但出了问题你还得担责任，工作中常有的工作授权往往不具备系统性，一事一授权，下属总有被掣肘的感觉。而阿米巴经营模式中的“经营授权”与普通的“工作授权”是有所不同的。经营授权有系统性，要经过书面确认，给予明确。某商业连锁超市在做练习时关于经营授权的内容如下。

-- 商品汰换权、超预订量拒收权。

-- 新品引进权、订货权。

-- 价格现场调整权。

-- 货柜陈列调整权。

-- 厂商资源征集权。

-- 促销员组织管理权。

-- 市场变价分析权。

-- 库存掌控调节权。

-- 每日大宗商品推荐权。

-- 每日数据指标跟踪权。

-- 端头地堆陈列权。

“经营授权”相当于风筝和线绳的关系，必须有线绳这个“根”。“经营授权”往往有以下几个特点。

1）不同的行业、不同的公司给予的授权各有不同，比如商品定价权，工业品成套设备的定价是要商榷的；再比如，超市蔬菜的折扣权也因超市规模、性质不同而有所变化。

2）经营授权往往需要进行设计。根据企业及行业特点，以及管理层级、权限、地区、客户特点等因素设计，要便于基层决策，增加业务量。

3）一般情况下，各业务的“块”（各个阿米巴自主经营体）都有自己相对的人员使用权和奖金分配权。公司对应性具有知情权、调查权和终端裁决权。至于其他授权种类，则根据公司、行业不同而有所变化。

十五、重构利润区（重新设置利润巴，以提高积极性和整体利润）

对于企业组织，有的业务单元不太挣钱，或者亏损，积极性不高是主要原因。只有把大业务单元化小，让每一小块都能独立核算，都能多挣利润带来的奖金，变“给老板干”为“给自己干”，效益才能好。或者新增业务，寻找新的利润增长点，把新业务设置成新的小阿米巴自主经营体。

案例

一家日本的汽车销售公司，有3家4S店、50名员工、15位销售人员，月平均销售汽车30辆左右，全年约450辆。丰田汽车厂给他们提出要求：未来4年要达到900辆的年度销量目标，否则取消特许加盟资格。现在的问题是：这家汽车销售公司要想达到目标，只能增加销量或增加销售人员。

增加销量，每月能够销售5辆汽车的超级销售员太少，马上可以实施的是增加销售人员，但4年内需要培训和逐步成长；现在这家公司有超30%的银行贷款，利润率已经跌破5%，还要投资建二手车中心。这样，一方面要投资，另一方面要确保利润。如何解决两难境地呢？

点评

第一点：这家公司的问题不仅仅是贷款多、还款压力大，从组织角度看，15位销售员养50名员工，实在不合理。这不符合稻盛和夫《会计七原则》中的“筋肉坚实原则”；

第二点：按照阿米巴经营模式，应该划小核算单位，重建利润区。第一，销售分组成立几个销售巴，彼此竞赛，给予增量业绩的利润奖励；第二，4S店的维修必须改成维修巴，让其独立核算，依据利润目标考核和激励，一定比现有维修状态获利要高；第三，把二手车中心化小，设置1～2个销售巴，彼此竞赛，给予激励；第四，新增金融业务，把金融贷款等汽车销售业务设置成金融服务巴，开展独立核算，进行利润奖励；第五，成立汽车美容巴，专业销售汽车美容产品等。这些巴之间可以互相代理、互相帮助，过程中可以设置内部交易，这样整体积极性都会提升。

第三点：如果能把大部分后勤人员都转化为销售人员，适应的留下，不适应的慢慢淘汰，实现减少两名后勤人员就能补充一名熟练的销售人员，那就更理想了。

十六、阿米巴经营体系构建

1. 牵头：大公司设置“经营管理部”

如果公司规模比较大，可以设置单独管理阿米巴组织（各自主经营体）的部门，习惯称为“经营管理部”，稻盛和夫的京瓷就是这样设置的。经营管理部的功能同下面阿米巴秘书工作职责基本一致。

但是如果公司规模可以归到中小型企业范畴，设立公司层面的阿米巴秘书及秘书长即可。

2. 牵头：中小公司，设置兼职阿米巴秘书长和专、兼职阿米巴秘书

阿米巴秘书长：由公司实职二把手担任（总经理或执行副总经理等）。

阿米巴秘书：统一操盘的阿米巴秘书。

Tips 某公司阿米巴秘书资格、工资职责

任职资格：

熟悉公司、熟悉业务、数据能力好、数据敏感度高，善于协调，主管以上资格。

工作职责：业务类内容、事物类内容。

业务类内容：

-- 目标计划：各级阿米巴的月、年指标计划管理。

-- 库存体系：各级阿米巴的库存汇总、监督、提示。

-- 报表体系：各级阿米巴报表的日、周、月汇总。

日汇总的阿米巴报表汇报公司高管（手机版）。

各级阿米巴报表数据准确性核查、监督、纠偏。

-- 月度经营分析会（阿米巴月度业绩质询会）组织、准备。

-- 日常阿米巴运行制度制定。

-- 执掌经营会计，正确、快速反馈经营信息。

事物类内容：

-- 日常各阿米巴组织协调。

-- 报表资料保存。

-- 月度阿米巴会议事务准备（流程、秘书长需要的数据、文稿等）。

-- 与财务协调，包括每月初的《利润平衡报告》，需要财务支持。

-- 项目组或阿米巴秘书长临时交办事项。

工作关系：

-- 所受监督：项目组、秘书长、事业部阿米巴巴长。

-- 所施监督：各级阿米巴报表严谨性、及时性。

-- 内协关系：项目组内部事务、财务部协调、各阿米巴之间事宜。

-- 外协关系：暂无。

3. 阿米巴运营团队

兼职阿米巴秘书长，专职阿米巴秘书，各自主经营体“小老板”，即巴长团队，以及各自主经营体专、兼职阿米巴秘书，自上而下形成了一支阿米巴日常运营团队。

十七、财务部门在阿米巴经营中的作用

财务部门是公司的核心部门，负责成本、费用、现金、账务往来。财务本身不产生数据，财务的数据必须来源于各项业务，加工后才能产生数

据。财务应该做到：为经营服务，并成为某种意义上的“利润中心”；为经营服务，帮老板算账，帮业务算账。“利润中心”是指财务不仅**要在现金资产的管理上有产出，还要在物化资产上有产出，更要在政策资产上有产出**。导入阿米巴经营模式，不是弱化了财务部门的地位，而是强化了财务部门的功能。

Tips　山东天保集团董事长张传法先生对经营会计与财务会计区别的理解，非常实际，非常实用

财务的服务对象是税务局、统计局、财政局、银行等。这决定了它不能准确反映企业当下的经营情况，而且财务报表比较专业和固定，对于企业经营改革没有实际意义。

而经营会计服务的对象是经营者，用数字为经营者提供参考依据。平时常用的报表展现形式是日记账表，一目了然，简单易懂，能更准确及时地反映经营的实际情况，经营者可以根据数据进行有的放矢的改进和改良。

我们公司经营会计的具体做法是将会计、统计、内勤、出纳全都作为经营会计，成立了经营会计部。

如果公司规模小、会计少，我的建议是让他们成为经营会计而非单纯的财务会计，主要为经营者服务。

导入阿米巴经营模式后，财务部门还有如下作用要发挥，如图3-12所示。

阿米巴核算	引领与模式设计	财务核算
	科目设置、分摊与折旧	
	利润平衡	
	审计署的功能	

图3-12　财务部门在阿米巴中的作用

Tips 上市公司驰宏锌锗股份有限公司（以下简称驰宏锌锗）2022年“先进集体”驰宏综合利用财务部奋斗者风采：转战生产的“财务先头军”

驰宏综合利用财务部是一个团结进取、业务扎实、充满工作热情的集体，现有17名员工。一直以来，财务部全体员工团结协作、奋勇争先，积极当好家、理好财，统筹布局、系统推进财务与业务融合，以打造“利润中心”为工作目标，为驰宏综合利用推进价值创造，为提质增效做出积极贡献。

2020年，助力驰宏综合利用获评中铝集团“2020年度财务管理优秀企业”。2022年，部门获得驰宏锌锗2022年度“先进集体”荣誉。

一、阿米巴经营，凝聚价值创造共识

2019年，驰宏综合利用导入阿米巴经营理念，在公司范围内倡导“成本中心向利润中心转变”“人人都是经营者”理念。财务部主动扛起责任，发挥财务管理、会计核算专业优势，根据驰宏综合利用实际情况，牵头搭建了阿米巴经营体系，制定了内部阿米巴经营规则，按照市场公平交易原则确立了阿米巴价格体系，明确了“利润中心”的经营导向，推动阿米巴考评体系指标的出台，通过指标货币化体系、转移支付体系的不断完善，将考评指标最终分解、落地，为阿米巴经营理念和阿米巴经营模式落地见效奠定基石。

全面推进阿米巴经营模式过程中，财务部从公司会计核算入手，多次到生产厂、一线班组调研，辨识各阿米巴组织经营涉及的成本费用、利润点等关键要素，定制了能体现经营效果且通俗易懂的“阿米巴经营核算报表”，形成财务管理“第三张报表”，清晰展示当期业绩与预算的差距，力争收入最大化、费用最小化，各巴、各岗位当月要改进的事项均形成任务，持续推进、改善，真正发挥财务报表指导生产经营的作用。

经营报表坚持透明经营的原则，让员工清晰地知道任务目标，上下一致、团结共进。员工养成了“边干边算”“算盈再干”的工作习惯，让“人人都是经营者”理念变为行动。

2021 年，7 个生产厂阿米巴利润合计 12460.29 万元，累计锌产品完全加工成本较上年下降 18.95%，较本年度预算下降 6.86%。

阿米巴的成功运用，使驰宏综合利用成为阿米巴经营模式的实践教育基地。财务部承担起了“阿米巴经营模式输出”的重要任务。公司财务总监及财务部人员将阿米巴“营养套餐”打包外送到兄弟单位；外部企业到驰宏综合利用学习阿米巴经营时，财务部精心组织现场分享会，将宝贵经验倾囊相授。据统计，财务部员工共赴兄弟单位开展阿米巴培训交流 15 次，接待外部企业调研、来访、交流 1500 余人次。

二、财会精细化，提升价值创造力

财务部以财务管理为中心，通过梳理核算流程、细化辅助设置、争取国家政策优势等有效措施，在保证会计核算合规性的前提下，最大限度地让核算口径与考核口径趋同，促进了会计核算与财务管理的整体协同进步，最大限度以财务管理刺激价值创造。

近年来，财务部持续优化税收管理，积极争取税收优惠、补贴。特别是新型冠状病毒感染疫情发生以来，国家出台了多项助企纾困政策。财务部积极研讨分析、论证税收优惠政策，尽最大努力争取享受税收优惠的资格。2021 年，驰宏综合利用成功获得“增值税即征即退”资金 1638 万元，为近年来最高退税金额。

财务部还成功争取企业所得税在研发费用加计扣除、“三项设备”抵扣、残疾人员工资扣除、综合利用资源产品减计收入等方面享受优惠政策，创造了综合税负较低的良好指标。财务部还从会计核算的角度，对长期挂账的在建工程项目、债权、债务等进行清理，成功收回了16万吨铅酸蓄电池无害化综合回收处理项目农民工工资保证金155万元。按月开展民营企业清欠工作，全年无新增逾期债权、债务。

三、财务+经营，推进业绩稳步向好

导入阿米巴经营模式以来，驰宏综合利用财务部员工不再仅仅局限于会计专业知识的学习提升，他们更加积极地学习生产业务知识，经常到生产厂调研学习，掌握生产经营情况，组织会计核算优化研讨，努力把财务思维、财务管理贯穿于生产经营全过程，不断提升财务管理决策化水平和价值创造能力。

技术指标创效是阿米巴利润的重要组成部分。财务部牵头采取了“指标货币化”的核算形式，将专业性较强的冶炼技术指标进行价值“货币化”管理，直观反映技术指标上升或下降对上、下游工段成本的贡献率和损失率，并且相应进行转移支付，将指标提升与创造价值联系起来，呈现可视化、可算化的效果，促进各巴采取有力措施提升技术指标。

每月，财务部与生产、营销部门联合组织召开经济活动分析会，财务部以财务报表透析生产经营情况，对生产进行复盘和“体检”，从财务管理角度提出的加强生产计划控制、库存控制、套期保值等一系列措施，为各生产厂的经营指出明确方向。在内部的11轮次的铅系统盈利模式研讨会上，财务部从财务管理角度提出“粗铅入炉物料结构调整”“发挥铅锌互补式冶炼功能”“以银补铅，加大银物料处理量”等经营建议，伴随各项生产工艺调整措施的落地，使铅系统成功扭亏为盈，

2021年，铅系统毛利贡献1.09亿元，再创新高。

近年来，财务部坚持与时俱进，不断提升专业素养和专业技能，拓展生产经营知识，将阿米巴经营报表作为生产经营“晴雨表”，以数字指引生产，成为转战生产经营的“财务先头军”。他们坚持发扬精打细算、精益求精的工作作风，为阿米巴经营模式在驰宏综合利用的成功实践做出了积极贡献，也为公司经营业绩稳步向好贡献了智慧和力量。（董茂华　陈萌）

——摘自《驰宏锌锗》自媒体2022年文章

十八、阿米巴自主经营体划分过程中的注意事项

1. 分，只是手段；合，才是目的

阿米巴划分，看起来是分成一块一块的，大家都变成了“孙悟空”，各显神通。但是在“如来神掌”的掌控下，在经营授权的方式下，对外一个品牌、一个声音，各巴利润实现之和就是公司不断增大的业绩利润。分，不过是提升积极性的手段而已。因为，“分”可以灵活适应市场变化，快速决策，及时解决问题；还可以解决独立核算，算清楚自己账的问题，化小核算单位，便于识别贡献等。

2. 到底“分”到什么程度？以调动积极性为第一标准

自主经营体的划分（利润巴的划分），不一定越小越好，关于划分的标准，稻盛和夫先生早就给过说明：“怎么调动积极性就怎么划分。”我在阿米巴经营咨询实践中，发现很多企业划分过程中追求最小最细，也就是到班组、到个人。制造业一步到位到班组，效果一般不会太好，因为基层的知识水平、公司凝聚力、核算能力都有问题，我建议制造业先划分到车间这一级相对靠谱；商业里，划分到个人是可以的，因为商业相对灵活。

3. 阶段性地“分”，以不增加管理成本为第二标准

一开始划分得宽泛一点，比如制造业到车间、销售到区域等。我在服务某药厂时发现，药厂摸索阶段划分到了车间的详细工序，比如丸剂工序。丸剂的搓捻揉等工序很复杂，不容易量化，也就不容易定价，小环节太多，上来就细化到细节工序上，最后会形成为了核算而核算，工人弄得手忙脚乱，加大管理成本，得不偿失。

4. 大巴考利润，小工序考“原始点”是比较合适的方法

比如，车间相对容易实现核算，里面的小工序不容易实现，那就在车间层面，对定价考利润，小工序通过考“原始点”（核定的、细化的“应该值”）来考核在工序链条里的贡献，以及对整体链条（大巴）利润的贡献程度。

Tips “袁宝华企业管理奖”中的组织划分

“袁宝华企业管理奖”是国务院2005年设立的中国企业管理实践领域最高奖项。2020年12月1日，中国最大的黄金集团——山东黄金集团的董事长陈玉民荣膺这一大奖。一同受奖的还有原一汽集团董事长徐留平、伊利集团董事长潘刚、航天科工集团董事长吴燕生。

陈玉民董事长把山东黄金集团从原来的“集团总部、子集团（公司）、三级企业”这一传统的三级管理模式，调整成“集团总部和生产企业”二级管理模式。

这个组织设计，确实是创新型的运行模式设计。但问题是，仍然停留在“结构效率”层面。至于生产企业内部的“运营效率”如何对“结构效率”支撑，有待于继续深化改革，或借鉴阿米巴经营模式来实现“划小核算单元”，进一步推动内部市场化的变革。

第三节

必须做的：经营核算（怎么“算”）

企业现状：缺乏自主算账，依赖财务算账，财务整体算账，各自懒得算账。

破局高方：引入经营会计，建立自主核算体系，利润说话，数据说话。

变革目标：一年要比十年强。

具体方法：建立自主核算体系。

具体内容：导入经营会计，从整体对利润负责到利润人人有责，自我算账切入；

内部定价三种方法，折旧与费用分摊方法，人均小时利润奥妙；

阿米巴经营核算模板与工具。

一、目的与意义

导入经营会计，业务单元实现模拟利润，快速降低成本，确保各业务单元可以直接实现利润创造，且其利润创造“可衡量、有价值、有时限”。

上下一心，紧紧围绕“三经”“三本”和“三 Ji”持续打造利润提升系统。

Tips “三经”“三本”和“三Ji”

“三经”：经营理念、经营体系、经营方法。

“三本”：成本、资本、人本（稻盛和夫强调的是“心本”）。

“三Ji”：算计、记录、绩效产出。

二、自上而下角度：“公司整体利润实现”到“模块利润实现”

传统经营模式下，各个部门都对利润负责，但没有一个部门具体产生利润。

说销售部门产生利润，那其他部门都砍掉吗？说财务部门产生利润，那是因为财务是数据集散中心，是数据加工中心而已，真的很难说清到底是哪个部门对利润贡献最大。因此，只能说全员努力挑战高目标，共同提升利润，这就是“整体利润实现”。

“公司整体利润实现”一般受部门职责、能力、积极性等制约。让每个部门都真的实现其“**可衡量**”的价值创造比较难。年底看经营成果，经营好了，大家皆大欢喜；经营不好，法不责众，大家没责任，大家不满意一个人，就是老板。

阿米巴经营模式下，利润巴、服务巴、公共服务平台责任清楚，利润巴要千方百计去实现利润；服务巴要提高自己的专业能力和对利润巴的保障；公共服务平台要把钱花好，提升专业能力，服务好利润巴、服务巴和公司全员。这样，就把老板一个人扛的利润指标分解到各个利润巴巴长身上了，同时捆绑了服务巴和公共服务平台。以前说的“千斤重担大家挑，人人肩上有指标”才是一句实话，才能真正实现。

三、自下而上角度：以利润为杠杆，让员工从“观众”变成经营的“主角”

往往老板最关心利润，高管有时都不一定关心公司利润产出，大部分人关注的是自己的腰包。所以，必须想办法把公司全员切换到一个频道上来，这个频道就是利润的频道。各部门，尤其是各利润巴，要把“奖金的取得”切换成“从利润中取得奖金”，如果设计成“增量利润产生奖金”那就更好了。

要想从利润中产生更多的奖金，就要关注利润是怎么产生的。利润是“收入－支出”，员工知道这个道理以后，就要研究怎样增大收入。增大收入，要么成品率高、收率高、质量好、合格品入库多，要么找销售要好订单，好价格；降低支出，要降低主辅料、包材、能源等支出，节约水电费，提升效率，工具怎么用能顺手，下脚料回收再利用等。这样，一端加大收入，一端降低支出，两边一抻，中间的利润空间自然而然增大了。如果从利润中拿奖金，那一核计，就能多拿点奖金。

用利润这个抓手，一下就可以把员工、干部拉进经营里，主角就是自己。老韩头食品描述的阿米巴定义是：自己的活自己干，自己的账自己算，自己的利润自己赚，开源节流做老板。

Tips 关键的工具就是“经营会计”

自上而下，以利润为杠杆，让员工从“观众”变为经营的“主角”，自下而上，以利润为杠杆，让员工从“观众”变为经营的“主角”是需要工具的，这个工具就是“经营会计”。

四、经营会计的“三素一值”

经营会计是区别于基于“准则”的借贷平衡账务处理方式的自

主算账模式，强调的是员工能够以收支的方式实现对自己岗位账进行“算小账”“算细账”，从而实现每一个自主经营体建立自己的经营“账簿”。

记住经营会计及其核算方法很简单，那就是“一收一支”“一减一除”和“一值”，也就是“收入、支出、工时”和“人均小时利润”，三个关键要素和一个结果值。

“一收一支”里的“收”就是计算各个自主经营体的“收入”，“支”就是计算各个自主经营体的“支出”，主要是指“变动费用”支出和“固定费用”支出。

“一减一除”里的“一减”就是“收入”减“支出”，“一除”就是除以工时，最后得出“人均小时利润”。提醒大家注意的是，日本翻译过来的经营会计的算法是这样的：（收入 - 支出）/ 工时 = 单位时间附加值。这里的“单位时间附加值”可以通俗地理解成“人均小时利润”。经营会计逻辑如图 3-13 所示。

三素一值：让数据说话，让利润说话	
收入	销售收入：产品（商品）内部销售收入
	服务/技术收入：高新技术企业一般会有此科目
（数量★价格）	高价值废品收入
	劳务收入
	其他收入
支出	费用分类：变动部分+固定部分
	支出科目
	转移费用：外部支援人员费用
（料工费）	费用分摊：建立规则，包括预提与当期、管理费等
工时	正常工时：8小时
	加班工时
	转移工时：外部支援人员工时
单位时间附加值	
（人均小时利润）	

图 3-13　经营会计逻辑

再提醒大家注意的是，建筑工程领域由于没有办法像制造业、商业类有那么精准的时间统计（稻盛和夫的京瓷，时间计算精确到 30 分钟，金额精确到元），所以把“单位时间附加值”叫作“人天利润”即可。

稻盛和夫的《阿米巴经营》一书，写得很好，翻译得也不错，但要注意三点。

第一点，《阿米巴经营》里没有明确指出公司里的两种核算，一个是财务的会计核算方式，另一个是各个业务单元的基于收支的核算方式。两种方式并行，且财务要对各个业务单元的核算方式给予监督；

第二点，《阿米巴经营》里没有翻译成“经营会计”；

第三点，《阿米巴经营》里的阿米巴核算表中是没有人工费用这一说的。这是源于稻盛和夫的经营理念：追求全体员工物质和精神两方面幸福。出于这样的经营理念，稻盛和夫认为人工费用如果只被当作费用对待的话，从经营的角度看，永远都是应该削减和优化的；如果把员工当主人翁的话，人工费用就不应该是费用，应该是总利润的一部分，即：总利润 = 经营利润 + 人工利润。如果把人工费用理解为人工利润，利润是要追求持续增长的。稻盛和夫是从员工是当家作主的主人公、员工第一的角度理解和实践的，一脉相承地真正实践。这个说法与人力资源里的“人力资本论”是一致的，把人力当成资本是要增值的，把人工当成成本费用是要削减和优化的。

以上三点，请在阅读《阿米巴经营》原著时结合吸收和领会。中国目前所应用的阿米巴核算中，仍然把人工当作成本费用计入报表。

Tips 财务核算与阿米巴核算的区别（见图 3-14）

财务核算		阿米巴核算
☆ 以法人实体（公司）为核算对象	核算对象	☆ 以各业务单元（阿米巴）为核算对象
☆ 以权责发生制（借贷平衡、准则）	核算规则	☆ 以收付实现制（收支方式、规则）
☆ 会计科目	核算口径	☆ 经营科目
☆ 复式记账法	记账方式	☆ 单式记账法（核对关系的流水账）
☆ 财务凭证登账出报表	核算时点	☆ 随业务发生随时出报表
☆ 利润（算出来的，平衡出来的）	核算方法	☆ 利润（实打实，收减支，挣出来的）
☆ 对投资人及工商、税务等外部	使用对象	☆ 对经营者、各级巴长、巴秘，对内
☆ 需要具有专业财务背景知识的人操作	操作难度	☆ 人人可操作，人人成为经营者
☆ 公司资产	库存处理	☆ 当期成本、利息

图 3-14 财务核算与阿米巴核算的区别

关于对经营会计的理解与应用，我最推崇山东天保集团董事长张传法。他不仅是山东盛和塾理事长，中国物流与采购联合会常务副理事，还是稻盛和夫思想的追随者。他对经营会计的理解与运用堪称深刻、独到。下面分享的是他的一篇相关文章，包含与企业家交流的问答。建议企业经营者都学一学这篇文章。

Tips 董事长张传法：贯彻执行经营会计5大职能，企业才能获得好效益

稻盛塾长在强调数字经营的重要性时，提出“将哲学转变成数字才是经营”。大家必须关注3个重点。

* 做企业空谈哲学无用，必须把哲学变成数字。

* 数据必须准确及时。

* 经营者要掌握企业经营整体的数字，更要掌握各个末端部门的数字。

1.“经营会计”与“财务会计”的区别

财务会计的服务对象是税务局、统计局、财政局、银行等。这决定了它不能准确反映企业当下的经营情况，而且财务报表比较专业和固定，对于企业经营改革没有实际意义。

而经营会计服务的对象是经营者，用数字为经营者提供参考依据。平时常用的报表展现形式是日记账表，一目了然，简单易懂，更准确及时地反映经营的实际情况，经营者可以根据数据进行有的放矢的改进和改良。

我们公司经营会计的具体做法是将会计、统计、内勤、出纳全都作为经营会计，成立了经营会计部。

如果公司规模小、会计少，我的建议是让他们成为经营会计而非单纯的财务会计，主要为经营者服务。

2. 经营会计的 5 大职能

（1）账表、单证体系的建立和进化。

单证体系的建立和完善，应该遵循会计七原则及一一对应双重确认原则，形成证据链。

不能从外部取得证据，自制单据也要保证完整。

（2）经营制度体系建设，宣传贯彻及管理。

经营制度的建设要符合公司的基本思想和价值观。除了行政制度之外的制度基本都可以由经营会计编制。因为他们最了解公司经营状况，可以随时做出调整和改变。

（3）公司资产的健全管理。

公司资产不仅限于固定资产，还包括应收账款、预付款和库存等。所谓的健全管理，一是要经营会计熟知每一项资产及它们用在何处。二是要对闲置的资产进行利用和调配，否则会增加经营负担。

（4）核算体系的建立。

要赋予经营会计核算的权利和职能，原则是销售最大化、费用最小化，还要根据核算情况总结形成整套的具体核算体系。

（5）确保经营信息的准确和及时。

所有的数据都必须真实反映具体情况。一个小数据错误也会导致后续数据失真，无法反映经营的实际状况，经营者无法做出正确的判断。

在践行会计七原则的过程中，我们依次分析、认真考虑、对照现状、制定措施并坚决落实到位。

案例一　现金流使用原则

企业经营的现金流应该用自己的资金，这是决定企业经营稳定性的一个重要指标。以前我们主要靠的是银行贷款，积累的资金都投资或借出去了。根据这个原则我反省了以前的做法，根据公司的实际，确定了公司的现金流使用原则——坚决不再做赊欠业务，并且将应收款降到最低，降低预付保证金，审慎投资，坚决不再对外借款，努力减少用银行的钱等。

案例二　筋肉坚实原则践行

我们公司的一个物流园根据实需配置了10多台装载机和七八台挖掘机。这一类装备的使用年限在四五年左右。而在具体的工作中，它们的使用寿命远低于国家法定年限。为确保公司资产的健全管理，我们用以旧换新的方式与厂家签订两年一轮换协议，将设备的使用年限调整为两年，减少了损耗。

3. 实践经营会计的做法

经营会计不只是收集、提供数据的工具，其作用几乎涵盖了企业管理的方方面面。那么企业在具体实践中应该怎么做呢?

（1）对阿米巴进行赋权。

各个阿米巴在符合公司发展目标和方向的前提下，享有相对自由的决策权，但同时要承担对等的义务。一是阿米巴长要明确自己的职能，即全面贯彻销售最大化、费用最小化。二是各阿米巴要接受公司经营会计和全员的监督。

监督工具就是经营会计的报表和阿米巴单位时间附加值的核算表。这种赋权的体制可以避免部门间相互扯皮、利益冲突的现象。

（2）贯穿了经营的整个过程。

事前计划：阿米巴必须将年度总计划和月度计划中的数字定为自己明确的目标。在企业经营中，预定和实际数字同样重要，甚至更重要。预定数字体现经营者的意志，不可以随意决定。阿米巴同仁都要持之以恒，不达目的不罢休。

事中控制：我们在实际工作中往往只关注结果，但过程控制也是企业经营中必不可少的阶段。我们应该随时将现场数据与计划数据进行对比，一旦出现偏离就要找出内在原因，进行分析和调整。

事后分析：稻盛先生多次说过，“现场有神灵”，必须根据数据呈现来进行事后的分析。

（3）始终坚持经营基本原则。

即销售最大化、费用最小化原则。

销售最大化，就是要考虑如何开发市场，扩大销售，增加营收。成本费用最小化，就是要通过核算报表，具体分析每一项费用的情况，充分利用各种数据的对比，将费用缩减到最低。

（4）关注数据背后和整体。

很多企业觉得阿米巴单位时间附加值应该与薪资挂钩，能够充分激励员工。但是经营业绩有涨有落，涨时员工积极性高；业绩不好时，就很少有员工从公司角度考虑问题，会导致士气不振。所以只关注成果的经营会导致员工之间缺乏相互认同和尊重。而强调数据背后，关注的是每一个成员所做的价值贡献。为了激发积极性，在我们公司，不再过度使用物质和金钱来奖励员工，而是通过精神方面的鼓励来提升士气。例如我们每一季度都借助游戏“王者荣耀”里王者、黄金、青铜的等级来对阿米巴进行划分，以此提升阿米巴的荣誉感和工作的使命感。

（5）身不离表，时刻掌握企业状况。

经营者必须第一时间通过报表了解各个阿米巴发展的情况及企业经营状况。我经常让经营会计部经理将我们经营的报表发到我手机上，我有时间会随时看并寻找问题。经营者把每一个阿米巴的具体情况都想成一个动态的画面，就可以把握好每一个细节。

4. 注入灵魂的经营

从 2014 年开始，我们制订了“持续学习哲学 1000 天”的目标计划，2018 年完成之后我们又制订了下一个 1000 天计划。我要求员工做到之前，率先以身作则，带头学习、读书、分享、反省，让哲学入心、入脑、入行。

企业长盛不衰的秘诀就在于注入灵魂。

经营会计是企业经营不可或缺的工具，重视并实践它，企业就能获得更好的收益。

问答环节

经营问答一

问：张总您好！请问您是如何学习稻盛和夫先生《经营与会计》这本书的，反复阅读加上实践，公司就可以做吗？是不是请外边的专业机构效果更好一点？

答：我认为，首先自己要学习经营与会计，然后让会计相关工作人员一起学习、探讨。只有一点一点大胆地去用，经营会计才能在企业里很好地落地。会计七原则的学习尽量不要找外面的专业机构，自己不学永远很难落地。我的做法是，先自己学习，读了几遍《经营与会计》之后讲给大家听，讲述的过程就是一个理解的过程。

而在企业里直接用的过程就是自己认识并加深印象的过程，同时也能对经营会计的组织架构建设提供保证。只要你真心地去学、去实践，就一定能把经营会计做好。

经营问答二

问：张总您好！请问贵公司是否已经开始实践玻璃般透明的经营原则？经营数据公布到哪一个级别？对公司经营有什么影响？这一条是否适合中国企业？

答：我们一直在实践这一条原则。因为玻璃般透明的经营原则是阿米巴经营的基础。通过经营数据的透明，可以把大家的价值贡献都表现出来，并且起到一个激励先进、鞭策后进的作用。同时还可以促进稳定的年度目标或月度目标的达成。

会计七原则是不分国界的，在中国，在我们企业是更适用的，它跟稻盛经营学原则一样。

经营问答三

问：张总您好！请问贵司是否已经设立了经营管理部？月度经营数据几号可以拿到？数据项目都有哪些？月度经营数据都用在哪些方面？如何使用？

答：我们公司有独立的经营会计部，经营数据必须在每个月末的最后一天晚上出来。这样也就保证了我们下个月 1 号的决策层会议、一级阿米巴经营数据发布会顺利进行。我们的经营数据包括营业收入成本、结算收益、费用等，正如稻盛先生所说的，数据项目越细越好。

由于我们的数据比较详细，首要用途就是根据数据寻求改善的机会，特别是异常的数据，要认真分析其中的原因。

其次就是制定下月目标。不仅是大项目，每一个小项也都要制定目标。

五、阿米巴经营模式导入的切入点：实现员工自我算账

松下幸之助曾说：会计是经营的罗盘，会计处理须有益于经营，事业部（SBU）分权体制与会计结算制度表里一体，是松下电器经久不衰的经营秘诀，如果会计处理紊乱，即会招来经营的紊乱。稻盛和夫曾说：无论是在公司还是出差，我都第一时间看每个部门的经营会计报表，透过销售额和费用的内容，就可以像看故事一样明白那个部门的实际经营状态，经营上的问题也自然而然地浮现出来。可以看出，日本这两大经营之圣是时刻关心透过数据把握经营实态的，而把握实态，就要靠业务单元实时算业务的账，靠岗位上的每一个人都去算开源节流的“细账、小账”。

Tips 阿米巴不是单纯地“算小账”，而是通过每个人算岗位的“芝麻账”，从而实现全员算好公司的“西瓜账”

在阿米巴经营模式项目咨询过程中，经常有部分公司级或集团级的领导者认为阿米巴就是“算小账”。并且错误地认为这样“算小账”会导致各生产单元忽视了成品率、质量等关键指标的达成。切记：阿米巴是锁定利润的，只要利润实现得好（前提必须是成品率、收率、质量等指标好，不然利润不会好）**，只有给现场建立利润这样的记分牌，才容易起到“四两拨千斤”的作用。利润就是那个杠杆，通过阿米巴经营模式调动了员工积极性、成品率、收率、质量指标，QCD 就会非常好。所以，说阿米巴是算小账，偏颇矣！**

松下幸之助是最早提出员工要在岗位上自我算账的，但是松下先生没有用工具实现它；稻盛和夫年轻时候就怀着崇敬的心情参加松下幸之助的各类经营演讲，总结提炼阿米巴经营模式这一工具，终于从应用的角度实现了员工可以以收支的方式算岗位的账，从而结束了每个小业务单元（自

主经营体）没有自己清晰的、家底式的账本的历史，开创了一个经营管理的新纪元。

这种记账方式跟家庭流水账很类似，家庭流水账不必强调核对关系，而小业务单元（自主经营体）的流水账需要确定内容间的核对关系，所以比家庭流水账正式了一些，表格化了一些，是“有核对关系的流水账”，也叫“以表代账”。搞明白逻辑关系，学会计算这种流水账，就能够提高单位时间的产出。

案例一

安徽某快消品商贸公司，主营“休食”业务（休闲食品），公司总共16人，销售员10人，其余就是包括老板在内的财务、库房、物流人员，年度销售额约1100万元，净利5%左右；营销模式是代理各大休食类快消品品牌，辐射乡镇二级分销；销售员在公司取货，在乡镇村进行代理分销，销售员收入是“基本工资＋销售额提成奖金”的模式。

我在辅导该公司的时候，这家公司老板学完我的阿米巴经营模式课程后，就着力把自己的感悟、算账方法教授给下面的员工。原先这些销售员都是从销售额里拿提成的奖励模式，现在改成自我算账，从利润里提取奖金的收入比原来提成方式收入还高，大家都非常喜欢阿米巴经营的核算方式。仔细算账与阿米巴模式应用后毛利对比如图3–15所示。

原来	大路货 市场占有率90%，毛利10%（便宜货）	B、C类市场占有率10%，毛利20%左右，平均综合毛利算账11%（毛利很高及毛利高的货）
阿米巴	大路货 市场占有率50%，毛利10%（便宜货）	B、C类市场占有率50%，毛利25%左右，平均综合毛利算账17.5%（毛利很高及毛利高的货）

图3–15 仔细算账与阿米巴模式应用后毛利对比

这位老板做到了让销售员知道怎么调整商品品类才能增加毛利，让销售员自己算，因为已经切换到按照毛利提奖金的模式。应用这个模式，销售员知道自己只有卖毛利高的商品才能多赚钱，大家都会算这个账，新模式下收入比原来多了，大家都愿意算这个账。

也许有人说，大家都去追求销售毛利高的商品了，那市场占有率不就容易下降了吗？没错，这位老板很聪明，他把销售员的基本工资跟市场占有率捆绑在一起考核，销售员在卖高毛利产品的时候，也要考虑增加乡镇村旗舰店的曝光率，只要有影响力的旗舰店辐射到了、照顾好了，有效的市场占有率就实现了。

这位老板让每一个销售员负责 1 ~ 2 个乡镇，做这个区域的小阿米巴，每个销售员都变成了“经营者”一样的小老板，对自己区域业务负责，对自己收入负责，有一定的决策权。

点评

应用阿米巴经营模式，让员工自己去算账，不仅当家作主，有成就感，还让员工和公司都增加收入。现在这个老板不仅从 5% 的年净利收入提高到了 10% 左右（**销售额增长不大**），还被当地快消品行业联盟推举为理事长。

案例二

我在做某中药公司阿米巴咨询项目时有很深的感受，员工主动算账与不愿意算账差距太大。所有的重要剂型，包括片、膏、液的制剂，第一道工序都是饮片。按照以往的操作模式，饮片车间（**后改为饮片阿米巴**）都是到仓库领取中药备料、投料。由于中药领料量大，都是大麻袋包装，仓库按照采购入库时计量的重量给饮片车间出库，到了饮片车间，也是习惯性地投料。

该中药公司实施了阿米巴经营模式后，饮片车间变成了饮片阿米巴，按照阿米巴经营模式，需要准确计算本巴的收入和“料、工、费”支出。所以，该巴去仓库领料环节就开始认真对待计量的问题，采用贵重药材称量复核，这一称量复核不要紧，发现了大量减重的问题。那次我在现场，看饮片巴抽取了约 9 麻袋的西洋参，复核称重，每袋约少了 1 斤，9 麻袋大约减重 10 斤，赶快找仓库补货，仓库找采购，采购找供应商补货。仅仅这一批次投料的西洋参就少了 10 余斤，一斤西洋参当时市价 230 元，10 斤就是 2300 元的损失，何况西洋参仅仅是其中一种，还有麝香等其他更贵重的中药材。

点评

由于员工有积极性，一改以往照葫芦画瓢、单据上领用多少投料就记录多少的习惯，改成主动复核称重。一年下来，无形之中为公司避免了至少几百万元的损失。这就是员工有积极性且按照阿米巴经营模式算账的方式取得的效果。

案例三

某非标产品生产型企业，为国际知名企业配套生产机械设备。导入阿米巴经营模式之前，有订单也分配不下去，各业务单元只满足于干完自己那点活就完事，更别提有谁认真算岗位的账了。导入阿米巴经营模式之后，各单元成了给自己干活，活力大增。

有一次按照订单完成了 4 套成套设备，准备发往日本，大宗机械设备向日本发货每次单台套一般物流价格在 87 万元人民币左右，以前的做法是，议议价，差不多便宜几万元就发货了。这次不同，该业务单元认为这是给自己干的，发一台套机器设备到日本还是太贵，怎么办呢？经过大家集思广益，反正设备到日本后也得拆解、调试完再安装，不如在国内发货前拆解了分装，体积变小，国际物流费用也就减少了。于是大家采取新的包装方式，每台套机器设备到日本折合物流费才 60 多万元。

点评

每台套省了 20 多万元，4 台套一共节省了 80 多万元的国际物流费用。这也是开动脑筋、仔细算账取得的成效。

六、人人挑担——内部市场化，传递外部压力

内部市场化的典型操作方式就是内部买卖，让各部门感受外在市场的“温度”。

1. 内部定价

先说说内部定价的管理。

在国内阿米巴经营模式咨询实践中，我发现很多公司成立了阿米巴核算的定价小组专门讨论定价。我认为没有必要单独成立一个定价小组，这样会使组织逐渐臃肿，无形之中增加了管理的复杂度。只要充分发挥操盘的阿米巴秘书的作用，及时召集，形成定期或不定期调整内部价格的机制就可以了。

再看看内部定价的内容。

内部定价包括产品定价和服务定价。产品定价，一般分为“市场定价、成本定价、协商定价、领导定价”等方式；服务定价参照市场的技术服务价格，略微下调后讨论确定。

这其中的“市场定价”就是参考市场时价的意思；“成本定价”就是参考财务测算的标准成本；“协商定价”就是交易双方巴长协商制定价格；“领导定价”就是在交易双方争执不下时，在确保双方利润空间的前提下，上级领导拍板定下价格，“领导定价”常用于阿米巴导入初期。

不管是怎样的产品定价，都离不开“料、工、费”三个字。

以“料、工、费”为核心，基本有以下三种定价方式。

（1）锚定法。

所谓锚定法，就是要看整个价值链条里，制造业肯定物化的成本，即用料，一般占产品成本的 40% ~ 60%，整个产品定价要先考虑这部分料占比，这就是先锚定物化成本最高的环节或工序。对于软件、咨询等智力活动而产生的产品，人工费占比在 40% ~ 60%，所以在这些行业，要先锚定人工费。

（2）价值评估法。

价值评估法一般是跟随上面“锚定法”同步进行的。锚定完整个价值链里占比最高的部分，然后按照 100% 的价值比例来分析，看看整个价值链里哪一块是技术含量最高的，然后把锚定的部分、技术含量最高的部分、其他环节或工序按照百分比打分，确定每个环节和工序的占比，再乘以销售价格，就算出来每一环节或工序的价格了。

注意

主料市场价格变化，可以考虑在价格体系中同比例增减，但不要太频繁，最好以阶段性周期来调整。

案例

某味精生产商，味精成品的对外销售价格为7000元/吨，其中原材料玉米价格为3500元/吨，各工序及其对应的生产成本比例如下（见图3-16）。请按“工序价值定价法”计算各工序间的内部交易定价额。

假设1：公司生产部门直接卖给客户；假设2：成本比例同步附加值比例							
工序	玉米	淀粉	制糖	发酵	提取	精制	合计
标准成本比例	50%	5%	3%	10%	17%	15%	100%
结转成本比例							
附加值							
交易价格							

图3-16 各工序及其对应的生产成本比例

（3）盈亏平衡点定价法。

内部定价也跟收入模式的确定有关（参见“六盘”+“六定”相关条款描述）。生产所属利润巴卖给销售区域销售巴的收入模式，对于生产利润巴的内部定价，适合用“盈亏平衡点定价法”。

核算出盈亏平衡价格后，每天各个利润巴输入数据，就会自动产生盈亏平衡动态表。每天的盈亏平衡价格跟销售价比较就会自动算出每天的亏损或盈利。盈亏平衡定价法示例如表3-2所示。

因为每天输入数据，动态的盈亏平衡能很直观地体现出来，如果某一天盈亏平衡曲线异常，那就说明当班生产出现了异常，生产兼职的阿米巴秘书必须马上向本巴巴长汇报，立即整改，实践中这种做法效果相当好。每日经营报表示例及产品盈亏平衡价格波动示例如图3-17、图3-18所示。

表 3-2 盈亏平衡定价法示例

××××巴产品定价方法表							单位：元				费用分摊的相关明细规则
序号			1月	2月	3月	4月	5月	6月	合计	数据源	前工序：浇筑、清洗；后工序：加工、终检。两个大工序
一、业务量											分配原则
1	入库量	入库数量	38352.00	18360.00	39132.00	39168.00	44734.00	40684.00	220430.00	生产管理巴	
2	返材收入	浇道返材	10197506.45	4180105.131	12974930.32	6269938.96	8565618.579	6700603.325	48888702.77	生产管理巴	前工序
		冒口返材	0.00	0.00	0.00	0.00	0.00	0.00	0.00		
		废品返材	3460022.16	814548.24	2060019.75	1625012.22	1486709.19	1442687.38	10888998.94		前工序60%；后工序40%
		淘铝返材	0.00	0.00	0.00	0.00	0.00	0.00	0.00		
		铝屑返材	948631.1941	388412.1285	1256595.093	713298.0046	842433.3617	662945.9196	4812315.70		后工序
		铝渣返材	261213.10	104745.97	211692.22	168753.57	188378.64	165837.19	1100620.68		前工序
		合计	14867372.91	5487811.46	16503237.38	8777002.75	11083139.77	8972073.81	65690638.09		
二、支出											
1	原材	铝液	19514950.7	10744672.95	25090434.57	19573061.95	21628699.38	17348101.82	113899921.38	财务平台	前工序
2	辅材	辅材	3555494.00	1985583.00	4998325.00	5025328.00	5658772.00	4348719.00	25572221.00		前工序
3	能源	水费	23388	21576	23492	24166	16067	10718	119407.00	生产保障巴	前工序50%；后工序50%
		电费	1374721	1195311	1409934	1360142	1392842	1301725	8034675.00		
		压缩空气	452675	425786	512537	475421	501486	483818	2851723.00		
		燃气	526526	351624	586776	555884	517726	474075	3012611.00		
		厂房取暖费	431469	373198	1794	13228	0	0	819689.00		
		公摊能源费用	0.00	0.00	0.00	0.00	0.00	0.00	0.00		
		合计	2808779.00	2367495.00	2534533.00	2428841.00	2428121.00	2270336.00	14838105.00		
4	物流	牵引车							0.00	生产管理巴	前工序55%；后工序45%
		油料	247.195		93.775	83.925	152.865	217.175	794.94		
		临时用车	11903		10232.5	9457.5	6980	1800	40373.00		
		车辆租赁费	64124	44655	99779	108113	66994	65943	449607.57		
		销售运输费	4817.6	2484.53	15409.29	21722.53	3149.11	3782.51	51365.57		
		合计	81092.20	47139.31	125514.34	139376.72	77275.58	71742.95	542141.07		
5	维修	固定资产修理费	47550	23800	40500	209000	188000	106800	615650.00	生产保障巴	前工序50%；后工序50%
		公摊维修费	142000	158396	204495	81235	98740	199900	884766.00		
		合计	189550.00	182196.00	244995.00	290235.00	286740.00	306700.00	1500416.00		
6	工具	刀具费							0.00		前工序40%；后工序60%
		工具费分摊	247566.71	104099.25	252256.97	249269.29	252139.815	245102.69	1350434.73		
		合计	247566.71	104099.25	252256.97	249269.29	252139.82	245102.69	1350434.73		

续表

7	模具维保	模具维修/备件	25965.00	12431.00	26492.00	26517.00	30294.00	27553.00	149252.00	模具巴	前工序
		模具维修/修改									
		合计	25965.00	12431.00	26492.00	26517.00	30294.00	27553.00	149252.00		
8	折旧	固定资产折旧	2949364.00	2949364.00	2949364.00	2949364.00	2949364.00	2949364.00	17696184.00	生产保障巴/采购巴	前工序1958744.31每月；后工序990620.47每月
		设备备件利息	19150.00	9150.00	19351.00	18904.00	21967.00	21561.00	110083.00		
		合计	2968514.00	2958514.00	2968715.00	2968268.00	2971331.00	2970925.00	17806267.00		
9	管理费	厂管理费	3496.36	7626.20	6847.88	11872.70	19744.93	18161.39	67749.46	财务平台	按照人员比例分配45：55
		巴管理费							0.00		
		合计	3496.36	7626.20	6847.88	11872.70	19744.93	18161.39	67749.46		
10	人工费	员工薪酬	2296919.10	2296919.10	2296919.10	2296919.10	2296919.10	2296919.10	13781514.60	财务平台	按照正式工人员比例分配50：50
		劳动保护费							0.00		
		人员培训费							0.00		
		外包用工费							0.00		
		劳务用工费							0.00		
		外委加工费	405339.72	217868.29	383895.26	453963.14	421901.75	383557.01	2266525.17		前后80：20
		人工费用分摊							0.00		
		合计	2702258.82	2514787.39	2680814.36	2750882.24	2718820.85	2680476.11	16048039.77		
11	低值易耗品	仪器仪表							0.00	模具巴	
		工位器具	102.655	4186.83		2492.92	102.655	54737.2525	61622.31	生产管理巴	前后75：25
		其他低耗用品费	55027.00	26238.00	56150.00	56102.00	64417.00	58585.00	316519.00	模具巴	前后50：50
		公共低耗用品费	1000.00	1000.00	1000.00	1000.00	1000.00	1000.00	6000.00	生产管理巴/模具巴	前后50：50
		合计	56129.66	31424.83	57150.00	59594.92	65519.66	114322.25	384141.31		
12	环保费用	排污费	155102	106632	174490	180952	155102	132021	904299.00	生产管理巴	前后20：80
		消防费	2980	1920	2000	1160	1800	1340	11200.00		前后50：50
		合计	158082.00	108552.00	176490.00	182112.00	156902.00	133361.00	915499.00		
三、定价计算											
15	净支出合计		17444505.52	15576709.46	22659330.73	24928356.07	25211220.44	21563427.40	127383549.62		
16	盈亏平衡价格		454.85	848.40	579.05	636.45	563.58	530.02	577.89		

		生产管理巴生产相关费用分摊	77.27	0.07	0.01%
		压铸领用其他低耗品费	0.00	0.00	0.00%
		合计	**4152.70**	1.95	0.18%
12	环保费用	排污费	5191.35	4.70	0.44%
		环境改貌费	0.00	0.00	0.00%
		合计	**5191.35**	4.70	0.44%
三、定价计算					
13	总支出合计		**1207841.80**	**1077.56**	**100.00%**
14	净支出合计		993347.55	869.08	**80.65%**
15	盈亏平衡价格		899.77		
16	销售售价		623.0		
17	盈利		(276.8)		
18	盈利百分比		-44%		
19	盈利总额		-305555.5545		

图 3-17　每日经营报表示例

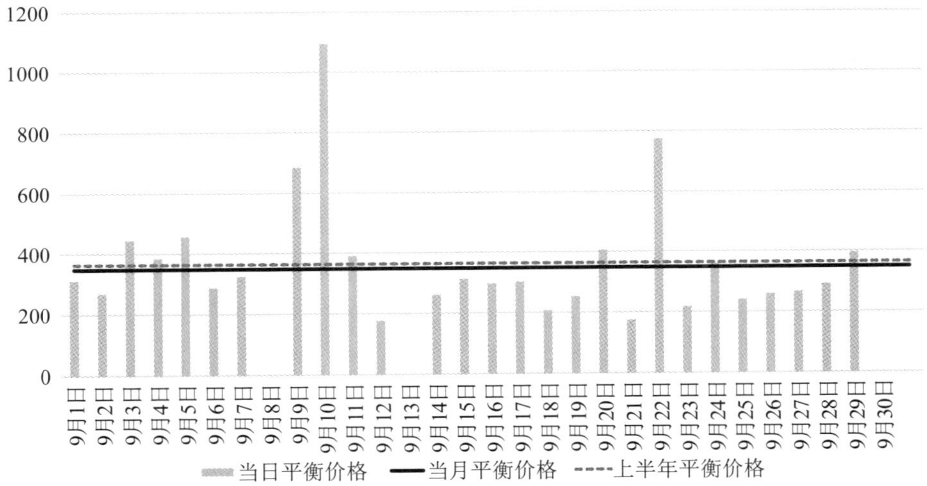

图 3-18　产品盈亏平衡价格波动示例

每日输入当班数据，盈亏变化一目了然，哪天异常瞬间发现，马上整改。

内部定价需要注意的要点

第一，内部定价要定期调整；京瓷内部定价一个月公布一次调整表。我们不一定一个月调整一次，但是有大的变化就要告知大家，准备调整。

第二，建立价格调整机制。所有定价，原则上不是天天变的。如果是常有波动，按照主料进货价格以“增减率”调节（比如“单价”±5%）；或定期调节，比如日航是每3个月公布一次价格调整；当工艺路线变化、市场重大变化等都需要调整定价。

第三，不管怎样，都必须记住：内部定价的核心还是“料、工、费”。

2. 收入模式的确定

（1）生产卖给销售的模式。

生产利润巴的收入 = 1）合格入库产品数量 × 内部定价（A）；
2）废料回收等收入；
3）其他收入。

销售利润巴的收入 = 1）对外定价（B）× 销售数量；
2）对外定价（B）= 内部定价（A）+ 目标利润 + 管理费用 + 营销费用等；
3）内部定价（A）是销售对外定价（B）的成本。

（2）以销售为主，对实行生产利润巴委托加工（相当于来料加工）。

生产利润巴的收入 = 1）合格入库产品数量 × 单件加工费（A）；
2）废料回收等收入；
3）其他收入。

销售利润巴的收入 = 1）对外定价（B）× 销售数量；
2）对外定价（B）就是公司对外定价；
3）单件加工费（A）是销售对外定价（B）。

（3）销售拿佣金的方式。

生产利润巴的收入 = 1）合格出库产品数量 × 销售利润巴对外销售价（或指合同销售价），也是指公司整个销售额；

2）不合格品不能出库，是生产利润巴的成本或废品；

3）销售的佣金成为生产利润巴的成本，会冲减生产利润巴的利润；一般工业品销售佣金定为5%或6%，这些佣金会由生产各个利润巴的增值部分（*也就是利润*）中按同比例承担；

4）废料回收等收入；

5）其他收入。

销售利润巴的收入 = 1）销售佣金（5%或6%）× 订单销售额；

2）销售各项费用都会冲减销售利润巴的利润。

三种模式相关的计算如表3-3所示。

表3-3 三种模式相关的计算

<table>
<tr><td>客户</td><td colspan="3">生产后销售出去的订单销售额（A）</td></tr>
<tr><td>销售利润巴</td><td colspan="3">销售佣金（5%或6%）-销售费用 = 销售利润巴的利润</td></tr>
<tr><td rowspan="4">生产利润巴</td><td>制造成本（B）</td><td>销售佣金（C）</td><td>生产利润巴剩余的利润（D）</td></tr>
<tr><td colspan="3">销售利润巴佣金承担 = 生产各利润巴生产值（不是利润值），按佣金比例分别承担</td></tr>
<tr><td colspan="3">制造成本（B） = 料 + 工 + 费</td></tr>
<tr><td colspan="3">生产利润巴的利润 = A - B - C = D</td></tr>
</table>

各利润巴之间的内部购销

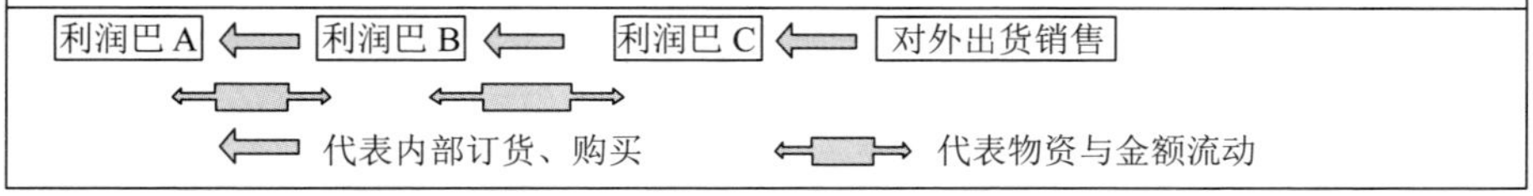

<table>
<tr><td colspan="6">企业内部购销及三种收入模式下对外销售收入解释</td></tr>
<tr><td colspan="5">生产各利润巴之间的内部购销</td><td>对外销售</td></tr>
<tr><td>各生产利润巴</td><td>利润巴A</td><td>利润巴B</td><td>利润巴C</td><td>生产大巴合计</td><td rowspan="5">生产卖给销售模式，100万元折合成单价，销售巴再加价对外销售；
销售金额会高于100万元；
销售拿佣金模式和委托加工模式，100万元可以视为对外销售金额</td></tr>
<tr><td>对外出货销售</td><td></td><td></td><td>100万元</td><td>100万元</td></tr>
<tr><td>内部采购</td><td>0</td><td>30万元</td><td>70万元</td><td>100万元</td></tr>
<tr><td>内部销售</td><td>30万元</td><td>70万元</td><td></td><td>100万元</td></tr>
<tr><td>生产各巴生产值</td><td>30万元</td><td>40万元</td><td>30万元</td><td>100万元</td></tr>
</table>

续表

销售利润巴佣金承担计算及其佣金总额（10%佣金计算）					
生产各利润巴	利润巴A	利润巴B	利润巴C	生产大巴合计	销售利润巴
对外出货销售			100万元	100万元	
内部销售	30万元	70万元		100万元	
内部采购		30万元	70万元	100万元	
各巴生产总值	30万元	40万元	30万元	100万元	
销售利润巴获取佣金10%	3万元	4万元	3万元	10万元	10万元

注意事项：在第三种模式中，有的技术研发也要抽取佣金，如果增加这项，那销售的收入中还要冲减技术研发佣金。

案例研读（某轴承厂案例见表3-4）

表3-4 某轴承厂案例

	总原则	锻造	车加工	保持架	切断	滚动体	热处理	磨加工	装配
料	40	25	**26.5**	5	10	**12**	56	64	93
工	30	0.5	1	2	0.5	2	4	15	5
费	20	0.5	1.5	1.5	1	1.5	3	10	1
返利	10	0.5	1	1	0.5	1	1	4	1
价格	100	**26.5**	30	9.5	12	**16.5**	64	93	100

特别说明：
1.核算条件：销售价，对外部客户100元，销售部门佣金模式，销售部门抽取佣金10%
2.锻造后车加工，形成一个独立轴承外圈
3.保持架是铣工做的独立产品，套轴承珠的镂空金属圈
4.钢筋切断后，形成一段一段的小圆柱，到滚动体车间加工，打磨成圆或椭圆的滚珠
5.工序价值：
锻　造：按照“锚定法”用料最多，料投入25元、工0.5元、费0.5元，承担销售佣金0.5元；形成定价26.5元卖给车加工
车加工：26.5元从锻造购买，料工费加工投入了26.5元、1元、1.5元，承担销售佣金1元；最后形成30元销售价给保持架
保持架：料工费投入分别是5元、2元、1.5元，承担销售佣金1元；形成了9.5元的销售价格，卖给切断
切　断：料工费投入分别是10元、0.5元、1元，承担销售佣金0.5元；最后形成了12元销售价卖给滚动体车间
滚动体：从切断买来粗加工的钢珠子，投入料工费是料12元、工2元、费1.5元，承担销售佣金1元，形成给热处理的16.5元销售价
热处理：车加工的轴承圈30元，保持架套9.5元，滚动体的钢珠16.5元，形成56元购买的料成本，工4元、费3元，承担销售佣金1元，形成64元销售价卖给磨加工。热处理工序是必须工序，有一部分技术含量
磨加工：技术含量最高，64元从热处理购买来料，工15元，费10元，承担销售佣金4元，形成93元的销售价卖给装配
装　配：没有特别技术含量，关键取决于责任心。93元买来轴承三大类部件组装，用人多，工费高5元，其他费低1元，承担销售佣金1元

3. 折旧、费用等分摊

（1）折旧分摊。

折旧一般是指固定资产折旧，这些固定资产包括厂房、办公楼、仓库、机器设备、电子设备等；机器设备及电子设备又分为专用设备和公用

设备两大类。无论哪类的固定资产折旧，都要在其原值基础上计算残值，按照残值折旧进行分摊。

个别情况时，折旧会冲减利润；新建建筑物投资很大，以及新进大型昂贵设备，在折旧分摊时，会使各利润巴冲减利润，这样大家是没有积极性的。所以这两类情况的分摊需要高层在做阿米巴经营模式导入时按照“盘资产”的思路指引进行“特别设计”，甚至暂不分摊至各利润巴。

一般不是特别昂贵的设备，可以及时分摊到费用里。

设备归集表如图 3−19 所示。

专用					分摊							
x月折旧	设备	检测设备	工装	小计	公共设备	检测设备	工量具	电气网络	厂房	能管设备	小计	合计
制丝巴												
卷包巴												
手包巴												
仓储巴												
总计												
分配原则：1. 专用：设备、检测设备、计量器具、工装、工位器具，直属专用设备一一对应各巴分配 2. 分摊：黄色部分为公共分摊，详见附表												

图 3−19　设备归集表

做设备折旧分摊时，可以做出整体的设备归集表。

1）把各利润巴的专用设备按照折旧的年限要求进行分摊；

2）公用设备的折旧费用按一定比例分摊至各利润巴（一般按照产值测算为基本依据）。

（2）费用分摊。

费用分摊项目比较多，一般包括变动费用和固定费用两大类。

1）变动费用。

主要是指主料、辅料、维续、能源（含水、电、汽等）、物流、工装夹具等费用；不同的行业或公司，变动费用科目会略有不同，但大体都有上述科目；商业类中商品成本就相当于制造业的“主料”；奖金、绩效工资进入变动费用科目。

2）固定费用。

分摊项目包括管理费、服务巴人员费用、直接服务于利润巴的公共服务平台人员费用（比如集团化公司里的工厂管理人员等，而不应包括集团人员费用，因为集团人员不直接服务于工厂利润巴）；商业类的还有物业费、品牌使用费、场地使用费等；基本工资也进入固定费用。这些费用每天进入阿米巴经营核算表，相对固定，变化不大。

管理费

一般占总营业额的 30% 以内，如果公司职能部门精简、高管精简，管理费会更低；如果公司下设工厂，那工厂利润巴原则上还要承担工厂管理人员的部分管理费；如果工厂上边有公司，公司上边有集团，集团人员费用不参与工厂利润巴的管理费分摊。

管理费一般包括高管工资及其职务消费、公司发展基金、公司职能部门人员各项费用，以及公司预留或设计进去的费用。不同公司的管理费的概念和内涵稍有不同。

生产利润巴、销售利润巴，乃至所有利润巴该如何按比例分摊？产值、规模、业务成熟度都是参考要素。

人员归集

要把服务巴、公共服务平台的人按照为公共服务，以及具体为哪个利润巴服务分开，做出表来，把这两类人的总费用测算出来，制定规则向各个利润巴分摊。人员归集表如表 3-5 所示。

表 3-5 人员归集表

单位	工艺质量巴							
序号	岗位名称	姓名	归属利润巴	卷包甲班巴	卷包乙班巴	制丝甲班巴	制丝乙班巴	规则
1	科长	李江	卷包甲班巴 卷包乙班巴 制丝甲班巴 制丝乙班巴	0.25	0.25	0.25	0.25	
2	副科长	韦家宁	卷包甲班巴 卷包乙班巴 制丝甲班巴 制丝乙班巴	0.25	0.25	0.25	0.25	
3	原料质量管控	陆安明	制丝甲班巴 制丝乙班巴			0.5	0.5	
4	材料质量管控	黄信	卷包甲班巴 卷包乙班巴	0.5	0.5			
5	成品质量管控	凌敏	卷包甲班巴 卷包乙班巴	0.5	0.5			
6	工艺管理员	陈智鸣	卷包甲班巴 卷包乙班巴 制丝甲班巴 制丝乙班巴	0.25	0.25	0.25	0.25	
7	品质管理员	黄幼斌	卷包甲班巴 卷包乙班巴 制丝甲班巴 制丝乙班巴	0.25	0.25	0.25	0.25	

费用计入报表需要特别调整以下几个费用科目

第一类：水电费。

水电费分摊，各个利润巴最好能实现“一户一表”，谁使用谁承担。实现“一户一表”需要投资和改造，电费可以按照使用电器、设备的功率、数量来测算；水费、燃气等费用也可以估算，按产值来分，但是千万不能按照各利润巴的人头来分配，人多的利润巴不一定用水电就多。还有一个办法，就是使用上个月的水电费数据，如果是连续生产，那么差别不会太大，这样使用上一个月的数据，时间性比较合理。

第二类：人工费。

包括在编合同制人员薪酬，也包括临时用工、劳务派遣等费用。对于在编人员的薪酬、五险一金等福利性费用也要计入。

第三类：差旅费。

差旅费计入阿米巴经营核算报表时，有时报销起来很麻烦，可以阶段性计入报表，或使用上月差旅费数据。

费用分摊原则

第一个：谁使用，谁承担；谁受益，谁承担。

第二个：费用的当期与预提。

对于各利润巴发生的费用，各巴必须自己记好小账，原则上当期发生的费用进当期，但便于核算也有个别调整，如差旅费、水电费等使用上月数据的做法等。

什么叫预提呢？对于年薪制的中高管，年底部分最好预提出来每月分摊给各个利润巴，年底阿米巴核算汇总的时候，年薪实际发生了，再做一下多退少补即可，核算表在最后一个月或次年一、二月调整一下就可以了。费用分摊的原则和示例如图 3-20、图 3-21 所示。

财务投资相关	人力费用	行政后勤	IT费用	质量费用	生管人员
财务费用	合同员工	办公面积	软件使用费	QA/SQE	生产巴 内部分摊
大修费用	劳务派遣	物业费用	站点使用费	QC	
折旧	临时用工	活动费用	单独开发	客诉	
			硬件维护等		
原则：谁使用，谁受益，谁承担/预提、分期应该注意					

图 3-20 费用分摊的原则

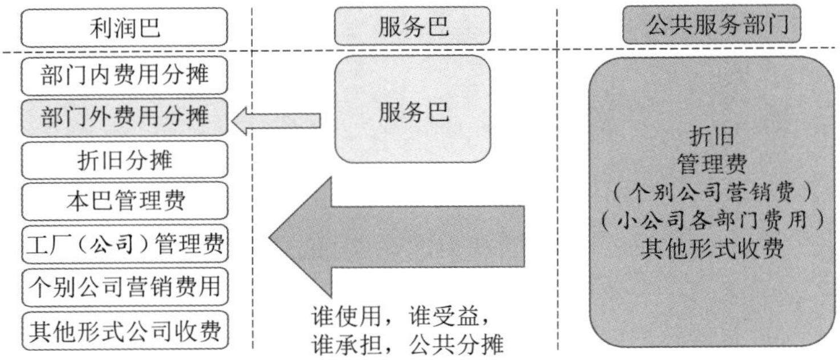

图 3-21 费用分摊示例

第一类：征缴。

对于管理费、品牌使用费、惩戒性的利息、按设定上缴的利润等公司或工厂分摊下来的费用，各个利润巴必须接受，没有讨价还价的余地，这类分摊叫“征缴”。

第二类：分摊。

除了征缴的内容以外，费用中很多项目都是分摊的，分摊费用的合理性、准确性、公平性及其金额是可以讨论的，比如折旧分摊得合不合理、水电分摊得准不准等，尤其对于服务巴的费用承担。各利润巴承担了各服务巴分摊过来的人工费、办公费等费用，服务巴有义务为利润巴服务，给予更多支持；各利润巴对服务巴考核时，有责任对服务巴给予评价，对服务巴分摊过来的费用，有权对其合理性、公平性进行讨论。

第三类：内部分摊。

对于各个利润巴内的非直接从事生产创造的人员，比如巴内的统计员、核算员、订单跟踪员等相关人员的费用就是内部分摊；生产部作为二级巴，也是一级巴的管理平台，生产部的计划管理人员、生产部部长助理等也属于内部分摊。

第四类：外部分摊。

对于各个利润巴以外的，比如保障部门（精益小组、叉车司机、维修人员等），这些人员的费用分摊进入各个利润巴，叫作外部分摊。

七、各利润巴的阿米巴经营核算表

1. 报表模板

关于各利润巴报表模板，分类比较细，但无论怎么分，都是按照经营会计中收支核算方式开展的，只不过不同行业略有区别而已。比如，制造业阿米巴模式报表，有标准产品类的报表、非标产品类报表、盈亏平衡点核算类报表等；在商业类有餐饮报表、超市报表等；在建筑工程类有项目报表、基于项目的合并报表等。关于报表模板，具体参考案例部分，有详细案例及其模板。

2. 收入的核算

各利润巴内部销售或直接卖给外部客户的产品（商品）销售收入，就是各巴的主收入项，在阿米巴经营核算表中的“收入”科目即是指这一内容。

“其他收入”中“废料收入”是指通过对投料生产等过程中，用工艺改善等加强管理手段，把原来浪费的料收回一部分变成正品料使用而计算出来的收入。

“其他收入”中有时会有“利息收入”，是指对各利润巴资金使用时产生的收入。

“其他收入”中有时会有“劳务收入”，是指各利润巴之间人员互相支持，按月内部结算产生的收入。

“其他收入”中有时会有“创新收入”，是指有的公司为鼓励员工在精益改善、小改革等方面的探索而单独设立的科目。这类内容不常有，金额也不大。

3. 支出的核算

变动费用支出和固定费用支出总的来讲都叫作“料、工、费”的支出。这个“料”，在商业里就是“商品成本”。

4. 单位时间附加值（人均小时利润）

经营会计的逻辑，就是：（收入 - 支出）/ 工时 = 单位时间附加值；这里的“单位时间附加值”就是“人均小时利润”。

“人均小时利润”的意义（四个值）如下。

-- 对比与对标、时间与效率、支援与转移、创造与荣誉的人效值；

-- 纵向提升、考核依据；横向相同性质自主经营体贡献度比较值；

-- 自主经营体的目标与计划倒算，以及经营效益提升核算的衡量值；

-- 自主经营体的“会算”“会看”“会干”“会改善”的参考值。

武汉—北京航班效益模拟测算如图 3-22 所示。

武汉—北京（空客320机型）单程

机组 / 盈利	机组一	机组二	机组三	机组四	机组五
单程飞行机组利润（元）	66050	165120	61420	52000	115000
目前实际的“人均小时利润”测算数据	3670/人每小时	5160元/人每小时	3838/人每小时	2800/人每小时	71875/人每小时
考核要求达到的“人均小时利润”指标	5500/人每小时	7500/人每小时	5500/人每小时	4500/人每小时	8000/人每小时

图 3-22　武汉—北京航班效益模拟测算

哪个航班最盈利?

哪个航班贡献最大?

目前人均小时利润有点低，各个机组都有了新的人均小时利润考核指标。按照阿米巴经营“收入最大化、费用最小化”的原理，每个航班如何自我核算，才能达标?

Tips　单位时间附加值（人均小时利润）的使用提醒

很多公司在导入阿米巴经营模式的时候，直接考核各利润巴利润，这很正确，但也考核了单位时间附加值（人均小时利润），就有点仓促或时机不成熟。依照我多年阿米巴项目咨询经

验看，国内很多企业如果能进化到考核“模拟利润”就已经很不错了，一下子进化到考核单位时间附加值（人均小时利润），是会手忙脚乱的。因为单位时间附加值（人均小时利润）既是考利润，又是考效率的指标。

建议企业在导入阿米巴经营模式初期，还是先考核模拟利润。工时管理、人员管理很严谨了，效率管理有序了，技术手段能支持了的时候，阿米巴经营模式应用成熟了，再考核单位时间附加值（人均小时利润）这个指标。

5. 阿米巴经营核算表制表主体

以各一级利润巴或二级利润巴为载体制作阿米巴经营核算表，看哪一级利润巴便于核算，就制作哪一级的，一般以车间一级的利润巴制表即可。

6. 阿米巴经营核算表制表时间

制造业利润巴制表必须是日报表，工业品销售类利润巴可以制作周报表，商业类需要制作各利润巴日报表，项目类可以制作周报表（管理基础好的可以制作日报表）。

至于每个利润巴制表具体时间段，可以按照不同行业、不同企业的核算水平规定。实践中，有的公司能做到下班后提报阿米巴经营核算表，有的则是报前一天的阿米巴经营核算表；不管怎样，越及时提报越容易发现异常，越容易跟踪判断，所以早制表比晚制表好。

八、阿米巴经营核算表日报表与每日经营、每月核算

阿米巴经营模式强调每日核算，所谓的“每日核算”就是每天要算岗

位的账，因为只要公司开业，每天水、电、人工、折旧等费用都会产生，所以要每天算细账；“每日经营”的概念就大一些了，就是每天都要千方百计地提升效益，产出更多业绩，包括利润提升和人均效率提升等。

因为制造业、商业大都是每日报阿米巴经营核算表，所以很多人把每日报表跟每日核算、每日经营混为一谈了。制药行业就不能按照日、周这样的时间轴来报阿米巴经营核算表，制药行业的特点是按照批次投料、批次产出来核算的，是比较特殊的一个行业。

案例

我在辅导某中药企业过程中，发现该企业请过别的咨询公司做过阿米巴项目辅导，但是各个自主经营体产生的利润忽高忽低。为什么？我判断有两个原因：第一个原因是前面请过的辅导老师把每日报表跟每日核算、每日经营混为一谈了，企业里各个利润巴都是每日报表。中药制剂企业的利润巴，今天入库的可能是片剂的感冒药，那入库的感冒药片剂数量乘以单价就是今天的销售收入，可是今天干的活是风湿消炎药，使用的料工费都归到风湿消炎药里了。按照阿米巴一一对应的原则，感冒药的销售“收入”跟风湿消炎药的料工费“支出”对应相减，利润自然不准了。第二个原因是，生产系统水电费折合成人均水电费，然后乘以各个利润巴的人数，这么分摊水电费怎么会相对准确呢？

点评

这两个主要原因导致了该企业各个利润巴的利润不准。后来按照我的辅导，不以日、周等时间轴核算，改为按照“批次”核算，水电费也改成了合理的分摊方法，现在各个利润巴每批次、每月核算出来的利润都非常准确。所以，每日报表跟每日核算、每日经营要理解透，一一对应原则也要理解透。

九、各利润巴报表数据的准确性衡量与监督

由于阿米巴经营核算模式是按照企业内部制定的“规则”来的，有的企业基层 MES 系统没有建立或没有用好，管理再不规范，财务监督、仓库监督都不严格，就会出现数据主管造假或数据随意性太大。

各利润巴运行初期都会有这个问题，很正常，还是要加大公司信息化应用，尤其是“进、产、存、销”最好能实现互联互通。在实现这四个环节互联互通前，要充分发挥各级阿米巴秘书（含基层统计员、核算员）的作用，发挥操盘的阿米巴秘书的作用，发挥财务监督、抽查的审计署的功能。

若报表存在连贯性，每日仔细看，只要有错误数据、失误数据进来，异常就很容易被发现。所以，各级阿米巴秘书的监督和抽查很重要（甚至可以抽查到最原始的水电抄表记录等）。财务要不定期抽查、监督。

制定相关规定，对于初犯、失误，要给予改正的机会，但要及时提醒；对于故意造假或合伙造假，则要加强考核力度，做得好的也要奖励。这些在规定中都要说明白。

十、报表构成、模板及报表五要求

1. 报表构成：主表、附表、数据库

日报表模板如表 3–6 所示。

表 3-6 日报表模板

			月度汇总/万元		1日/元		2日/元		3日/元		4日/元		5日/元
序号	支收	项目	达成	占比	达成	占比	达成	占比	达成	占比	达成	占比	达成
1	收入	1.销售收入	4474.4	81.1%	–	0.0%	–	0.0%	–	0.0%	–	0.0%	3028942
2		2.代加工（成车）	1043.1	18.9%	–	0.0%	–	0.0%	–	0.0%	–	0.0%	–
3		3.废料销售收入	–	0.0%	–	0.0%	–	0.0%	–	0.0%	–	0.0%	–
4		4.辅料退库(机物料)	–	0.0%	–	0.0%	–	0.0%	–	0.0%	–	0.0%	–
5		收入合计	5517.5	100.0%	–	0.0%	–	0.0%	–	0.0%	–	0.0%	3028942
6	支出	5.成套漆件领用	2298.3	41.7%	–	0.0%	–	0.0%	–	0.0%	–	0.0%	1246806
11		10.外购件领用	3082.5	55.9%	–	0.0%	–	0.0%	–	0.0%	–	0.0%	1702163
12		11.随车件领用	29.2	0.5%	–	0.0%	–	0.0%	–	0.0%	–	0.0%	18148
13		12.电费耗用	4.8	0.1%	808	0.0%	1449	0.0%	852	0.0%	1398	0.0%	1514
14		13.直接人工	73.7	1.3%	–	0.0%	–	0.0%	–	0.0%	–	0.0%	38176
15		14.清工费用	–	0.0%	–	0.0%	–	0.0%	–	0.0%	–	0.0%	–
16		15.管理费用	48.8	0.9%	14911	0.0%	14811	0.0%	14561	0.0%	14736	0.0%	15296
17		16.机物料领用	2.9	0.1%	950	0.0%	950	0.0%	950	0.0%	950	0.0%	950
18		17.工具领用	–	0.0%	–	0.0%	–	0.0%	–	0.0%	–	0.0%	–
19		18.维修领用	6.0	0.1%	1952	0.0%	1952	0.0%	1952	0.0%	1952	0.0%	1952
20		19.办公费用	0.3	0.0%	–	0.0%	–	0.0%	–	0.0%	–	0.0%	522
21		20.安环费用	3.7	0.1%	1196	0.0%	1196	0.0%	1196	0.0%	1196	0.0%	1196
23		支出合计	5550.4	100.6%	19817	0.0%	20357	0.0%	19510	0.0%	20231	0.0%	3026723
24	利润	经营结果	-32.9	-0.6%	-19817	0.0%	-20357	0.0%	-19510	0.0%	-20231	0.0%	2219

分析 | 汇总 | Sheet5 | Sheet1 | Sheet2 | Sheet3 | Sheet4 | 1.销售收入 | 2.代加工（成车） | 3.废料销售收入 | 4.辅料退库 | 5.成套漆件领用 | 11.外购件领用 | 10.随车件领用

主表：由收入、支出、经营结果三大部分构成。

附表：主表中的每一个科目都对应着下边的具体科目，在 Excel 报表中，每一个科目打开都是附表。

数据库：原始数据来源，如水电费抄表数据；BOM 清单、采购原辅料等数据、仓储数据、财务数据等支持性数据一般也属于数据库。

2. 报表五要求

（1）界面友好。

- 页面布局：简单，清爽，舒服。
- 页面色彩：一个主色，共三个颜色为宜。
- 收入、支出、经营结果，三大构成清晰。
- 页面数据：进位、逗点 / 百分号，都要处理好。

（2）逻辑合理。

- “主表 + 附表 + 数据库”健全。
- 总分总的关系 / 合并表、单表与合计。
- 定价、齐套、便于财务核对（定价表跟财务科目尽量一致，没有漏项等）。
- 科目设置：可控（业务单元自己可控的科目，不可控的科目可以取消或少设置），便于开源节流。

（3）重点关注。

- 数据来源：有无问题。
- 数据占比：有无异常。
- 影响利润： TOP5 项。
- 经营结果：盈亏 / 大幅波动。

（4）能够调整。

- 设立月度调整日，“32 日”。
- 月末盘点的意义：对应性。

- 必须能自动关联与合计。
- 报表保密：总表与明细 / 照片。

（5）结果分析。

- 当天经营利润如何。
- 盈亏数据有无大的波动。
- 领料、入库、在库、未入库等影响。
- 哪个科目发现或出现问题和异常。
- 马上反应，立即行动，持续改善。

十一、利润巴（自主经营体）的考核要点

跟随稻盛和夫拯救日航，主要负责操刀日航阿米巴的森田之行说：看到与自己有关的数字，便不由自主地去想“尽量将这个数字做得更好”，这是我们人类的一个特性。只是记录某样东西的发展，就会有一种想要去改善提升的潜在意识。如果我们努力的结果不能用数字表示出来，无法衡量的话，也很奇怪，我们通常会认为现状是正确的，而不去思变。

-- 把每一个利润巴的经营实况看清、看透、看系统；

-- 凝聚所有阿米巴及全体员工的力量；

-- 通过“人均小时利润”萌生出刻苦钻研的精神；

-- 用金额来表示目标和成果；

-- 提高时间意识和生产效率；

-- 用单位时间核算表统一运作管理。

对于各个利润巴（自主经营体）的考核，常规是考核其利润，尤其是利润实现与利润指标计划达成的考核。各个利润的阿米巴核算模式其实也是目标反馈系统，按照利润指标计划，每日累计达成多少百分比，实时跟踪，月度考核。

对于各利润巴工作的创新及克服困难千方百计去改善提升的精神，通过努力达到了计划的考核利润指标和人均小时利润指标，更要给予充分鼓励。

服务巴也要由利润巴给予考核，考核方法可以参照案例中相关内容。

第四节

必须做的：日常运营（怎么“运”）

企业现状：说问题解决问题，以会议布置会议，你说你的、我干我的。

破局高方：体系化运营，目标与计划机制，“四会”机制，监督机制。

变革目标：人人都是“孙悟空”，还有“如来”在心中。

具体方法：健全日常运营与监督体系。

具体内容：完善公司级的运营体系（成果—目标—责任—改善—检查），建立现场记分牌，模拟利润反馈与考核系统，目标与计划体系。完善年度经营计划，京瓷目标计划体系分享，会算、会看、会干、会改善，月度业绩质询会与空巴等辅助机制。

一、目的与意义

建立组织，确定核算工具，需要体系化运营。“怎么干”就是体系化运营的基本模块，只有体系化运营才能确保经营效果更好地产生和输出。

二、完善公司级的运营体系

从整个公司运营层面需要建立并完善运营体系。

1.“成果”牵引

“拿利润说话”“拿指标说话”“拿数据说话”都是成果，这些成果就是各级阿米巴巴长、服务巴巴长和公共服务平台各负责人的第一要务。所有的过程活动都是为了达成这些成果。

2.“目标”衡量

通过目标与计划（包括现场记分牌等模拟利润指标）的制定、实施，对每日经营、每月经营进行跟踪、管理，以衡量各巴指标完成进度、问题点。

3.“责任”动力

各级阿米巴巴长的责任就是完成指标，带领团队挑战高目标，在经营授权条件下实现独立核算、自主经营。

4.“改善”提升

改善是成果达成过程中必不可少的动作，各级阿米巴巴长对改善的关注和投入非常重要，公司层面也要强调改善的“四会”动作。

5.“监督”改进

为了保证成果的实现，为了实现阶段性指标，各个巴都会精打细算，开源节流，包括改善的动作。但是，人是有惰性的，没有检查监督的机制就不能保证持续的挑战和改善。

“监督”要形成公共压力，在公共压力下确保“成果”“目标”“责任”“改善”等各项动作真正落地。

“检查”的动作就是“月度质询会”等监督机制和阿米巴条件下的绩效管理机制。

三、建立目标计划体系模块

1. 建立现场比赛的“计分牌”（模拟利润反馈与考核系统）

传统管理模式下，财务无法深度触及车间和销售区域；按照会计核算的相关准则，既不能算出每个小业务单元（包括车间和销售区域）的利润，又不能每天给各个小业务单元出具利润报表。所以，现场缺乏“记分牌”。

要想让现场能明确核算结果和贡献值，就得像打乒乓球一样，在现场建立“记分牌”。

阿米巴经营模式实际是给各业务单元建立一套“模拟利润反馈与考核系统”，这个模拟的利润系统就是现场的“记分牌”。只不过这个记分牌用“利润”作主要突破点，用利润来带动。

要想实现利润指标，必须把传统做法中主要考虑的“数量”做得更多；必须把传统做法中主要关注的“成品率”做得更高；必须把传统做法中都关注的“质量”提升更高；必须把传统做法中影响利润的“成本”降到更低；必须把传统做法中的“磨洋工”切换成“效率持续提升”；必须把好好干活的、不好好干活的人给予不同激励；必须控制主辅料和能源的消耗，把批次单耗降下来；必须加强设备自主保全保养，提升机器的开动率；必须改变过去不关注的毛病，每日跟踪指标进度；必须……

这套基于阿米巴核算的“模拟利润反馈与考核系统”具有如下作用。

各业务单元（自主经营体）自己赚不赚钱的“账本”，终于搞明白了；自己到底能赚多少钱的“家底”弄清楚了；每日就抓住一个利润指标实现的主线，其他该干什么、该怎么干，大家也都清楚了；从以前只知道干的数量，到现在知道干的价值；围绕利润实现这条主线的各项操作、动作也更清晰。

某车间现场的“计分牌”如图 3-23 所示。

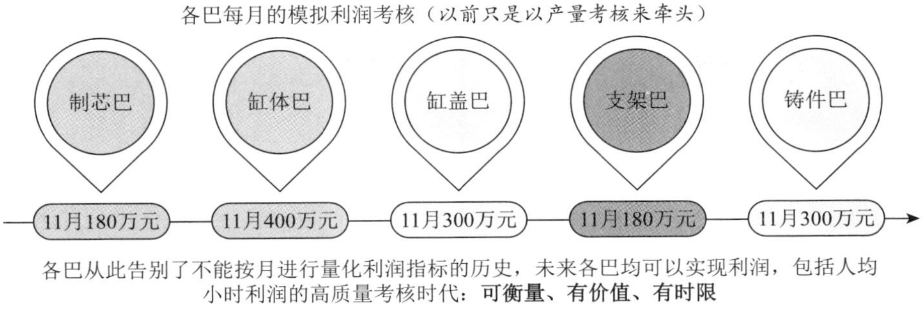

图 3-23 某车间现场的“记分牌”

注意：各个利润巴的模拟利润考核跟年度财务角度确定的利润目标不是一套系统，只要各个利润巴实现模拟利润，财务利润指标也一定会达成，各个利润巴的模拟利润实现会比财务角度的利润实现早 1 ～ 2 个月。因为阿米巴与财务核算“收入”的口径不同，但各个利润巴应用阿米巴经营核算这个工具才实现了利润可计算，不用这个核算方式，各个业务单元就不能称为利润巴，只是原来的成本中心，利润只能从公司角度实现，很难深化到各个具体的业务单元，全员驱动利润的实现不好衡量、不好深入，基层缺乏抓手。应用阿米巴经营模式后，基层模拟利润考核就可以实现。

原中国一汽集团董事长徐留平在 2019 年度一汽集团总结大会上讲到，以前对各个法人单位考核很多经营指标，现在就考核“利润”和“利润率”！徐留平董事长看到了对下属各个法人经营主体，只要抓住“利润”这个“牛鼻子”，其他指标就会跟进，不然利润何谈实现?

这套基于阿米巴核算的“模拟利润反馈与考核系统”，就是要建立一套“记分牌”系统。

-- 各个利润巴的月度、年度考核指标体系；

-- 各个利润巴指标日常阿米巴经营核算报表系统，每日透过报表抓经营；

-- 对于巴长、巴内成员的奖金部分必须来源于利润目标的实现；

-- 每月基于利润目标（有的公司加入了产销量目标）的月度巴长业绩质询会；

-- 每日早会、每周指标进度分析恳谈会。

“记分牌”系统的内部定价、模拟销售、对主辅料的算计，实际是前端跟客户市场搭上了线，后端跟供应商市场搭上了线，只是内部核算自己完成，以模拟利润为抓手看清了每个利润巴（自主经营体）的价值贡献。这就是把价值链两端跟利润巴内部核算串联在一起，搭成了一条连接“现场”跟“市场”的经营线。

Tips 如何测算各自主经营体模拟利润（现场记分牌）

下月模拟利润可以用上半年平均利润率乘以生产计划部门下达的生产计划产值（生产计划数 × 销售价格）作为测算依据；或用上月利润率推算本月，方法同上。

2. 建立整体的目标与计划体系

（1）稻盛和夫说：目标是刻在石头上的，计划是写在沙滩上的。

目标是经营者意志力的体现，要千方百计达成，而“写在沙滩上的计划”要随着环境条件的变化而调整，这个调整不是为了降低目标值，而是为了努力确保目标值的实现。所以，制定目标时，如果只是寻求诸如目标高低或计划编制顺序等肤浅问题，就不能称其为经营目标。

高层领导的任务就是让员工朝着自己所勾勒出的目标而努力。要打造这样的氛围和机制。目标与计划体系的制定，首先是自上而下的力量，再从全员参与的角度自下而上。但决定整体大目标的一定是自上而下。真正实现“自上而下”和“自下而上”的融合才是理想的，但一定是先上再下。

只有努力活在当下，才能看到明天的希望。如果忽视每天的经营状况，那么就无法实现既定的目标。有的公司处于发展的初期，如果目标与计划系统不完善，那也要有个大体的目标计划，并且要做好每一天。

京瓷的目标与计划是一套非常完备的年、月、日紧密关联的系统。稻盛和夫非常务实，他不做远的长期规划，只做 3 年以内的经营计划。

（2）京瓷目标与计划系统的演变也是有过程的。

1）部门独立核算的沿革。

--1959 年 4 月，京都陶瓷株式会社成立，财务进行成本管理（1959 年家电业兴起，变化快，需要每日反映经营状况）。

--1965 年 4 月，制造部门开始实施单位时间核算制度（阿米巴初期，最早是从制造部门开始的）。

--1970—1980 年间，销售、管理等部门，乃至全公司开展阿米巴方式核算。

-- 企业不断成长，阿米巴核算制度中加入年度的经营计划。

2）经营方针发表会。

--1967 年 1 月，稻盛和夫正式出任社长，1968 年起发表经营方针（1967 年稻盛和夫正式出任社长，变化巨大。1959 年至 1967 年，宫木电机社长兼任京瓷社长，各个部门仅仅知道自己的年度计划。1967 年后全公司公开）。

--1970 年 1 月，第一次以具体数字的形式公开全公司销售额与单位时间附加值。

--1972 年，以本部、事业部为单位，用具体的数字公开发表经营方针（1972 年各本部、事业部才开始做经营方针并开始做年度经营计划）。

3）年度经营计划、中期事业计划。

--1972 年，依据经营方针，制定各部门年度计划（京瓷内部简称 MP）的方案（自上而下、自下而上）。

--1991 年，京瓷首次公布中期经营计划（京瓷内部简称 RMP，早期是指 5 年的目标与计划）。

--1999 年，京瓷开始 3 年滚动计划。

--2013 年，正式把 RMP 更名为“中期事业计划”。

（3）完善的年度目标计划。

整个公司必须建立完善的，年度、月度一体的年度经营计划。这一点基本不用讨论，剩下的就是如何建立年度计划的问题。

3. 年度经营计划制定的要点及体会

我在 3 年前曾参加藤井敏辉（原京瓷经营管理部负责人，京瓷阿米巴对外主要推手之一）先生的一次关于年度计划和中期计划的学习交流会，很受启发。关于年度计划和中期计划的制定，我做了很多笔记，以下分享给大家。

年度计划（MP）和中期计划（RMP）的制定与应用在京瓷发展历史上功不可没。京瓷目标与计划管理流程如图 3–24 所示。

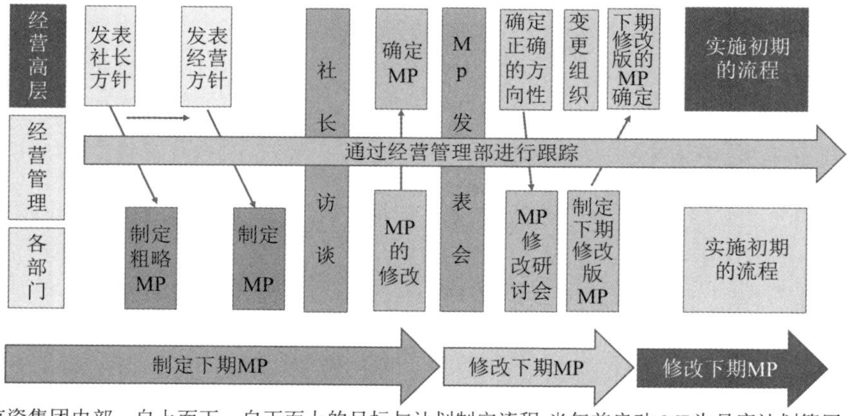

图 3–24　京瓷目标与计划管理流程

学习要点：制定计划的过程，就是思维方式传递给下属的过程。

在京瓷，各级巴长都应该是上级领导的“分身”（经营分身），制定目标计划不仅仅是目标分解，更是思维分身。

年度经营计划，体现了每一个员工在一年里具体目标的经营数字，这就孕育着希望，同时也体现了挑战，这不是业绩指标的数字，而是“决心的数字”。

学习要点：京瓷第一次年度计划（MP）是怎么做的？

自上而下、自下而上反复沟通。提前 6 个月公司提出总体目标，各个利润巴做出各自的月度预定，就是概略的 MP，再组织消化，与利润巴运行联动，上下反复讨论形成准确的目标计划（见图 3-25）。

	巴长认为	领导认为	讨论后最终确定
A 产品线指标	90	80	90
B 产品线指标	10	20	10

年度计划指标100以上

图 3-25　上下反复讨论形成准确的目标计划

自上而下与自下而上的融合结果，形成的数字是可承诺的，后期执行是严格追究的。每月阿米巴巴长业绩质询会上，不仅对各个巴长月度指标完成进行追究，年度计划的对接和累计完成的进度也是追究重点。为什么要追究？因为承诺过了！

这时候就需要发挥领导的作用了。各级部门、各个利润巴找借口的不会少，但与年度目标的差距是必须填平的，要形成公共压力。在稻盛和夫眼里，月度指标、年度指标与 3 年中期计划指标联动是常态化的，而不是走形式，必须强调联动。

学习要点：目标与计划的保障。

日常保障，要靠经营管理部（大公司设置）和中小公司设置的阿米巴体系保障。公司级的专职阿米巴秘书担负目标与计划跟踪的责任。阿米巴经营模式导入是否成功取决于领导意志，而日常运行需要阿米巴秘书来维护和常态化地推动。阿米巴经营模式导入后，若没人管、没部门管，就变成“散养”了。

部门保障，要靠各级利润巴巴长。公司从薪酬体系角度进行政策性处理，奖金要与巴内月度指标挂钩，巴长的收入也要与指标挂钩。

机制保障，要靠月度巴长业绩质询会、早会、恳谈会、空巴会、薪酬与绩效关联等日常监督、沟通、告知、探讨，形成公共压力和公关推动。

学习要点：“稻盛魔术”说明什么？

稻盛和夫在京瓷发展历史上起到了至关重要的作用。世界家电事业大发展的时候，京瓷曾实现指标一年翻 5 翻的奇迹，被称为“稻盛魔术”。虽然家电业大发展，但是依然有很多人想办法要求调低指标。所以，稻盛和夫强调：只有做好当下，每天努力，紧盯目标，年度数字不是简单的叠加和推算，而是各级经营者意志的体现！比如，执行年度计划时，会出现以下情况。

月度计划虽然已经以年度计划为中心线，但月度实际运行过程中，出现落后于年度计划的情况，怎么整改？尽管会有人找借口，但是必须千方百计地追赶。稻盛和夫认为：利润巴从月到年的目标计划，是巴长决心的体现。我是信任你的，把这个部门交给你了，你实际操作与目标计划形成了这样的差距，你当时是承诺过的，你告诉我，为什么做不到？所以，京瓷巴长月度业绩质询会上要讲的是指标差怎样追赶，怎么干才能赶回来，不讨论任何借口！

京瓷也出现过迎合上级领导的事。某些利润巴巴长意志力不够，后续怎么成长？这样的干部就不是重点培养的干部了。

偶尔还会出现某些利润巴被合并和取消的情况，但是指标不能取消，经由上级领导协调，指标要转移分配给其他的利润巴，原则上总体计划不能减。

学习要点：为什么需要坚强的意志去实现目标计划？

京瓷的经营理念就是追求员工物质与精神的幸福。如果企业不增长，拿什么来保证员工的幸福呢？这是源自经营理念的行动的贯彻。

某四季（Q1~Q4）目标如图 3-26 所示。一季度指标完成得还可以，二、三季度下滑，一般情况下大家都认为是外部环境造成的。但是在京瓷没有人敢这样说，也没有人敢这样做计划，不管怎么样，计划就是不能有赤字，尤其是利润指标。这是士气的问题，赤字是无法激起大家努力工作意愿的，经营需要“势头”，为鼓舞士气、实现梦想而制订计划，这就是事业发展的推动力。

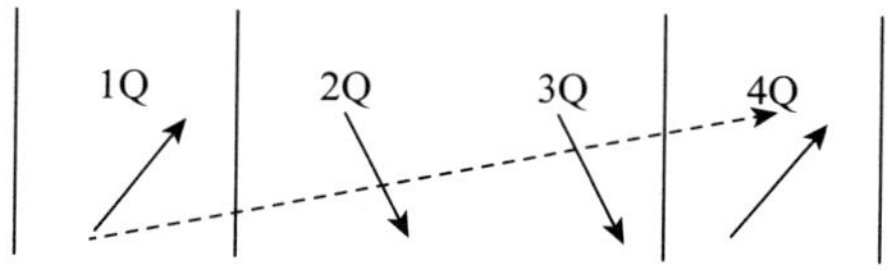

图 3-26 某四季（Q1~Q4）目标

对于新事业，可以出现亏损，但在年度目标计划中，要明确什么时间段能够扭亏为盈。在京瓷，如果新事业三年不盈利就会被砍掉，太阳能事业除外。

四、保障机制模块

（1）建立一套各利润巴月度的“模拟利润反馈与考核系统”。

从公司整体角度，实际也是预算角度来制订年度经营计划，这是必需的，这种预算一般只能做到厂级（有的公司下设厂或大车间）、公司级（大集团下）、营销部门。

生产系统的车间和销售系统的区域，也就是一级巴、二级巴从财务角度是没法给予具体利润指标的，这时就要应用阿米巴基于收支的核算方法，给各个一级巴或二级巴（至于一级巴还是二级巴，看哪一级便于核算）模拟利润指标。

1）模拟利润指标的制订依据是财务角度的年度经营计划；这类指标一般制订 1 ～ 2 个月的即可，由整体操盘的阿米巴秘书协调制订。制订这些小巴的模拟利润指标，就是为了助力年度经营计划中确定的指标的实现。

2）各利润巴每日出具阿米巴经营核算表，看每日模拟利润实现的情况，并以实现的模拟利润为主线，看本巴运行中的问题、改善点、员工们的努力程度。

3）每个月对模拟利润指标进行考核，薪酬与一、二级利润巴的考核挂钩，一、二级利润巴的员工奖金跟模拟利润指标的完成挂钩；巴长的考核跟财务指标，也就是年度经营计划的月度指标挂钩。

4）每个月集中进行各个利润巴的阿米巴业绩发表会，由巴长对本巴业绩进行汇报：财务角度（年度经营计划角度）指标，尤其是利润指标完成情况；模拟利润指标本巴完成情况。

5）薪酬兑现。

（2）阿米巴运营体系的作用。

建立由公司或工厂的阿米巴经营秘书长和阿米巴秘书牵头（**大公司经营管理部或财务部牵头**），各车间、营销利润巴的大巴长、兼职阿米巴秘书组成的阿米巴运行系统，从每日报表、各利润巴改善、月度汇报、考核监督等角度确保各个利润巴模拟利润的达成。某厂阿米巴运营体系如图3–27所示。

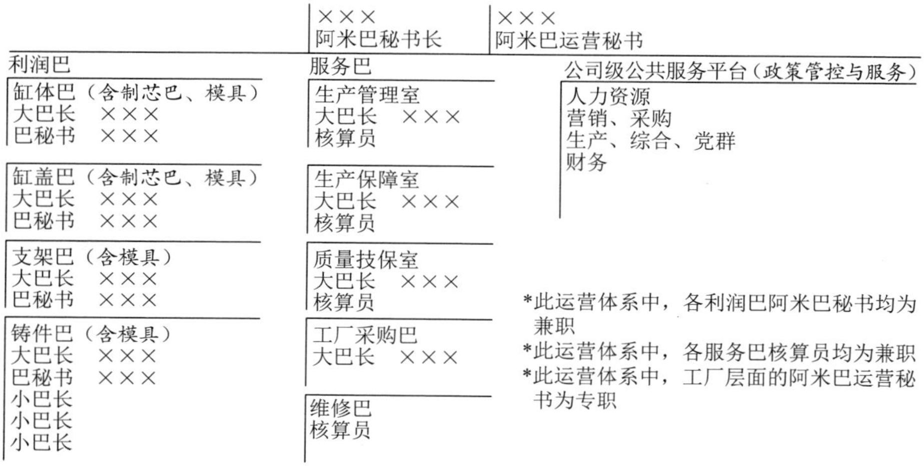

图3–27 某厂阿米巴运营体系

（3）发挥服务巴的作用。

服务巴在各个利润巴的利润实现中作用巨大，整个阿米巴运营体系离不开服务巴的支持。

服务巴应该确定其业务职能，这无须赘述。服务巴在对利润巴服务的工作中，应该对其组织与活动进行描述。

以下是某铸造公司生产管理巴作为服务巴的日常组织与活动的描述。

阿米巴日常工作

-- 与各利润巴核对铝液用量，保证原材料不出现失误；

-- 统计各产品从浇筑到入库的生产数量，向各利润巴提供准确的生产数据；

-- 每日下午 4 点后将生产费用，包括 5 吨、3 吨叉车，牵引车等费用提供给各个利润巴；

-- 每月统计一次外委加工费并发给各个利润巴。

1）月经营会：将实际费用与指标一一核对，分析原因，设定下月必达目标；

2）早会宣讲：班组成员轮流宣读生产管理巴服务理念，谈自己的感受；

3）晚会总结：核算每天经营情况，针对每天的物资或费用进行简单分析，总结改善的想法，讨论哪些可以节省，哪些将会消耗更多；

4）成果分享会：每日经营，每日分享昨天的改善所节约的或浪费的费用金额。

（4）阿米巴巴长月度业绩质询会。

1）阿米巴月度质询会的目的。

彻底贯彻公司的经营政策（经营方针/经营计划/各利润模拟利润达成）。在经营会议中，清晰明确地传达经营者的经营政策是很重要的。公司各级经营者将在经营会议中针对阿米巴巴长的发言提问或进行指导，在这个过程中可以向他们传达经营理念和经营方针。通过每月的反复循环来彻底贯彻经营者的经营政策、计划、指标达成情况。

① 对经营数据加深理解、研究和学习提高核算的方法。

为了在会议上发表，对阿米巴经营核算表里的内容理解是必不可少的，所以阿米巴巴长自然会加深对经营数据的理解。另外，在听取经营者对其他部门的意见和建议时，可以从中学到提高核算效益的方法和思路。

② 各利润巴的巴长应该明确本部门的目标/指标，并阐述反省的内容及新的目标。各利润巴要将本部门的目标转化为单位时间核算的计划值并在会议上发表，在这个过程中学会“经营即意志”；设定单位时间核算等各种相关数字并明确达成这些目标需要解决的具体课题；作为负责人对制订的目标的达成情况进行分析，在充分反省的同时，还要发表自己及本部门未来的发展蓝图。

各级利润巴巴长、服务巴巴长在经营方针的指导下取得出色的工作成绩，取决于全体员工的齐心协力。通过在阿米巴月度质询会中的发表和答疑，以此实现公司整体目标的共享。

③ 培养具有经营意识的潜在利润巴巴长、服务巴巴长（未来骨干人才）。

各巴巴长在会议上听取经营者对其他部门的意见和建议时，可以直接学习经营的见解和想法。负责人通过理解阿米巴月度质询会上所学到的内容，在反复学习和实践的过程中加深对经营的理解，以达到培养具有经营意识的人才的目的。

2）月度质询会的进行方法。

① 开会时间。

月度质询会在各利润巴汇总的上月阿米巴经营核算表确定以后召开。因为在会议上将讨论上月的实绩达成和当月的预定，所以要尽可能在每月的月初召开，才会具有更好的效果。

② 出席人员。

以董事长为首的经营干部，各级利润巴巴长、服务巴巴长，各级阿米巴秘书。

③ 会议资料。

用利润平衡报告和阿米巴经营核算表召开会议。另外，如果准备图表等辅助资料的话，会更加易懂，也能得到更加合适的建议。

④ 发表要领。

发表原则："三不二必"，即"不讨论借口""不推诿责任""不讲问题""必须汇报指标差距""必须做出弥补指标差距的措施承诺"。

会议开始，专职阿米巴秘书做两件事：各个利润巴整体指标完成情况及服务巴服务情况通报，以及与财务共同完成利润平衡报告汇报。

各利润巴巴长依次发表。巴长要把年度经营计划的指标完成情况和各利润巴模拟利润完成情况作汇报；发表各巴模拟利润的时候，根据核算管理的循环步骤，简明扼要地发表"月初设定的指标达成了多少，下个月的计划指标是多少，如何制定的，怎么带领大家去完成”。

⑤ 质询环节。

利润巴巴长发表时，各级领导，利润巴、服务巴其他经营干部，各级阿米巴秘书都可以针对性地提出质疑，该利润巴巴长需要现场给出合理回答。若巴长答不上来，需要请其副巴长或主要助手上台协助回答。

通过业绩质询，可以提高和活跃部门之间的联系，暴露隐藏的问题，增强利润巴与服务巴的关联度。

⑥ 董事长（总经理）点评。

月度巴长业绩质询会结束时，请董事长（总经理）总结、点评。

⑦ 参加会议新的体会。

清楚认识到阿米巴巴长月度业绩质询会是经营者和各利润巴巴长、服务巴巴长共同讨论如何经营好公司的会议；

将各部门努力的成果向经营者和大家汇报后，以便上级领导今后进一步决策，以及各利润巴、服务巴之间更好配合与监督；

在会议上，除了本部门发表以外，听取其他部门的发表并积极提问，非常有助于业务学习，要抱着谦虚的学习心态参加会议。

3）月度质询会发表要点。

① 会前准备。

出席会议之前，必须做好如下准备。

阿米巴经营核算表中营业收入、费用支出各项、公司效率、人均小时利润之间逻辑关系和存在的问题等必须充分研究透、搞清楚。

-- 营业收入、费用、工时效率、结算收益、人均小时利润的达成、分析。

-- 完成计划的状况和未达成的直接原因，采取了哪些对策。

-- 特别检查计划和实际指标达成差异大的科目：占总费用比例较大的科目、计划和实际达成差异较大的科目、和过去比费用突增的科目。对于销售类利润巴，重点看费用占销售额的比重；对于生产利润巴，重点看费用占总生产的比重。

—— 产生费用和计划指标差异的原因有如下几种，在明确究竟属于哪种原因的前提下，反省过去和考虑今后的对策。

a. 对科目的内容理解不够充分，在制订计划的时候暂时填入了还算过得去的数字。

b. 未仔细制订下个月的计划指标，搬用了年度经营计划的数字。

c. 在制订计划时估计不够充分。

d. 在制订计划时，虽然估计到了，但是搜集到的信息却不够精确。

② 模拟的经营利润。

模拟的经营利润是指各利润巴在经营活动中创造的经济附加值，即使营业收入达到了预定的计划，如果最后的经营利润没有完成计划值的话，那么经营状态也不能评定为优秀。

经营利润比 = 经营利润 / 营业收入 ×100%

各利润巴巴长要多关注这个指标，可以提前多算一算。

③ 工时、效率及人员。

对于标准工时、加班时间、内部转移支援的时间计算，要看其增减的原因，所用工时过多而导致单位时间核算低迷的话，通过“经营利润 ÷ 总工时”算出的人均小时利润完全可以看出是效率出了问题还是人员不够精简。

4）回顾上月业绩质询会会议纪要。

① 检查上一次会议的会议纪要，确认问题点、探讨的课题、对策落实，尤其是利润巴巴长和服务巴巴长的承诺兑现情况；

② 要带着上个月的会议纪要参会。

5）当天的汇报。

① 各类公司汇报时间不一定一样，我建议 15 分钟左右，质询时间也可以设定为 15 分钟；

② 第一个汇报的巴长一般接受质询的时间最长。实践证明，不要提前公布发表顺序，每次调整不同顺序，不然不公平。

6）关于服务巴的汇报。

服务巴费用说明及服务巴服务于利润巴的特别事项说明。

① 服务巴改善工作的措施（可以是服务巴自己提出的项目，也可以是利润巴针对性提出的项目）；

② 帮助利润巴实现利润指标的直接、间接措施。如数据提供的准确性、及时性，维修响应情况、服务态度，接收到利润巴投诉情况等；

③ 服务巴自身效率提升、能力提升、专项任务的执行等情况。

7）阿米巴晨会（晚会）。

阿米巴晨会（晚会）主要实施对象是生产利润巴或销售利润巴：早上交接班时，各利润巴巴长以讲话的形式做简短总结。具体内容跟以前早晚会的区别是增加了**“文化”内容**，以及通报本班、本期或上一班、上期（看每个公司阿米巴核算表出表速度而定）的**经营数据通报**，指标差距是什么，有什么问题，采取什么跟进措施等。

早晚会其他内容与以往基本相同，要做好相应记录，切记增加上述两大要点内容。

8）阿米巴恳谈会（成果分析会）。

第一，通过联络情感达到敞开心扉、各抒己见的目的。

各级阿米巴巴长要针对本巴内经营指标进度情况，尤其是突出问题召开阿米巴恳谈会，建议形成机制性固定会议，各利润巴巴长每周最好开一次。各级利润巴巴长跟巴内成员交流谈心，针对问题各抒已见，群策群力。

第二，通过阿米巴秘书通报周经营数据，提醒本巴员工关注改善的重点，比如哪里“跑冒滴漏”，哪里可以小改小革，哪个人情绪有点不对头，本周利润指标得抓紧奋起直追等。

9）阿米巴实战竞赛。

公司或事业部层面，或生产、营销层面都可以定期举行。让各个利润巴、服务巴讲解数据，发表个人见解，如怎么提升单产，怎么搞定客户等。这是一个基层表现的舞台。

可以邀请领导参加，采取打分制，前三名给予适当奖励，后三名给予鼓励及指导。总之，通过这样的小竞赛不断提升大家对阿米巴核算的参与程度。

10）空巴。

① 什么是“空巴”？

“空巴”，就是伙伴酒会的意思，英文的“company”既有公司的意思，又有伙伴的意思，京瓷经常举办阿米巴分享酒会，久而久之，就把这种伙伴酒会演绎成了“空巴”的叫法。

稻盛和夫认为，在公司大家都是以“公对公”的正式交流为主，囿于岗位、职务等级，以及基本的工作礼仪，人和人之间交流一定会有所保留，会有缝隙，尤其是召开了严肃的会议（**比如阿米巴巴长月度业绩质询会**）后，同事和同事之间、上下级之间一定会有生疏的成分，一定会有很多话没说透。因此，稻盛和夫结合日本的酒文化，加以改造，改造成集经营、感情、沟通、聚会等公私融合为一体的一种集体活动。

据说，“空巴”酒会在主持人按照流程操作下，一般是喝到七成开始交流，非常有意思。京瓷是世界特种陶瓷领域顶级供应商的领导者，曾打败美国通用公司，也打败过荷兰飞利浦。京瓷在日本也被誉为管理最严格，但最有“人情味”的公司。位于京都的京瓷总部大楼，有一层都是“居酒屋”，是各个阿米巴部门开“空巴”酒会的地方，据说，这些居酒屋必须提前一周订位。

“空巴”这么好？那我们看看都是怎么做的呢？

②“空巴”的目的和意义。

所谓“空巴”就是老板、股东、高管和员工之间坦诚交流的场所，同时也是让员工理解公司思想、整体状况的重要场所；

“空巴”是在同一家企业内共事的全体成员构筑良好人际关系、共同考虑公司发展、考虑大家如何获得幸福的地方。

③“空巴”的重要性。

“空巴”是产生巨大能量源泉的地方，是凝聚组织、抓住人心的地方；

“空巴”是公司经营文化持续渗透的场所。

④ 开好“空巴”的六个秘密。

第一，全员参加是第一原则。

全员参加，就是所有利润巴、服务巴，各级阿米巴秘书，以及其他经营干部都参加，原则上不许请假。稻盛和夫说："现在把你们集合起来，并不是叫你们来玩耍，更重要的是让你们一起来感受这个气氛。"稻盛和夫还说："'空巴'不是玩耍，而是在同一家公司共事的全体成员构筑良好人际关系、共同考虑公司发展、考虑大家如何获得幸福的地方。"

"空巴"是经营者意志的体现，各级负责人必须具备"无论如何都要让全体成员在一起相互交流"的执着精神。有人缺席，就是缺乏这种执着精神。

第一次导入"空巴"，必须明白"空巴"的目的和意义，后续反复渗透。"在任何'空巴'上，各级巴长都应该推心置腹地讲述自己的想法，与员工们认认真真地、面对面地讨论应该这样或应该那样。这样坚持下去，就能培养出以认真讨论为乐的氛围。只要形成这样的'空巴'文化，全员参加自然变得理所当然了。"稻盛和夫曾这样解释。

第二，"空巴"主题（每次聚焦一个主题）。

切记："空巴"不是以往单纯的与会，"空巴"需要确定"**主题 + 主持人**（流程推进）"。日常会议与"空巴"区别如表 3-7 所示。

表 3-7 日常会议与"空巴"区别

科目	日常会议	空巴
基调	理性	感性
讨论方式	直线推进	一次一个主题，不跑偏； 形散神不散
现场气氛	严肃	活泼有序

反复深挖主题（每次"空巴"制订一个主题，切忌无主题"空巴"）。

主题示例如下。

- 动员大会、誓师大会、月度巴长业绩质询会后配套"空巴"活动。
- 庆祝利润指标达成、反省、讨论利润如何提升。

第三，确定时间安排与座次表。

时间：根据企业实际情况，一般 1 小时以上。

主持人领酒（期间可以设置些游戏），不许自斟自饮，40 分钟；

自由发挥，敬酒、交流、发红包等 30 分钟；

巴长发言，每人 5 分钟左右。

时间控制目的：酒喝到七成以内，主持人观察到每一个人的状态。

座位：设计好可以提升“空巴”酒会的品质。

尽量拆散部门，或拆散平时常在一起的人。

“战略性设计”，尽量让某些人在一起。

注意：心存利他，“规定动作”期间不得自斟自饮。

在“空巴”酒会中践行利他之心，就能增强伙伴意识，在“空巴”酒会上无法照顾别人的人，也无法用利他之心工作。

第四，描述愿景梦想。

“只有真正的‘空巴’才能让伟大的梦想潜移默化地渗入员工心中，这是白天的会议和普通酒会无法企及的。正因为亲口宣布了自己的梦想，整个组织才充满了实现梦想的能量。”稻盛和夫认为，在“空巴”酒会上讲述梦想最能令人切身体会其真正价值，也最能激起大家对未来的憧憬和热情。

第五，用通俗的语言总结。

把“空巴”中领悟到的、学到的总结成自己易理解和记忆的内容；

整理自己的思路，用自己的语言表达；

制订自己的行动计划；

把当事人的意识提升到最高限度，获得成长原动力；

训练大家逐步学会发挥自己的自主性。

第六，“空巴”可以多种形式呈现。

“空巴”只是一个黏合剂，只是一个加强感情、促进工作融通推进的方法，不用特别拘泥。人多人少、会不会喝酒都可以灵活运用，只要本着不喝多，还能促进交流，解决一些想解决的问题，形式可以适当灵活。

“空巴”酒会流程与内容如表 3-8 所示。

表 3-8 “空巴”酒会流程与内容

确定主持人	熟悉公司的人，熟悉业务更好
	风趣幽默，有号召力最好
	前40分钟，不允许自斟自饮和互相敬酒，主持人带领大家喝酒
	前40分钟，可以加入游戏环节
参加人数	8人以上，建议分桌
	原则上不允许请假，尤其巴长
	40分钟以后，可以自由发挥
举行场地	公司内部（会议室、食堂等）
	公司外部（饭店、酒家、咖啡厅等）
	外部集训地（学校、酒店、培训中心、旅店等）
讨论方式	一起讨论/分组讨论
	登台发言
	经营回答：参加者向公司领导提问
人员构成	本部门
	交叉部门（老乡会、各级管理者、同类/同级巴长、产销对接人群等）
费用承担	AA制
	公司报销
	分摊、报销、领导请客等灵活方式

五、改善体系模块

1. 建立发现异常就迅速整改的利润巴运行体系

无论是制造业的非标、标准产品生产型公司，还是商业（综合体、各种 mall、商超等）、工程建筑、其他社会服务业公司，只要各个利润巴的周期性阿米巴经营报表出来，其“收入项”、变动及固定费用“支出项”、“人效”等指标都会有一定规律，像稻盛和夫说的一样，每日盯着“核算表”看，只要你是连续动作，稍微异常就一定能发现问题。

从下面的盈亏平衡价格波动图（见图 3-28）异常，你能联想到出了什么问题?

如果动态地看这个图，每天只要输入数据，就自动看得出来异常。高于当月平均价格的立马显现，马上找问题，肯定是当班生产有问题了，质量？产量？机器？入库？成品率……一查马上发现！

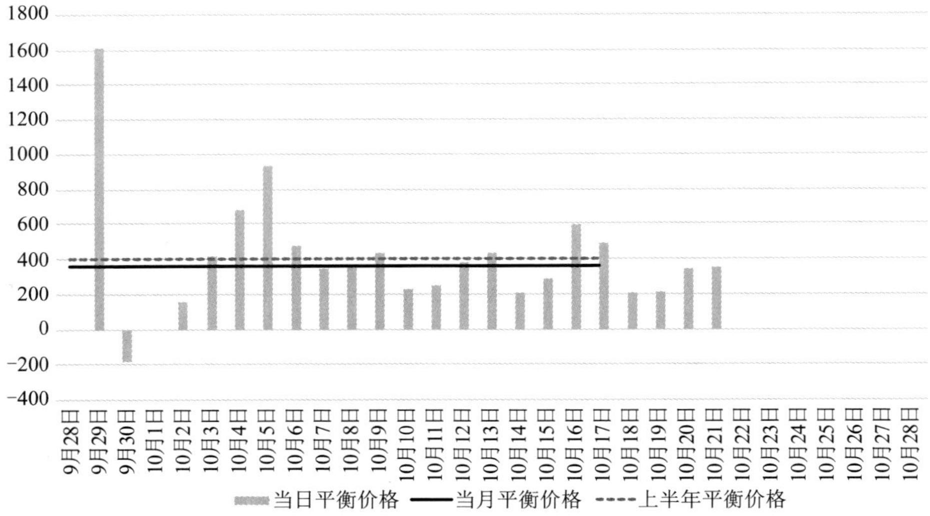

图 3-28 盈亏异常波动图

“甲一巴”核算日报表如图 3-29 所示。

项 目	甲一巴		
	规格	支数	备注
2.加工成本（不含受托加工材料费）	30261.41		
2.1公司外部成本	26324.96	27017.57	86.99%
2.1.1附件支出	345.14	345.14	1.14%
2.1.2水费	36.78	32.91	0.12%
2.1.3电费	1682.13	1287.66	5.56%
2.1.4辅料	523.72	523.72	1.73%
2.1.5蒸汽	372.16	713.61	1.23%
2.1.6白色母	207.83	252.49	0.69%
2.1.7红色母	36.45	51.13	0.12%

汇总(4) 汇总(5) 汇总(6) 汇总(7) 汇总(8) 汇总(9) 汇总(10) 汇总(11) 汇总(12) 汇总(13) 汇总(14) 汇总

图 3-29 “甲一巴”核算日报表

从这个“甲一巴”核算日报表上可以看出，电费占比 5.56%，这比平时高很多，一定是哪个地方出现了异常，造成电费异常高。

其实，不论哪个行业，如果每天认真看阿米巴经营核算表，很容易发现异常。日常跟踪监督的任务交给所在利润巴的阿米巴秘书，该利润巴的大巴长也要养成每天看阿米巴经营核算表的习惯。

Tips1 这是我以前写的一篇自媒体文章，与大家共享

稻盛观点丨 每天盯着核算日报表看

原创 关彬（稻盛哲学实践者）

稻盛和夫说：经营企业若要成功，管理者无法像个隐居的大师，从高处俯视世间，偶尔吐出一两句警世之语。反之，经营者要把管理当成每天例行事务的累积。

不管你是经营大企业，还是开一家小店，都要把这件事看作日积月累的数字。如果不能定期分析支出或销售量，就不算是经营。

然而，只看每个月的收入报表并不够。每个月的利润是每一天一点一滴累积下来的，因此要把阿米巴每日核算表当作每天必做的功课，并依据这项资料来经营企业。

不看每天的营收和支出数字，犹如不看仪表盘开飞机，不仅会失去方向，还找不到着陆点。经营企业也一样，如果你不注意每天的情形就无法达到目标。“收入统计表就好像一张肖像画，我们可以从中看到经营人的举止和表现。”

Tips2 某位企业家的分享

我们谈论了经营企业必须要有利润！所谓企业利润并非唾手可得，而是必须要透过时时刻刻的努力，加上更用心才有办法。

利润会让我们想到“企业经营数字”，这就必须要来谈论管理；因此，我们必须开始涉及“数字的经营”，应该了解企业的几个数字目标。

这些数字中，最容易得到的就是各个阿米巴的经营核算日报表。我们每一位企业领导人必须要了解它，必须随时清楚自己企业的状况！

如果平时只看月报表，仅仅可以知道自己企业每个月的“体质”状况：哪边需要加强？是亏本了？是费用太高？是支出太多？是成本太高？如果按照月这个时间轴去调整并追赶目标就有点晚。

而且每一个企业领导必须要犹如驾驶飞机的机长，随时掌控驾驶舱仪表盘上的显示数字，随时知道每个数字代表的意义，充分了解目前企业经营的状况，知道该如何作修正、如何作改进，继续前行。

每个企业领导必须非常清楚经营核算日报表。每一个数字都代表一个经营项目，代表着不同部门的状况。所以我们常常听到这样一句话：“一个企业领导如果不懂会计，就没办法经营企业。”每一位企业领导必须强迫自己去学习会计知识。我们既然要经营企业，就必须实际去操作。

如果我们没有办法判读每一个数字，那么就没有办法充分地掌握企业目前进行的方向是否正确，以及目前的体制是否正常，包括员工和所有合作伙伴的收入是不是合理，企业是不是亏损，这些都从每日及每月的经营核算报表上充分地显现。

2. 各利润巴日常运营的目标：会算、会看、会干、会改善

（1）会算。

“会算”就是要求所有利润巴骨干熟悉阿米巴经营模式，会用“收支”简单地算岗位小账、细账。这个要求并不高，阿米巴核算的方式素有“小学生都会算的账”之称。

“会算”并不难，难在“**大家愿不愿意算这个账**”，这是重点！

（2）会看。

“会看”就是能看出来报表的问题。这个技能需要时间训练，需要

大家对本巴阿米巴经营核算表慢慢熟悉，了解其中的科目及科目之间的关系，其中“收－支＝利润”的逻辑必须掌握，包括“收”有哪些跟自己岗位相关，“支”有哪些跟自己岗位相关，怎么开源节流、提升利润等，习惯成自然，关键在于养成。

（3）会干。

“会干”首先是会按照标准操作流程干。盲目干，造成物料损失不说，返工、水电、废品等损失对自己收入影响更大。只有了解自己的奖金是跟利润有关的，大家才会慢慢关心怎么干效率更高、怎么干成品率更高等。

“会干”，如果愿意干，就研究技巧，如小改小革等，对自己岗位操作、工序、跟别人协作来说都会更顺畅，产出会更多。

（4）会改善。

“会改善”的概念可以跟精益思想联系起来，很多公司恰好推行精益生产。阿米巴经营模式的核心是调动员工积极性，全员关注利润这一个共同的目标。而精益生产则更强调“减少浪费”“动作优化”“场内物流”“机器布局”“流程更优”“标识与颜色管理”等岗位改善的方法和技能。如果这些方法和技能与积极性结合在一起，则威力无穷。

六、充分贯彻经营原则

稻盛和夫提炼的很多经营原则值得学习、应用。以下是几条常见的、最应该马上用的、对阿米巴经营有直接促进作用的原则。

1.《会计七原则》内容实践与应用

会计七原则是阿米巴经营模式导入必须践行的经营原则。建议国内企业在导入阿米巴经营模式之前，先学习一下稻盛和夫写的《会计七原则》，也叫作《经营与会计》。不要理解成大众的会计概念，而是通俗易懂的“经营会计”。

（1）现金本位原则。

“现金本位原则”强调现金的重要性，阿米巴经营模式追求利润，但利润背后是现金。利润不是现金，这是很现实的问题。现金按照日本的说法叫作“可分配利润”。不要等待通过各种会计程序计算出的纸上的“利润”，而要根据手上确凿无疑的现金来操盘企业。我接触过浙江余姚一家企业，2019 年年底账上有 2000 多万元利润，就是没钱进行股东分红和员工年底奖金发放，非常尴尬。

结算利润很重要，它表达了企业活动的成果，给股东分红要根据“可分配利润”。稻盛和夫特别关注现金流，比如他的“水库式经营”，就是强调提高自有资金比例，减少对银行的依赖和财务费用的支出。稻盛和夫认为，只要自有资金比例高，任何金融危机、经济危机发生的时候，都有实力发展，还可以在经济低迷时期快速出手收购优质企业，壮大自己。所以，京瓷在每次经济危机过后体量都“胖”了一圈。

稻盛和夫还强调，要对现金形成正确的判断，不要被虚假的、减值的资产蒙蔽双眼。具体而言，对于低值的、长期库存的资产要迅速处理掉，不然的话就会影响对现金的判断。

在实际工作中，固定资产除土地外都可以折旧，低值物品可以作为费用处理，这在税法上也是允许的。

（2）一一对应原则。

阿米巴经营模式在实践中特别强调“一一对应”原则的应用，这个原则必须在企业活动中的每一个瞬间都予以贯彻。比如，出货给客户时必须开出货单，计算销售额，然后作为应收账款进行管理，一直跟踪到收回货款为止；再比如，前文讲过的我辅导的中药企业案例，感冒药的虚拟收入和消炎风湿药的料工费支出对应，那利润就是乱的，就是违反了一一对应原则。

“一一对应原则”不仅作为会计处理的方法必须被严格遵守，而且还规范了企业及其员工的行为，在实现玻璃般透明的经营上发挥着重要作用。一一对应的原则内容主要包括：钱、物的流动与票据相对应，销售与进货相对应，应收货款和应付货款的冲抵，一一对应和道德自律。

（3）筋肉坚实的原则。

稻盛和夫的总结总是简单而有力量，企业经营就是要像人一样，要长得结实，胖不一定是结实。“筋肉坚实的原则”具体包括哪些内容呢？

1）控制固定资产投入和固定人员增加。

固定资产投入花的都是真金白银，需要很多年的折旧才能收回来。

固定人员增加，看似仅仅是人工费、管理费增加了，这是表象，带来的潜在内耗、扯皮和职务消费等是无形的损失，还会损害企业发展的肌体。那如何做到筋肉坚实呢？我去过一家营业规模上亿元的制造型企业，企业架构是：董事长—总裁—执行总裁—工厂厂长—车间主任—工段长—班组长—员工，从董事长到员工共8层，才几亿元的销售额，都好像是世界500强的架构了。

2）用好二手设备，不要急于购买新设备。

新设备看起来好看又好用，但也属于固定资产投入，万一新设备掌握不好，就容易“赔了夫人又折兵”。二手设备和工具如果用到极致，折旧后就是净值，创造的价值含金量非常高。所以，加强原有设备的一二级保养和自主保全非常重要。工装夹具减少损失浪费同样重要。

3）即买即用。

对于采购部门来说，由于受到“采购及时性”的考核，本质上是愿意多做库存的，生产也愿意多做库存，因为任何时候都有供应保证，而且都愿意多存点原辅料，甚至紧俏物资，慢慢的，什么库存都多了，盘点也盘不清楚了。

采购部门可以考虑安全库存，必须充分贯彻“即买即用”的原则，以减少资金的占用，任何超出安全库存临界点的购买都是需要控制的。

4）彻底削减成本。

稻盛和夫在其《在萧条中飞跃的大智慧》一书中给予企业的对策里有一条叫作“彻底削减成本”，也是稻盛和夫常说的“干毛巾也要拧出水来”。

5）“不投机取巧”。

稻盛和夫说，要“挣额头流汗的钱”，就是要脚踏实地搞企业，投机取巧早晚会出事。

（4）完美主义的原则。

做到完美是有挑战性的，但是仍然要追求完美。完美就是少差错，预防差错。在完美主义之前，先要做到“结果三原则”。

可衡量。所做的工作，从准备到做完，有什么标准数据可以衡量是否做到位了？

有价值。所做的工作是否实现了预期结果？是否有更多的创新？是否超越了用户的期望？

有时限。在规定的时间内提前完成，还能为后续工作和别人的工作做些帮助吗？

追求工作中的完美主义，不仅是基本动作，更是工作态度和职业素养的体现。

（5）双重确认的原则。

工作中，有计划、有落实、有检查，有结果、有复核，确保每一个指标经得起验证，确保每一个工作任务经得起追溯。

双重确认，就是机制性的保障，比如盖公章，就是要保存公章和审批记录保障；再比如，出纳现金管理，就是要会计监督进行账务处理等。检查、复核、确认、签字等都是双重确认常用的动作。

（6）提高核算效益的原则。

提高核算效益的原则，就是稻盛和夫所强调的“分部门核算制度”和“每日核算”的具体要求，每个岗位、每个业务单元都要算岗位和本业务单元的小账、细账和开源节流的账。

提高核算效益的原则，就是要运用阿米巴经营模式的算账方法，人人成为经营者，做岗位的主人。

提高核算效益的原则在实际工作中就是“每日核算”的具体落实。每个岗位、每个部门都要做好自己的核算。利润巴要算好收支的账，服务巴要算好服务和费用的账。我们常讲，算账就是要算开源节流的账，实际这还理解得不够全面。开源节流还包含着一个“效率”的概念，效率提升是非常重要的。

（7）玻璃般透明经营的原则。

这个原则，在国内被广大企业家所误解。实际大家是错误理解了稻盛和夫的本意了。这其实有另外两层意思。

一是越透明越有力量。透明，就是公正、公开的代名词。什么都公开，一碗水端平。

二是再公开透明的数据也是“加工”出来的，都是相对透明。阿米巴经营，比如年度经营计划，应该是各个部门的大家都各自了解，但是在具体数据上还是会有所保留，这也是经营中必须保守的商业秘密。

部分企业确实存在一企多账问题，不仅财务累，承担签字做账的风险，企业法人也承担着签字的风险。但我们理解这个原则时，除了上面的理解外还要看到随着民营企业的进一步发展，账务会越来越透明，目前只是阶段性的问题。总之，越透明，越有力量。

2. “销售最大化、费用最小化、时间最短化”的理解与应用

Tips 应用场景说明

对于偏销售类、商务类的企业，称作“销售最大化、费用最小化、时间最短化”比较好；

对于制造型的企业，尤其是生产的利润巴，更宜称作“收入最大化、支出最小化、时间最短化”，因为生产中的利润巴都是内部销售，所以这样的称谓更合适，更易于理解。

（1）销售（收入）最大化。

说到销售最大化，第一个理解就是增加销量，多渠道。这不是销售最大化的本质。量大就一定能保证有利润吗？销售最大化的理解要点如下。

1）销售领域理解。

① 销售最大化的本质是“毛利最大化”，也就是销售必须赚钱。当然，短期不赚钱，战略性亏损都是长期、策略性的动作。

② 要相对增长。在竞争充分的市场里，不进则退，渐进式增长、跳跃式增长还是几何裂变式增长，取决于企业战略平衡和核心能力。但是，无论如何都要追求增长。

③ 要有量的支持。量，也就是产品数量等意思。但这么想，还是有点单薄，要想到“量”有时也是指市场占有率。

④ 要有好产品。得有拿得出手的拳头型产品，产品要给力，从质量到外观设计都要好。

⑤ 要有爆款。在好产品中还要培育出有代表性的、口碑极佳的、销量最大的产品。能卖到极致的产品，就是爆款。

⑥ 要有好价格。在稻盛和夫的经营哲学里叫作“定价即经营”，要把各级定价拿到经营的高度去进行。

所谓好价格，不是单方面的，不是想要卖什么价格就卖什么价格，而是你卖得贵，客户也愿意接受。这取决于以下的“三力制胜模型”（见图 3–30）。

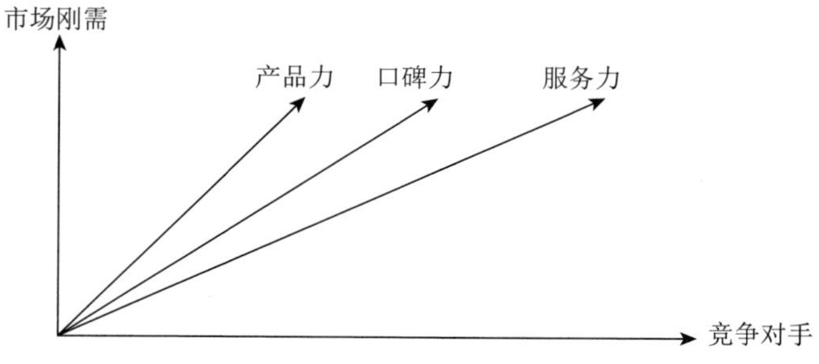

图 3–30 “三力制胜模型”

市场有刚需，竞争有对手，要想卖到好价格，就得产品给力、口碑给力、服务更要给力。

⑦ 要有好客户。所谓好客户，就是无论如何都忠诚的客户，要有能

稳定带来利润的客户。

⑧ “从交易价值”到“交互价值”。所谓交易价值就是“一锤子买卖”，不考虑长期收益，不注重客户培育的行为；所谓“交互价值”，就是要持续保持跟客户、用户甚至人群的多层次沟通，购买行为影响，建立基于口碑（未来演化为品牌）的生态圈。

2）生产制造领域理解。

① 销售最大化就是“收入最大化”，按照订单和计划提高生产质量，确保验收入库的成品率，合格品入库月度乘以单价就是收入最大。

② 减少浪费，提高机器开动率，提高效率，千方百计降低“料、工、费”，降低综合成本，为本利润巴的利润最大化提供了保障。

③ 跟内部客户保持好协作关系，就是培育内部客户的行为，对收入最大化也很有帮助。

（2）费用（支出）最小化。

费用最小化，不是“机器坏了不修”，不是“该花的钱不花”，而是要把握合理性。按照稻盛和夫的分类，是便于员工掌握和理解的，跟目前会计分类不一样，分为以下三大类。

1）本质费用。

主要是指税金和附加费等。稻盛和夫认为纳税是企业和公民的责任。

2）实质费用。

实质费用主要分两类。第一类是变动费用，主要是指跟业务量成正比的费用，这部分费用比较多，要关注其中科目与变动总费用占比的异常；第二类是固定费用，主要是指各业务量关联不大的费用，比如即使零销售额，办事处的房租也不变。

特别提醒：生产制造领域对实质费用的控制非常重要。

怎么控制变动费用？怎么控制固定费用？稻盛和夫给出了参考答案：变动费用固定化，固定费用变动化。所谓变动费用固定化，就是要把变动费用设置上限或按比例控制；所谓固定费用变动化，就是要千方百计控制固定费用的上涨，最好能下降。

3）形式费用。

所谓“形式费用”就是指可花可不花，可多花也可少花的费用。这类费用包括广告、促销、招待、佣金等，其中最典型的就是招待费，招待费弹性非常大。

“形式费用”是对组织氛围、组织肌体活力腐蚀最大的费用。因为，形式费用会经常以“攀比、流行、越级、超标”等状态发生。张三花超标的招待费，如果领导签字给报销了，李四一定也想这样；如果行政部超标花费了，人力资源部也会不平衡。所以，形式费用是必须要着力控制的费用。

Tip1 稻盛和夫给出的费用最小化的11条小建议

1）领导要率先垂范，厉行节约；

2）销售额增加了，销售费用也要增加，要适度说No；

3）企业要“肌肉型”运行；

4）不浪费地球上任何资源；

5）设备投入要采取“搓绳捉贼”方式（抓住贼再搓绳，而不是先搓好绳子等贼来）；

6）利润，要从费用往回倒算；

7）千方百计用好二手设备；

8）一定不要太要面子（比如固定资产投入）；

9）一定要学会“小气”；

10）记住“时间也是费用”，不要浪费任何时间；

11）要关注人均小时利润（人效）。

Tip2 京瓷为什么能比其他公司高那么多利润？（见表 3-9）

表 3-9 京瓷高利润数据

研发，独占鳌头（只要立项，必须达成，转化率接近100%）					
	京瓷	对手一	对手二	对手三	
销售额	100	100	100	100	
成本	66	67	67	67	
	多省出1个点				
销售费用	10	13	18	15	
	多省出3～5个点				
毛利	34	33	33	33	
	京瓷在成本费用管理上就能比对手高出5个点利润，何况还有研发引领				

比竞争对手多 3% ~ 5% 的利润，从何而来？费用（支出）最小化而来！

（3）时间最短化。

所谓的“时间最短化”，对于制造业、商业、社会服务业都一样。现在是激烈竞争的时代，跑在前面就是引领者，落后了就将被淘汰。“时间最短化”包括以下要点。

1）效率。

效率，就是投入产出比，“多、快、好、省、优”这 5 个字就能淋漓尽致地概括出来。这 5 个字就是效率代名词。阿米巴经营模式中考核的“单位时间附加值”（人均小时利润），一方面是考核利润，另一方面是考核效率，也就是“人效”。

2）周期。

周期，就是相同的事物规律性的时间变化、循环性变化。这个周期在企业经营中一般是越短越好，比如生产周期，时间短效率就高，投入少，产出多；再比如，企业资金周转周期，海尔能做到 20 多天资金周转一遍，一年内周转的次数越多收益就越多。

3）速度。

企业经营管理中，如决策速度、采购速度、生产速度、交付速度、项目完工速度等，都是越快越好。

4）回款。

企业销售一般有4个连续性的动作：入库、出库、开发票、回款。这四个动作中，一般从出库开始就与回款关联了。有的企业要求客户带款提货，这样回款就快一些；有些企业是开发票后“1 + N”，也就是规定几个月后回款。

怎么能快速回款？这里既有协议的规定动作，又有销售行为本身的自选动作。回款越快越好，阿米巴经营模式对回款设置了利息惩戒性措施，比如月息等计入阿米巴自主经营体，但不是惩罚性措施。

5）库存。

部分企业在库存管理上要么是超期的、报废的物料库存太多，要么是进货太多卖不掉，要么是生产太多半成品或成品，总之是呆滞状态。

不管怎样，超过预期的合理库存或安全库存都是需要注意的，不仅仅是压资金的问题，更是对管理体系的冲击和影响。所以，阿米巴经营模式角度更强调库存的快速周转。有的企业在阿米巴运行过程中设置了库存利息管理，一般也是月息，计入阿米巴自主经营体费用。

3. 客户化经营

什么叫客户化？就是对待客户的态度与行动！就是跟客户持续互动、长久赢得客户的能力！要做“**客户的引领者**”，而不是做“**客户的跟随者**”。

（1）60分的标准。

人们经常讲的一句话就是“满足客户的要求”，认为满足客户要求就可以了。在稻盛和夫眼里，满足客户要求仅仅是60分，刚刚及格，为什么？因为你就应该满足客户要求，不然客户怎么验收你的产品呢？但是仅仅局限于满足客户是不行的。

（2）80 分的状态。

按照稻盛和夫的标准，不能停留在 60 分，那就要继续努力，达到 80 分的标准，才算进步。80 分的标准是什么？是感动客户。你跟客户互动，怎么能感动客户？怎么真正走到客户心里去，让客户记得你？

若是迎合客户，就很难有主动权，很难做到卖价高，客户还愿意要。

80 分已经感动客户了，你已经让客户记住你了。稻盛和夫认为还不行，还得再努力，要改变迎合客户的状态，要变成吸引客户，让客户主动找你，让客户离不开你，你才能占据制高点。在京瓷发展初期，京瓷一直向 IBM 要订单，以往 IBM 也是给一些不痛不痒的订单，好订单京瓷也拿不到，但京瓷仍然在争取拿到更好的订单。有一次，IBM 突然给了一个好且利润极高的订单，接到订单，大家傻了，稻盛和夫也傻了。以当时的技术和工艺水平，根本达不到制作水准，怎么办？原来给的订单，产品作业指导书就是一张或几张图纸而已，这回给的可是整整一本书。一般的公司马上就打退堂鼓了。

稻盛和夫认为，如果这个订单能完成交付，京瓷就会一跃成为世界顶尖的特种陶瓷部件供应商。在稻盛和夫团队的努力下，克服了巨大困难，竟然做出了高精度的复杂工艺的产品，并且及时交付 IBM。从那以后，IBM 把好订单都转交给京瓷来生产。京瓷征服了 IBM，变成了 IBM 一刻也离不开的高品质供应商，这就是“赢得了客户尊重”。

（3）100 分的力量。

80 分已经变迎合客户为吸引客户了，已经赢得客户尊重了，稻盛和夫认为怎么也要达到 100 分以上。那 100 分以上的境界是什么？就是与客户一体化。京瓷的研发与 IBM 研发对接，京瓷销售与 IBM 国际采购对接，稻盛和夫与 IBM 高管对接。可以说，京瓷快速发展的背后，IBM 居功至伟。换一个角度看，也是稻盛和夫客户化境界的经营思维的胜利。

第五节

必须做的：激励评价（怎么“奖”）

企业现状：薪酬与贡献脱钩，激励不科学，评价不公正。

破局高方：重构薪酬与激励（含绩效）体系。

变革目标：不让“雷锋”吃亏。

具体方法：建立与经营、贡献挂钩的薪酬和绩效体系。

具体内容：薪酬体系再认识，激励体系再认识，现有绩效模式结合，拿利润说话的激励思路，阿米巴激励方法，责权利结合。

一、目的与意义

“奖勤罚懒”已经不能完全概括薪酬激励变革的内涵，模拟利润指标和年度经营指标的完成、业绩增量、利润增量、人效才是最重要的贡献。

“以战促奖，以奖促战”，拿利润说话应成为根本原则。

二、薪酬体系再认识

1. 规避薪酬体系“八大陷阱”

① 完全固定工资。现实经营管理中基本被废弃。

② 直接固定转绩效。设计工资体系的时候欠缺绩效，很多企业开始

搞绩效管理，把固定工资转绩效工资。实际上，没有固定工资，员工是不会稳定的，关键是不同的行业有不同心理预期的基本工资。比如，上海和宁波的软件工程师，同一岗位，虽然两地距离不远，但会有不同心理预期。

③ 工龄工资。工龄工资可以给，鼓励员工长期服务，但不要太高。对于长期服务的员工，可以单独考虑设置 5 年、10 年、15 年、20 年等员工服务奖。

④ 同级别薪酬一样。为什么很多企业都实行宽带薪酬呢？就是因为同样职级，在年资、技能、贡献度上也会有所不同，所以要有分档的区别。

⑤ 承包制。阿米巴经营模式里多次提到承包制，承包制只能鼓励承担者，承包者下面的员工得不到什么实惠。

⑥ 年底红包制。平时工资不高，或者奖金不多，都压在年底。这样很多人会等到年底拿完红包，年后就跳槽了。这样少了每月的过程激励，不可取。因为，激励是越及时效果越好。一定要每月都有奖金配套。

⑦ 经理只有团队奖或没有团队奖。经理是团队的负责人，带领大家伙一年或一个项目奉献下来，给整个团队一个集中奖励。奖励团队的同时，也要单独给予经理奖励，这样才能达到全面激励的作用。

⑧ 无限制提成。公司不仅有损失，还会破坏公平性，攀比也会产生，士气一定饱受打击。

各位企业经营者务必注意上述八大陷阱。

2. 基本工资 + 奖金 + 福利

（1）薪酬体系的全面认识。

“基本工资 + 奖金 + 福利”，这是对薪酬体系再认识的标准结构。说到薪酬体系，大家都认为是多发钱，以一定的基本工资为底，其他以提成或计件解决。殊不知，福利也是薪酬体系中非常重要的一块。

京瓷利润最高达到过 45%，平均利润率也没有低于过两位数。虽然京瓷在日本不是工资最高的企业，但是福利是很好的。

员工一定不能靠多发钱来鼓励，因为对方会觉得这是劳动所得。

（2）薪酬体系基本原则。

不同企业处于不同行业、不同地区、不同发展阶段，因此薪酬体系不能单一而论。日本很多优秀企业不提倡发很低的工资，我同意这样的观点，但不同意发太高的工资。当然了，企业效益好可以多发，各个阿米巴自主经营体增量利润超高，理所应当多发，多劳多得。

“略高于地区”“略高于行业”“兼顾内外公平性”和“奋斗者为本”应该成为薪酬管理的基本原则。

3. 阿米巴导入后的薪酬调整

公司导入阿米巴经营模式后，虽然建立了“模拟利润考核与反馈系统”，各利润巴的模拟利润考核有抓手可循了，但是如果不跟薪酬体系结合在一起操作，很难确保阿米巴经营模式的持续效果。

“基本工资 + 奖金 + 福利”是标准的薪酬体系，对生产部门来讲，大部分奖金是质量奖，或者是产量奖；对销售部门来讲，大部分是销售额提成。

生产部门的奖金，要从质量奖或产量奖的角度切换成“利润提成”“利润分成”或“利润达标奖金”。

我操作的安徽某快消品公司，销售员奖金改为利润提成了，预计的利润额度内按内部政策规定提成，超出目标的增量利润，按 4∶6 分成（公司 6 成）。

我操作的某中药企业生产系统的奖金来源于增量利润。增量利润分配比例是 4∶3∶3，也就是生产车间 4 成，服务部门 3 成，公司 3 成。

我操作的某铸造公司，阿米巴经营模式正式施行后，工资总额分配比例变成了 7∶3，30% 是奖金基数，这个基数是跟利润巴模拟利润达标比例挂钩的。利润巴取得的利润奖金，是按照 6.5∶3.5 分配的，也就是利润巴拿 65%，服务巴拿 35%。

利润巴的奖金，一定要从“模拟利润指标实现”的角度来考核和发放；服务巴的奖金，一定要从对利润巴的服务效果和保障支持的角度来设计和发放。

不管怎么操作，基本工资一定要有，原来的尽量也不要动，奖金一定要从利润中产生。

三、激励体系再认识

激励体系跟薪酬有关，更与绩效体系有关。

1. 激励原则

激励，分为正向激励和负向激励，阿米巴主要强调正向激励，原则是正向激励为主、负向激励补充，合理设置激励。

大方向上与薪酬体系结合，从薪酬角度激励，政策、方法按照上一章节实施即可。

绩效政策上利润巴要充分把影响利润的指标细化到具体操作；服务巴要由利润巴考核，对利润巴的服务要借助公共压力和奖金分配的综合杠杆措施进行，效果会很好。

利润巴巴长和服务巴巴长一定要跟财务角度的利润指标达成捆绑，全力以赴支持各利润巴模拟利润的实现。

2. 阿米巴导入后绩效体系的变化

（1）常用的绩效管理模式。

KPI、OKR、平衡计分卡、目标管理，以及 360 度评价等模式是国内目前比较流行的绩效模式。

平衡计分卡是卡普兰先生发明的模式，小公司一般不好用；KPI 模式使用很多年了，这个模式一般是人力部操作的，侧重结果的考核；OKR 模式区别于 KPI 模式，一般是业务部门操作的，侧重了过程的考核，相当于过程指标。

（2）仅仅聚焦于“绩效考核”带来的问题。

考核少了没感觉，钱扣多了要离职。

考核甲部门不考核乙部门，员工觉得不公平。

天天考核，月月考核，指标多多，考来考去。

（3）整体绩效体系的问题。

我们不评论现有企业绩效体系的好与坏，但形式大于内容，表象大于作用，走过场大于公共压力却是事实。这样的事实往往造成绩效考核大于绩效管理，指标不科学，激励不合理，评价不公正，或偏向人为，或偏向轮流坐庄，或偏向没有真正实现绩效管理的目的。

我们需要确立如下关于绩效的知识要点。

1）我们的绩效，要从战略层到运营层、文化层，多层结合和渗透。

2）导入阿米巴经营模式，不是把原有的绩效抹杀，而是要更好地思考全面绩效管理（*不是单纯的绩效考核*），即从战略层到运营层、文化层的结合与设计。

3）需要建立宏观的绩效视角。

4）需要加强基于利润、贡献、成长等角度的绩效思想。

某知名企业“三横三纵”战略绩效管理如图 3-31 所示。

<table>
<tr><td colspan="4">绩效转化的TOM模式：目标导向运营模式（Table of Contents），三横三纵</td></tr>
<tr><td>战略运营</td><td colspan="3">战略规划——业务策略——战略技巧（关键指标分解与管理），即运营监控系统及分析</td></tr>
<tr><td rowspan="7">绩效运营</td><td>1.PBC承诺</td><td>组织层面：架构匹配</td><td>绩效运营：形成常态化的公共压力</td></tr>
<tr><td>2.个人业务指标</td><td>运营模式：与业务匹配</td><td rowspan="3">绩效计划：量化的指标体系与关键任务，日常性的、周期性的考核与管理</td></tr>
<tr><td>3.人才培养</td><td rowspan="5">流程：规范，但成长型公司不能因流程而流程，抓关键流程即可</td></tr>
<tr><td>4.强制分布、排序、挂钩</td></tr>
<tr><td rowspan="3">最后承诺：坚决遵守××价值观，不因自己而影响公司；坚决遵守公司××，承诺不因自己影响业务，即整体绩效</td><td>闭环：就是定期监控、分析与改善</td></tr>
<tr><td></td></tr>
<tr><td>会议管理系统：如何开好各种会议</td></tr>
<tr><td>文化运营</td><td>价值观与企业文化，价值观量化</td><td colspan="2">IT支持系统，绩效系统IT支持</td></tr>
<tr><td rowspan="2"></td><td rowspan="2">管理差异，就是最有效的管理者价值观引领下的企业文化，必须与经营“一张皮”，概念不要太多</td><td colspan="2">华为价值观：1.客户为中心；2.以奋斗者为本
3.持续的组织变革</td></tr>
<tr><td colspan="2">海底捞价值观：双手改变命运</td></tr>
</table>

图 3-31 某知名企业“三横三纵”战略绩效管理

3. 阿米巴经营模式导入后，绩效管理可能发生的变化

（1）公共服务平台的绩效。

1）对于大型公司，管理部门（职能部门、机关）因为已经有管理费科目在使用，各分、子公司利润汇总等因素，其绩效体系没有大的变化，还可以按照原来的体系执行，但要对这些部门的费用管理、能力提升，尤其专业能力和服务加强考核。

2）对于中小型公司，架构单一，整体层级不多，公共服务平台的绩效可以和服务巴一样，跟利润巴利润实现的奖金捆绑在一起，突出其服务性和专业指导性。我操作的某中药企业的阿米巴奖金分配（4∶3∶3）的其中一个 30% 就是给服务巴和公共服务平台的奖金。

（2）利润巴绩效。

考核月度模拟利润的实现。巴长考核其根据年度经营指标的月度实现（利润巴模拟利润的实现促进财务角度的年度经营指标的实现）；对于厂长、车间主任等各级巴长，其利润的实现，至少要使薪资总额的 30% ～ 50% 与利润实现挂钩；对于基层员工，工资总额至少要拿出 30% 与其所在阿米巴利润实现挂钩。

层级越高，考核周期越长，车间主任以下考核周期为月，厂级至少以季度为考核周期，CEO 一般以年为考核周期。

（3）服务巴绩效。

突出考核其对利润巴的服务、保障，以及其专业能力的提升。巴长考核参照利润巴实现方法，结合进行。

（4）“让利润说话”成为激励主轴、绩效考核主轴。

利润巴和服务巴所谓的绩效都要以利润为主轴。讲别的都是空的，利润实现才是真的，才是实的。

企业经营的主要目的就是利润实现，利润巴是利润创造的直接主体，要通过每日“模拟利润指标的实现”达成年度经营计划中月度利润指标的实现。在利润实现的过程中离不开服务巴的支持和保障。在这里我特别强

调，利润巴和服务巴之间没有孰轻孰重的意思，都是配合为利润实现而合作的部门和受益紧密相关的部门。

利润巴和服务巴的工作重点不同，这是“责任中心制”的体现。利润巴的运行要直接产生利润，服务巴的运行就是支持、保障利润巴更好、更多地实现利润。

4. 阿米巴的激励是“责、权、利”的结合

“责”，就是阿米巴巴长带领成员通过完成“记分牌”（模拟利润反馈与考核系统），从而更好地完成年度经营计划指标；做到“会算、会看、会干、会改善”；带好团队；培养好人才。

“权”，就是经营授权赋予阿米巴巴长的权力，按照权力规则去做业务驱动、人员驱动，达成各项指标与成果。

“利”，就是通过阿米巴巴长及全体成员努力，挑战了更高的模拟利润指标，完成了更高的财务角度的计划指标，实现了增量业绩和增量利润后，应得的奖金、荣誉及其他鼓励。

“责权利”的结合，要避免出现以下五个问题（见图 3-32）。

- 责重权轻——巧妇难为无米之炊
- 责轻权重——站着说话不腰疼
- 利寡责重——丧失动力之源
- 利丰责轻——资源配置错位
- 责权利不清——越大的企业，管理者越累

图 3-32 责权利结合产生的五个问题

当然，“责权利”的有机结合，是一个动态过程，是相对具有阶段性特点及企业阶段性变量的。

Tips1 某公司厂长绩效薪酬合约书（见图 3-33）

2022年绩效薪酬合约书

单位： 姓名： 职务：厂长

一、2022年度个人薪酬

1. 年度目标薪酬： 万元

2. 绩效合同

3. 薪酬结构

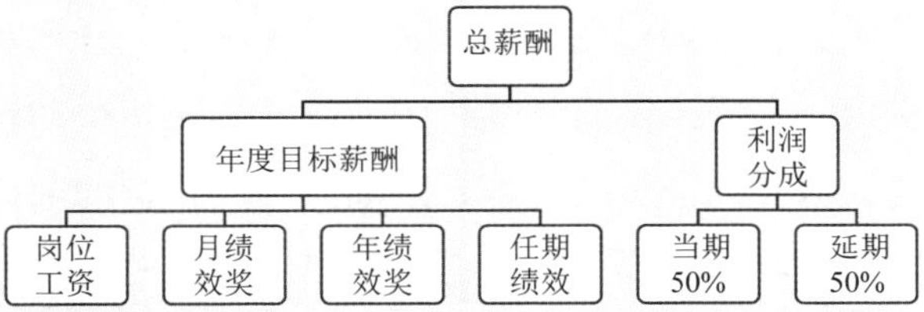

4.岗位工资： 万元，按照岗位职级、薪档确定

5.月度绩效基数： 万元，岗位工资×（2/3）×利润累计计划完成率或利润贡献度系数

6.年绩效奖：年度绩效奖基数（目标薪酬－岗位工资－月绩效奖基数－任期绩效基数）×年度绩效系数

年度绩效基数			
年度绩效系数			
年绩效奖			

7.利润分成

◆奖励条件：超额完成利润目标（利润目标≥上年实际），个人绩效结果为B及以上

◆奖励额度=（实际完成利润－利润目标）×10%×1/2.6，其中当期发放50%，另50%延期至下年度发放

利润超目标完成（万元）				
奖励额度（万元）				

8. 年度总收入：A档：万元+利润分成×50% B档：万元+利润分成×50%
C档：万元 D/E档：万元

9.任期绩效奖（三年任期）

◆任期绩效奖基数（∑目标薪酬×10%）×任期绩效系数（与年度绩效系数相同），任期绩效奖于任期

10. 约束条件

◆核心关键指标评价得分低于80分，绩效为D；年度绩效评价为D以下，起立竞聘

发约人签字	受约人签字

图 3-33 某公司厂长绩效薪酬合约书

Tips2 关于国企阿米巴导入中的“工资总额管理”问题

国有企业在阿米巴经营模式导入过程中确实受制于“工资总额管理”。一般而言，大家会觉得，怎么干都是那些固定的收入，无非这儿多点，那儿就少点。这种理解没错，但从发展的角度看不一定完全对。工资总额管理，是各级国资委的职责，工资总额每次评定后额度就相对固定了。关键在于这个“评定”，每年国资委都会对企业的利润贡献等评价并分出等级，给予增减。所以，在阿米巴操作过程中，一定要做两个动作：一个是取得上级人力资源部门的支持，从而为年底预留的部分工资总额中提取适量的奖金，作为阿米巴经营模式导入的专项支持。各利润巴利润实现新的突破，增量利润高，就要及时给予奖励；另一个是，本年度利润实现了，国资委下一年度评定的工资总额也就上浮了，次年的工资总额就比上一年高。最后形成滚动、良性发展，物质激励问题也就迎刃而解了。

第六节

选做的 + 慢慢做的：人才培育（怎么“育”）

企业现状：干部很多，人手很缺，人才难说，好的招不来，来了待不住，孬的动不得。

破局高方：莫让金子变石头，要让石头变金子。

变革目标：人人成为经营者。

具体方法：折磨培养，平台育人，事业吸引，共同成长。

具体内容：用好人才，活用人才，培养人才，理解人才，领导人才，华为干部培养方法揭秘。

一、目的与意义

人是生产力第一要素。没有人才，就没有人去很好地贯彻执行，就没有人很好地领导下属。阿米巴经营模式需要培养优秀的阿米巴巴长，需要培养优秀的公共服务平台人才。所以，人才培养意义非凡。

二、用好人才

古话说：赛马不相马。人才是拿来用的，不是拿来看的，所以要用得恰到好处，要做到“敢用”“真用”“好用”。

1. 人岗匹配，量才使用

既然是人才，就要体现出人才的价值，人才价值的最好体现就是工作业绩的过程和结果，这就是赛马机制，人尽其用，人尽其才。“世界上没有浪费的垃圾，只有放错地方的资源”，人才使用过程中应注意把握以下三点。

第一点，人才与岗位的匹配。从性格、学识、经历等角度判断，人才跟岗位是否匹配，不匹配就是浪费。

第二点，人才跟团队的匹配。特立独行、个性极强的人才可能创造力也强，但是容易不合群，所以要注意人才与团队的匹配，形成合力、成为最佳拍档才能打造战无不胜的团队，典型的组合就是《西游记》里的取经团队。

第三点，人才与组织的匹配。有的人才，价值观跟组织有很大差距，可以求同存异，慢慢整合价值观，但如果倔强倨傲，不求融合，很难跟组织走得长远。

Tips 优秀的上市公司“地尔”的人才理念

人人都有自己突出的才能，只是没有发现而已。

2. 赢得尊重，变尊重为凝聚力

稻盛和夫说：“作为领导，非常重要的一点就是必须重视员工优先于自己的心态。只有当领导足够重视员工的感受，员工才有可能对领导产生感激之情，进而产生效忠领导和企业的意愿。”

马斯洛需求理论中，被尊重就是较高级的需求。要从内心让员工心甘情愿地去工作，并不代表“尊重就是哄着干活”。《资治通鉴》里说好皇帝的标准有三个：仁、明、武。这说明，仁爱、公正判断、软硬手腕的结合都是需要的，要从尊重和爱开始。

3. 让底层的员工也能充满自豪感

底层的员工一般很难见到公司高层级的领导，不容易感觉到高级领导和公司的关怀。底层员工也是最现实的，有时仅仅靠情怀很难激发员工的工作热情。稻盛和夫的做法就是多爱员工，多去关怀员工。稻盛和夫对各级干部的要求是“怀着‘爱情’跟下属交往”，就是要求各级干部要拿出谈恋爱一样的热情，悉心地、主动地与下属建立良好的互动关系。

4. 培养共同经营者

稻盛和夫在其《用活人才》问答中说道：“对于这些小集体负责人（利润巴、服务巴巴长）的任用，我都是挑选那些经验虽并不丰富，但认真踏实、具备培养前途的企业员工。”他还讲道：“从今天起你就正式成为阿米巴负责人了。你要像个总裁一样，担负起获取订单、督促生产、进行成本收益核算、管理人事等方面的职责，使你这个组织能够得以维系和发展。”

稻盛和夫这两句话既揭示了阿米巴巴长的任用标准，又设身处地、充满感情地跟他们讲明了责任。

Tips 某公司阿米巴巴长任职资格、工作内容

任职资格：

稻盛和夫说过要鼓励那些有闯劲的年轻人，最好懂点哲学，这是稻盛和夫先生给的标准。虽然这不是绝对的，但也为我们选择巴长提供了最好的参考标准。有闯劲的人敢于接受新思想、新事物，愿意尝试，敢于挑战；年轻人不能故步自封，需要成长，不惧挑战和困难；懂点哲学就是对企业文化认同，对老板风格认同，能求同存异。

工作内容：

-- 完成高质量产量指标、利润指标等。

-- 巴内成员管理（工作任务安排及效率管理）。

-- 本巴阿米巴经营日报表的监督及异常处理。

--“会算”“会看”“会干”“会改善”在本巴的贯彻。

巴长任用：

有条件的企业可以通过竞聘上岗实现，要签署《巴长经营协议》。新任巴长要给予试用期考核，还要给予战略止损期考核。对于比较艰难的阿米巴组织的新任巴长，按照经营授权给予鼓励，但是超过战略止损期仍然不能扭亏为盈的巴长，尤其销售领域的阿米巴组织，要进行重新竞聘巴长，或其他巴长调任、兼任。巴长的战略止损期一般为 3 个月 ~ 6 个月。

三、培养人才

1. 育身

所谓“育身”，就是要从了解下属开始，包括下属的身体健康状况、衣食住行、家庭情况，还包括下属的问题解决。让员工感知你和公司的“温度”。

2. 提技

所谓“提技”就是要着力提升下属技能。一般分为工作中教导（简称 OJT）、工作岗位外教导（简称 OFF JT）、引导与自我启发（简称 SD）。一般工作中教导占比相对比较大，领导要在岗位上多做训练。某公司人才培养的“721”法则如图 3-34 所示。

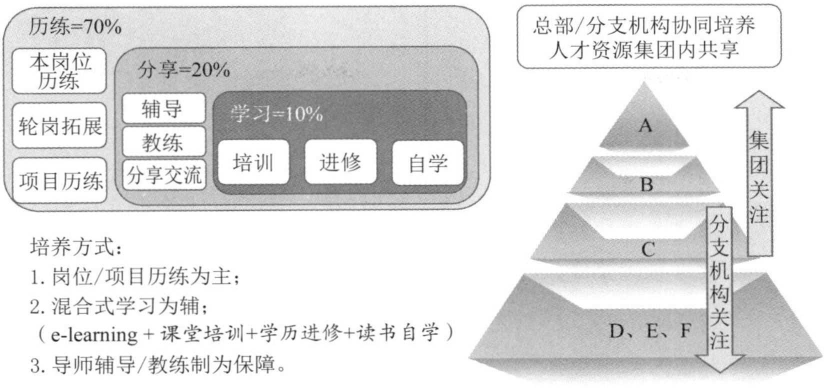

图 3-34　某公司人才培养的“721”法则

3. 励志

所谓“励志”，就是要培养下属的上进心、进取心。稻盛和夫有个著名的“人生成功方程式”。

人生成功 = 思维方式 × 努力 × 能力

“-100 ~ 100”“0 ~ 100”“0 ~ 100”

稻盛和夫定义的人生成功不是最看重能力，而是先要有正能量的思维方式，其次是努力程度。所以，培育下属，帮助他们树立正确的思维方式，言传身教地教导下属努力是非常重要的。

4. 走心

提升下属的工作意愿，包括工作内外的参与程度、职业素养培养、职业精神培养等。领导走心，领导累，领导者也是责无旁贷的。

5. 固慧

工作中，帮助下属更正不良习惯；一旦下属养成了好的工作习惯，要给予及时的表扬和鼓励，帮助他们巩固。哪些好习惯呢？《高效能人士的七个习惯》里给予了很好的概括：主动积极、以始为终、要事第一、双赢思维、知己知彼、统合综效、不断更新。

6. 做好人才规划

某集团人才发展规划由 TP 盘点、人才库管理、人才培养组成（见图 3-35）。

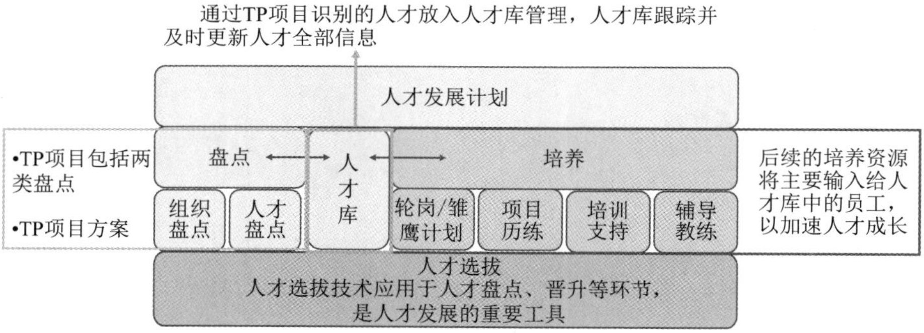

图 3-35 某集团人才发展规划

培育下属需要聚焦的五个要点

① 团队合作意识与表现。

② 客户关注行为的自发。

③ 自我管理的持续强化。

④ 建立团队与家园归属。

⑤ 服从规则是职场根本。

四、活用人才

1. 四类活用

重用“高人”：专业能力强，团队合作强，解决难题强。

巧用“能人”：专业能力强，团队合作弱，某一领域强。

任用“好人”：专业能力弱，团队合作强，团队黏合剂。

弃用“庸人”：专业能力弱，团队合作弱，基本没优点。

2. 动态选拔

大浪淘沙"显"人才，量才使用"配"人才，适量储备"备"人才，多向流动"现"人才，相互搭配"看"人才，凝聚团队"有"人才。

3. 五项关注

会不会自我反思，看"自我管理"；能不能带团队，看"团队管理"；是否机敏练达，看"情境反应"；是否有合作意愿，看"关系处理"；是否有行动能力，看"变化反应"。

4. 智慧担当

大事难事看担当；顺境逆境看胸襟；临喜临怒看涵养；群行群止看见识。智是一种能力，慧是一种境界。领导者的空间智慧：明能跳出局外做决策，高能站位高远做决策；领导者的时间智慧：第一时间，情报到位，第二分析，参谋到位，第三扣杀，决策到位。领导者，要以人格为导航；要以流程为制衡；要以制度为规范；要以需求来激励。

Tips 优秀上市公司"地尔"的人才理念二

从普通工人提升到技术工人，从普通管理人员提升为专家。

五、理解人才

怎么理解人才？用"公平原理"，就是追求付出与回报之间的相对平衡，就像交易一样，从公平理论角度看，对于内部人才，要把握其动态的平衡心理，对于引进的外部人才，在引进的前半年更需要注意其动态的心理平衡。这种平衡显示的是人才内心公平感与行为之间的关系。

$$公平值=\frac{自己的回报}{自己的付出}\times\frac{对比者的付出}{对比者的回报}$$

公平值大于或小于1都不好，在等于1这个区间相对稳定。内心觉得不公平，就会去寻找平衡，其行为就会失衡。公平原理如图3-36所示。

公平值	可能出现的行为
大于1	1.觉得愧疚，愿意加大自己的工作量，寻求平衡 2.觉得自己价值比一般人大很多，理所当然 3.觉得回报收入轻松获得，减少自己的工作
等于1	继续保持原来的工作行为
小于1	1.向公司（上级）争取更多的回报收入 2.反思自己的不足，增加努力工作的行为 3.改变参照对象，寻求自我安慰，接受现实 4.想方设法把参照者收入回报拉下来 5.工作中开始有抱怨、宣泄、攻击、不团结等防御性动作 6.减少工作投入，如迟到、消极怠工、不负责任等 7.辞职，寻求其他新工作机会

图3-36 公平原理

人才对自己心里的感受就是意愿，意愿会影响行动，在某种程度上比能力重要得多，所以要把握好“公正砝码”。公正砝码如图3-37所示。

付出	回报
经验	晋升
努力	对工作成绩的认可
知识	领导的赏识
忠诚、负责精神	被信任
沟通	人际和谐
能力	工作特权
个人品格	挑战性工作的获得
健康	机会
各种成绩	被尊重、地位

图3-37 公正砝码

六、留住人才

怎么留住人才呢？大家都知道“感情留人”“事业留人”，以及现在非常流行的“股权期权留人”。除此之外，还有其他留住人才的方法。

“理解人才”，不能仅单方面理解人才，“正反手”都要用，这是基于人性的判断。稻盛和夫认为必须建立领导与下属之间的信赖关系（**超越**

了“信任关系”），要有意给人才设置一些“甜蜜的痛苦”，让人才经历一些刻骨铭心的事件，从而达到与领导之间的互相依赖关系。

经得起折磨的人才，才是公司的中流砥柱，这样培养起来的人才一定能与公司同进退、同成长、同成功，而不是有点委屈就打退堂鼓。经不起这些“甜蜜折磨”的所谓人才，不留下来反而是好事。

所以，用折磨的办法留住真正的人才是出奇制胜的招法。

七、吸引人才

公司内外部人才都存在吸引的法则。内部要留得住，外部要吸收得来，那究竟要如何吸引呢？

1. 增强认同感

公司只要希望长远发展，就需要制定愿景，愿景能让员工知道公司的未来是怎样的，公司要往哪里去，公司的文化是否包容，是否有相对匹配的价值观。完善的薪酬体系和软硬件的办公感觉（环境）都是增加内外部人才认同感的基本因素。

2. 强化归属感

“归”就是家的意思，要像家一样包容、有爱。归属感指的是公司相对稳定（效益稳定，公司有发展预期，人员相对稳定，社会口碑不差等）；有好领导（领导不是秀“肌肉”，而是有爱心，能做导师）；团队和谐，关系简单；有事业平台（有立足的地方，有发挥价值的地方，有成长的空间，有表现的地方，只要好好干，就有希望的预期）。

3. 创造成就感

个人职业规划明确，工作目标明确，成绩能得到领导的认可和欣赏，能和领导交流，同时得到别人的认可和赞美；能力得到发挥，舒展胸襟，自我感觉良好。

4. 业绩衡量标准趋同，公司舞台够大

无论内部人才，还是外部新招人才，经常会出现新老团队很难融合或新招人才水土不服。对于新招人才，要创造性地给予空间，多交流、多理解、多关注。外部人才进入公司时，往往薪水高于原有内部人才，新进人才具有超越别人的才能或能做出突出的业绩会有利于团队融合。

薪酬不同，交给时间去解决，要制定公平成长的政策和相同的业绩标准。成长，看贡献；业绩，看结果。在公司文化大背景下，形成业绩说话的氛围。公司创造的是公平竞争的环境。

为什么公司要不断发展和裂变？人才舞台就是一个重要原因。人才济济是好事，但是舞台太小或公司成长性不够，没有合适的晋升空间，没有匹配的成长性岗位，竞争的“白热化”反而对公司发展不利。

八、领导人才

1. 三重角色

各类人才中始终有人适合做团队领头人。团队领头人一般有三个角色：管理者、经营者、领导者。管理者是来源于组织层级的概念，有“管”的意思，按照职级是有权力影响的；经营者，就是要带领团队开源节流，在高质量交付工作业绩的同时，降低成本和费用，要会算账；领导者，就没有“管”的含义了，有“爱”的含义，有非权力影响和令人信服。按照重要性来讲，依次为：领导者、经营者、管理者。所以，各级人才的团队领头人，一定要培养成“领导人才”。阿米巴经营模式中自主经营体的负责人，就是“巴长”，巴长就是该自主经营体的领导者。

2. 经典之言

前面我讲过《资治通鉴》给出的好皇帝的标准：仁、明、武；稻盛和夫给出的好领导的概念，跟《资治通鉴》如出一辙，即“以爱为基础，能反映民意的独裁者”；任正非说得就更现实：“一个领导者，重要的

素质是方向、节奏。他的水平就是合适的灰度，宽容是领导者的成功之道，没有妥协就没有灰度。第一要耐得住寂寞，第二要受得了委屈，第三要懂得灰度”。

战国时期的白圭给当时的商人一个标准，拿来做领导者的标准一样合适：智，足以权变；勇，足以决断；仁，能以取予；强，能有所守。智，足以权变，就是能够与时俱进，把握大势，顺势而为；勇，足以决断，就是敢于担当，善于担当，不优柔寡断，熟悉业务，把握好时机准确拍板；仁，能以取予，就是要把下属感动到“杀了他的头，他都愿意”；强，能有所守，就是能够把握底线，掌握底线思维、红线思维。

3. 领导资质

稻盛和夫写过一本书，叫《领导者的资质》，列了五条领导者的资质和十项领导者的职责，可供学习借鉴。

领导力大师詹姆斯·库泽斯给的五个标准也非常实际可行：以身作则，共启愿景，挑战现状，使众人行，激励人心。

Tips1 他山之石：华为的干部实践一——干部使命与责任

文化传承：践行和传承公司核心价值观。

业务增长：聚焦发展战略和客户需求。

效率提升：开展端到端业务流程建设和管理优化。

能力提升：均衡开展组织活动和团队管理。

Tips2 他山之石：华为的干部实践二——干部选拔政策

基础：“核心价值观”，包括成就客户、艰苦奋斗、自我批判、开放进取、至诚守信、团结合作。

底线：品德与作风，包括五湖四海、实事求是、无不良嗜好、耐得住寂寞、受得了委屈。

绩效：必要条件和分水岭，包括对客户贡献、关键性结果、能力不等于绩效。

能力：关键成功要素，包括决策力、理解力、执行力、人机连接力。

Tips3 他山之石：华为的干部实践三——干部选拔程序

任用原则：跨部门培养，不称职干部要下岗。

选拔程序：提名（行政主管）—审核（总干部部、人力资源部）—弹劾（党委）。

相关做法：行政主管提名，但要承担连带责任；不求全责备，党委一票否决权；360 度调查，只寻找“最优秀的点”来看成绩，只寻找“最差的点”来改进；岗位不搞“虚位以待”，不讲资历，提拔新人。

第七节

选做的 + 慢慢做的：两化突围（怎么“文”）

企业现状：老板文化，墙上文化，“两层皮”文化。

破局高方：“两化”突围。

变革目标：经营让企业活下来，文化让企业活更久。

具体方法：“幸福文化”传递爱，“经营文化”助经营。

具体内容：幸福文化（让员工爱上企业）+ 经营文化（让员工聚焦工作），实现“双轮驱动”，组织战无不胜。

一、目的与意义

企业文化的意义不在于做样子，而在于实实在在地对企业及广大员工产生正向影响。文，是刻入、浸润；化，是教化、感化。因此，企业应借鉴成熟应用的“幸福文化”，建立幸福企业，让个人、团队都有存在感、获得感和幸福感；由稻盛哲学转化过来的“经营文化”则更好地帮企业实现高收益，正好与“幸福文化”丝丝入扣，相得益彰。

Tips　以双轮驱动，持续打造企业组织能力

“幸福文化”让员工爱上公司，“经营文化”让员工聚焦工作，“幸福文化”+“经营文化”，实现双轮驱动，企业的组织能力自然增强，战斗力自然爆棚。

二、从稻盛哲学中借鉴智慧，提炼企业自己的“经营文化”

1. 怎么借鉴“稻盛哲学”

企业文化是一个大系统，避免空洞的企业文化很重要。尤其是导入阿米巴经营模式后，用什么样的文化才能更好地起到持续的支撑作用呢？在京瓷，稻盛和夫采取的是“稻盛哲学”深化与应用。那我们可否像京瓷一样深化“稻盛哲学”呢？不是不行，但难度很大，“稻盛哲学”的“土壤”是稻盛和夫培植和改造的。日本有一位大企业家说，如果在日本全盘套用京瓷的文化和工具，是危险的。

“稻盛哲学”主要是指其“人生哲学”和“经营哲学”。

2. 稻盛哲学的“人生哲学”核心是“善恶”

“人生哲学”就是稻盛和夫对人生、对世界的思考总结，其核心是判断事物的标准是什么？很多人都没有注意到这一要点。大部分世俗的判断标准，以“舍得”为例，大多以自我为中心判断利弊和危险性，是直观的、本能的、条件反射的；而稻盛和夫的“人生哲学”强调的标准是“善恶”。

“舍得”与“善恶”这两个境界相去甚远的判断标准，就是人生修炼境界的差别。

3. 稻盛和夫修炼的人生境界有三个层次的体现

（1）人性的境界。

对人要“爱”，要“善”，这是最基本的为人处事方法。人性的境界，就是要做到最基本的人性关怀和帮助；我们可以做现实的对比，对身边的人、对同事、对朋友等有没有做到基本的尊重？

（2）道德的境界。

道德就是社会的普世价值观，就是我们常说的“公序良俗”，是公民作为社会人要遵守的行为准则。传统文化讲的“四维、八德”等都是这个范畴。我们仍然做一下现实的对比，每个人在社会上有多重角色，这些角色是否都是按照“公序良俗”来做的？

（3）天理的境界。

天理就是客观规律，是世间公理。人行事不要违背事实和规律，违背天理。

稻盛和夫也是不断成长和蜕变的。这三个境界修炼起来非常不容易，全盘套用“稻盛哲学”来效仿是不可行的。

4. 稻盛哲学的“经营哲学”是经营实践的思考和总结

“经营哲学”是稻盛和夫在 60 余年企业经营实践中思考、总结出来的，是具有规律性的经营指引，是对如何进行企业经营的有效提炼。稻盛和夫的“人生哲学”强调以 “善恶”和“三个境界”的修炼，确实很难一蹴而就，但是稻盛和夫的“经营哲学”是值得人们在经营领域借鉴和学习的，慢慢融会贯通，为己所用。

在经营企业方面，学习稻盛和夫的“经营哲学”是非常正确的选择，比如“销售最大化、费用最小化”“每日核算”“精益求精”“定价即经营”等条目都具有很强的实践指导意义。

“经营哲学”慢慢学，学了用；“人生哲学”慢慢修，修了成。这应该是我们学习稻盛和夫正确的“姿势”。

我从事多年企业经营研究，对稻盛和夫思想也有一定的学习，对照中国企业的经营实践，我觉得应该做适当的本土化调整。

5. “幸福文化”的追求

稻盛和夫“人生哲学”的“善恶”和三个境界确实很难一下做到，我建议可以把这些思想转化成“幸福文化”的追求可能更容易做到循序渐进，对企业员工思想与行为转化更能起到潜移默化的作用。

6. “经营文化”的渗透

稻盛和夫“经营哲学”很实用，但“哲学”听起来比较深奥，我建议本土化调整为“经营文化”，更适合中国企业，按照条目形式展现，然后逐条在工作中实践。

“幸福文化”和“经营文化”双轮驱动下的中国企业，我想更有利于稻盛和夫“经营文化”的渗透（见图 3-38）。

图 3-38 两个文化促进企业发展

三、“企业文化”的重塑

“企业文化”的重塑，就是要着力打造两个相辅相成、互为融合的文化系统，一个是“幸福文化”，另一个是“经营文化”。打造“幸福文化”可以借鉴和围绕“八大模块”展开；“经营文化”可以借鉴和围绕稻盛哲学，尤其是经营哲学展开。

1. 打造“幸福文化”系统

（1）“幸福文化”系统构建的思考。

若能让员工获得存在感、参与感、获得感、成就感，那就是实实在在的“幸福感”。企业要着力打造幸福文化的体系。我思考的幸福文化构建如图 3-39 所示。

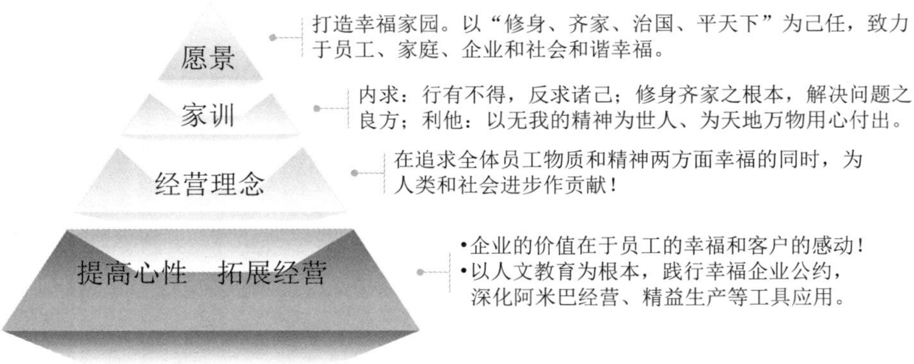

图 3-39 幸福文化构建

1）愿景。

企业愿景应该体现出“对个人、家庭、企业和社会的幸福追求”。

2）家训。

稻盛和夫经营思想中还有一条值得借鉴，那就是“不要家族企业，要大家族企业”。这句话的意思就是，家族企业是血浓于水，亲情大于制度，而现实中应该追求的是制度大于亲情。国内很多企业家深深地认同，所以都在竭力打造幸福的“家文化”。因此，很多企业提出“家训”的概念。家训中提倡“行有不得，反求诸己”的“内求”和凡事为别人着想的“利他”。

3）稻盛和夫的经营理念就是“追求全体员工物质和精神两方面的幸福，并为社会发展进步作贡献”。稻盛和夫的经营理念是其30岁时从京瓷的员工罢工事件中思考总结出来的，国内也有很多企业直接引用这个经营理念，比如中兴精密集团等优秀企业。

4）“提高心性，拓展经营”。

这是稻盛和夫20世纪80年代出版的第一本书的名字，也是稻盛和夫创立盛合塾的宗旨。稻盛和夫认为，企业经营采用新技术、引用新模式、研发新产品等动作都容易被超越，不是核心竞争力，只有全员的心智模式提升了，也就是“利他”思想深化提高心性，才能形成别人无法超越的核心竞争力，经营自然就拓展了。

Tips 追求幸福文化应注意什么

幸福文化的追求，可以借助传统文化的精髓展开，但又不能完全囿于传统文化；幸福文化的追求，更多应借鉴稻盛哲学。因为，强调过多“向内”“向善”的修炼，容易使人失去“斗志”，而稻盛哲学则更多强调“燃烧的斗魂”“光明正大地追求利润”，更多地强调利他心和竞争心的统一。

（2）打造“幸福文化”系统的工具借鉴。

“幸福文化”不是直接讲利润的，也不是直接讲薪酬的，而是讲精神追求的。人是社会动物，是感情动物，都是有希望追求的，所以要提倡“对幸福的追求”。老板也好，员工也好，大家都要过幸福生活，都希望在幸福的团队工作，那怎样才能让个人和团队都幸福呢？只有企业高收益，才能有机会好好回报员工。

1）他山之石：幸福企业“八大模块”。

幸福企业“八大模块”，是国内一些优秀企业的探索，比如上市公司固锝有限公司（以下简称固锝）在这一点上就做得非常好。关于八大模块的应用，固锝的年报上经常有公开论述。

Tips 2018 年固锝年报中关于公司“核心竞争力”第六条的描述

创建幸福企业是践行社会主义核心价值观的不二选择。

2009 年年底，公司提出用中国传统文化的“家”文化构建幸福企业典范，探索出了幸福企业八大模块的系统推进模式。公司不断完善“家”文化的中国式管理。九年来，公司秉持“内求、利他”的固锝家训，将创建幸福企业典范的经验予以记录与传播，迄今为止已有数千家国内外企业、学术机构及社会团体前来参观学习。通过几十家企业的践行，八大模块在诸多企业、团体中进行传承、推行。2018 年，固锝共计接待近 700 家企业，超 3000 人次来访。固锝通过建设幸福企业典范，创建“家”文化和承担社会责任的创新式发展思路，为企业和社会带来了中国式管理的探索。固锝在创新发展的同时，兼顾协调、开放和共享发展的理念和原则，由此构建了与政府、股东、员工、客户、社区、幸福乡村等利益相关方和谐共荣的平等高效沟通机制，实现了各方利益均衡。

2018 年 1 月，固锝应邀前往印度尼西亚分享幸福企业“家”文化实践心得与“家”文化在一带一路的海外落实探索。2018 年 7 月，固锝应邀前往韩国首尔出席 ILERA（全球劳资关系）第十八届年会，围绕终身学习标准展开讨论。

2）“八大模块”的具体内容。

幸福企业“八大模块”包括“人文关怀、圣贤教育、绿色环保、健康促进、慈善公益、志工拓展、人文记录、敦伦尽分”，每部分既独立存在，又互为联系。

模块一：人文关怀

① 以往习惯。

说到人文关怀，最常见的就是企业里给员工过生日。实际上“人文关怀”内容很多，从范围讲，要从关怀员工本身，到关怀员工父母和孩子；从内容上讲，要关怀员工平时成长、起居、安全，乃至员工困难问题（疾病、家里突发事件、孩子就学等）。

② 关怀形式。

包括生日会、座谈会、老乡会、准妈妈就餐、孩子与母亲两地关怀、员工年迈父母关怀、饮食关怀、成长关怀、结伴关怀、双职工关怀、情绪关怀、健康关怀、节日关怀、特殊工种关怀、孩子假期关怀、环境关怀等诸多项目，每个项目至少还可以细分出来很多活动科目。有的企业多达 80 多项“人文关怀”。

③ 举例说明。

比如说员工孩子考上大学，公司奖励什么？再比如，双职工都在公司，这样的父母很多，父母都在外地，假期孩子没人照看，很多公司就开设封闭的“暑期夏令营”让孩子们学国学，学生活自理，学互相关怀，一个月下来，孩子收获巨大，父母既省心，又感激。

④ 关怀效果。

员工凝聚力进一步增强，离职率下降，热爱企业的员工越来越多，企业社会口碑越来越好。

模块二：圣贤教育

教育的目的是点燃，不是灌输。因此，用什么工具来让员工“入心、入脑、入行”很重要。其实，最传统的国学就是非常好的工具。

① 以往习惯。

以“灌输式”培训为主，没有做到“寓教于乐”和“寓教于理”。真正的教育是引发兴趣，要做到“言之有情”“言之有物”“言之有理”“言之有道”“言之有心”。

② 教育形式。

境教：环境、场景潜移默化的教育，办公室、餐厅、车间走廊、卫生间等都是很好的境教场所。

圣贤文化传承：全员研习《弟子规》、新员工入职必须学习《了凡四训》、中高管必须看《王阳明》等。怎么学习传承呢？包括休班学习、轮班学习、集中学习、自主学习、分享体会、家书传递、辅导讲解等众多学习形式。

③ 举例说明。

比如绿化地带没有清洁工保洁，按照责任区划分给了各个部门，有各部门的标识牌；再比如，闲置的窗帘都利用起来，把“父母呼，应勿缓”等《弟子规》语句都印在上面，提醒员工；再比如，新员工学习《了凡四训》，了解因果关系。

④ 教育效果。

培养感恩之心、恭敬之心，员工关系更加和谐，冲突少了，员工更“律己”了。

模块三：绿色环保

① 以往习惯。

不注意环境卫生，尽管每个公司都搞 5S，甚至有的公司都搞到 10S

了，依然做不好最起码的“整理整顿，清扫清洁”，乱丢垃圾，桌面凌乱，文件混放，不爱护植被。

② 教育形式。

“光盘行动”、废旧电池回收、垃圾站管理、酵素制作、净街、净厂、绿化、植树、爱心角（旧物交流、再利用）、环保知识问答竞赛、走进社区、走进景区、DIY（环保创意、废物利用）、公共区域照明灯的改造节能等活动。爱护家园，爱护地球，爱护我们赖以生存的环境。

③ 举例说明。

“光盘行动”从高管做起，减少餐食浪费，义务绿化，义务植树，高管带领干部每月一次净街活动等，身体力行爱护环境；开展节能降耗活动就是提升企业利润的行为。

④ 教育效果。

环保的理念深入人心，大家会自觉爱护环境；减少餐食浪费效果明显；生产垃圾、生活垃圾大比例下降；工作现场的自主减少浪费、厉行节约慢慢会蔚然成风。

模块四：健康促进

① 以往习惯。

对健康概念的理解比较简单，缺乏全面、系统的机制性了解，以及基本的健康保障。

② 教育形式。

消防知识演练、眼睛卫生、特殊工种健康、女性健康、吸烟危害、安全出行、毒品危害、赌博危害、饮食健康、有机蔬菜，以及运动会、棋类比赛等各种益智活动，有的公司还有按摩室、理发室。

③ 举例说明。

比如吸烟的危害，通过各种奖惩措施，尤其是奖励措施，烟民数量会下降；再比如，理发室男性理发免费，女性头发护理只收工本费等。

④ 教育效果。

吸烟的人减少了，不良行为减少了，健康知识普及了等，各种直接、间接的好处都会产生。

模块五：慈善公益

① 以往习惯。

觉得捐钱就是慈善，理解相对狭隘；甚至有些人都没有公益概念，何谈慈善呢？生活中常见的有“日行一善”，稻盛和夫在《六项精进》第五条讲到“积善行，思利他”也是教导人们多关注公益，那具体该怎么做呢？

② 教育形式。

结合前面“境教”中的“净街”“净厂”“净景区”“进社区”“好媳妇队”“爱心车队”等公益活动，可以本公司自己组织，也可以联合其他企业、社区、园区一起做一些如天使行动、竹筒岁月、天使陪护、互助基金等。

③ 举例说明。

比如说“竹筒岁月”，每个部门可以设置一个“竹筒”，每个员工每月自愿捐助零钱，每月各部门轮流去养老院看老人等，无形之中给员工提供了多角度教育。再比如，互助基金的设立给救助大病员工、特困员工等建立很好的渠道。

④ 教育效果。

提升了心性，美化了心灵，增进了友谊，强化了责任和担当意识。

模块六：志工拓展

① 以往习惯。

对志工的认识较少。志工就是志愿工作者的简称，不计报酬，不计时间，甘愿为社会作贡献。志工经常参加大型或固定社会公益活动。

② 教育形式。

吸收新志工，扩大志工队伍。志工可以参加社会活动，也可以参加企业内部志愿活动，如爱心车队、好媳妇队、救援队、抢修队、互助队等。

有的员工是以团队形式出现，有的是个人形式出现。培养志工团队，就是培育优秀员工，培养利他型员工。

③ 举例说明。

厨房紧张时，志工服务队义务帮厨，好媳妇服务队为大家包饺子，爱心车队为外地员工赶飞机、赶火车提供支持等。

④ 教育效果。

感恩心、恭敬心、爱帮互助的氛围自然形成；没有爱闹事的员工，只有不会发现有爱心的员工。

模块七：人文记录

① 以往习惯。

传统思想下的人文记录，往往以公司报纸、照片、光荣榜的形式出现，没有过时，但却不一定适合现代人的习惯。

② 教育形式。

要有适应新时代的记录工具。自媒体、微信群都可以巧妙设计和使用。报纸在某种程度可以适当使用，但是照片必须更新使用。照片怎么更新呢？有些公司按照时下流行游戏来发布“英雄榜”，很有参与感，年轻员工的参与度达 100%。让员工的孩子来教育员工，让员工的父母来教育员工吧！

③ 举例说明。

企业自媒体的使用，比如“收入最大化，支出最小化”方面某个人做得最好，就可以做出互联网版的“状元帖”，事实可以故事化，形象可以卡通化。这样下来，公司的员工无不喜欢本公司出现这样的英雄人物。再比如，让孩子来公司参观，看到爸爸或妈妈在电子屏上的光荣形象和英雄事迹，孩子的荣誉感往往是给孩子父母最好的鼓励。

④ 教育效果。

人文记录实际是把工作中的闪光点、精彩时刻、平凡点滴、真理印证、创造行为、经营成果、朴实人生、活动轨迹、人物记录等以“见证”“感官”“感召”“心智”“传承”等方法，以大家熟知熟用的媒介工具表达出来，记录下来。这样的记录可以回顾，可以分享，可以作为人生的片段存在，让大家的荣誉感、存在感和幸福感更充分地体现和留存。

模块八：敦伦尽分

① 以往习惯。

它有两层意思。第一层是，按照传统人伦讲，你是什么社会角色，就要尽到什么责任和本分。比如总经理要对全体员工和经营结果负责，这是总经理的责任；作为员工，要做好分内之事，这就是员工的本分。第二层，就是在不同的角色分工和角色责任内，你能有什么创造和贡献。

② 教育形式。

敦伦尽分的表现形式多种多样。各岗位职能、各个角色都可以有对应的表现活动或集体活动、个人贡献。专项改善、质量角、跑冒滴漏、小改小革、指标挑战、金点子、我爱我设备、单耗降低、客诉降低、毛利提升、人才培育等都可以在这个项目下运作。

归结起来，只要是“我的责任”和“我们的责任”之内的事，都可以以敦伦尽分的形式展现出来。

③ 举例说明。

某项设备跑冒滴漏攻关活动，领了任务就得尽到责任。大家团结一致想办法、查资料、驻现场，最后取得改善成果。不同岗位分工不同，但必须尽好各自的责任。

④ 教育效果。

让干部和员工明白，岗位、职务的不同是因为分工的不同，必须尽各自的责任。从这一点出发，员工们会减少抱怨，责任感会不断加强，社会荣誉感也会更强。

Tips “八大模块”结合使用的建议

幸福企业“八大模块”具有非常好的借鉴意义，但不同的企业、不同的发展阶段，只可以结合使用，不可以照搬。

四、让“经营文化”成为经营效益的持久保障

学习经营文化的起点是稻盛哲学，所以需要概括性了解稻盛哲学。

1. 稻盛哲学的帮助

稻盛哲学就是稻盛和夫在其人生成长和企业经营过程中总结提炼的对人生、对世界、对价值观的深度思考和规律性总结。稻盛哲学除了能指导企业经营外，还对人们认识自己、认识人生、认识世界有非常大的帮助。人们判断事物的标准往往是按照“舍得”，而稻盛哲学强调的判断事物的标准是“善恶”，这就是极高的境界了。

稻盛哲学三个核心

1）敬天爱人。

源于我国周朝周公提出的“敬天、保民”，被日本思想家改为“敬天爱人”。敬天，就是敬畏天理和规则；爱人，就是热爱世界，热爱人民。在企业里，也可以理解为敬畏制度和文化，干部爱员工，员工爱干部，大家爱公司。

稻盛和夫办公室挂的第一个匾额就是“敬天爱人”。

2）致良知。

“致良知”源于明末大家王阳明的思想。王阳明，被日本等东亚国家推崇，阳明心学一度成为日本明治维新的理论工具。所以，阳明思想在日本留有很深的烙印。日本很多公司直接把“致良知”作为企业社训。

“致良知”的“致”，可以理解为动词，就是“按照”“本着”的意思，“良知”就是良心，整体可以理解为：按照良心办事。

3）作为人，何谓正确?

这是稻盛和夫先生自己提炼总结的人生判断标准。作为人，时时刻刻怎么判断事物？其实一点也不难，就是按照我们教育孩子的那些话，按照老师教育我们的那些话，按照父母教育我们的那些话。

敬畏规则，按照良心办事，按照“善恶”来办事，说起来简单，确

实挺难的，所以学习稻盛哲学不是简单地学，而是需要“悟”，需要有从“学”到“修”的过程。

2. 稻盛哲学体系认识

从应用角度细分，稻盛哲学包括“哲学核心”“人生哲学”“工作哲学”和“经营哲学”四个维度。以下这张图可以让我们全面地对稻盛哲学有概括性理解（见图 3-40）。

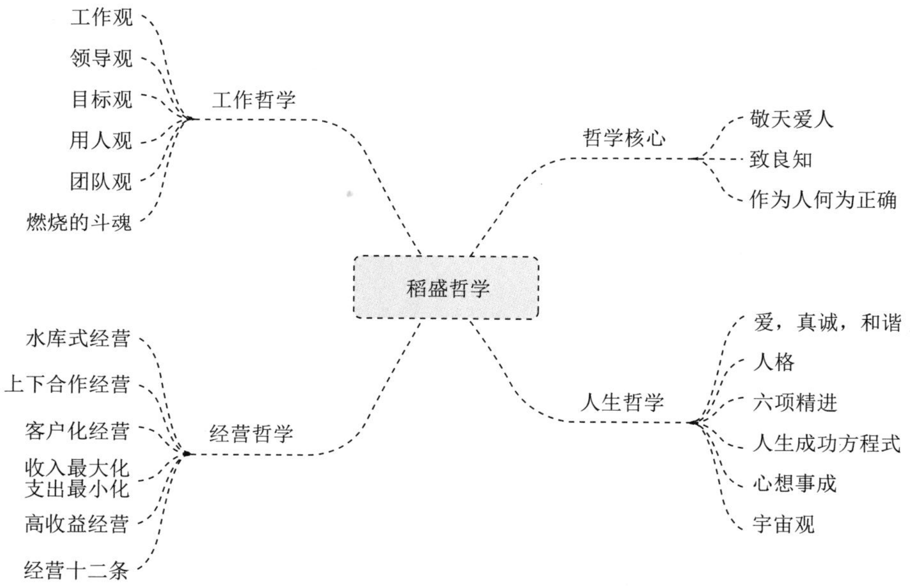

图 3-40 稻盛哲学

3. 稻盛哲学的来源及五次飞跃

稻盛哲学的五次飞跃如图 3-41 所示。

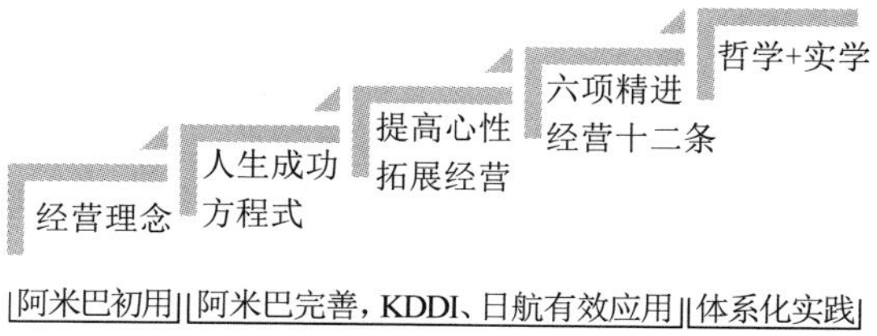

图 3-41 稻盛哲学的五次飞跃

（1）稻盛哲学来源及第一次飞跃。

稻盛和夫 27 岁创办京瓷，大约 30 岁的时候，处理罢工的过程让他非常苦恼，同时也引发了他的深入思考：创办企业的初衷就是让自己的技术转化成商品，但是员工的收入不能满足家用，不能有精神上的快乐，那做企业有什么用呢？苦思冥想了一周后，他的经营理念终于出台，一贯至今："追求全体员工物质和精神两方面的幸福"，"并为社会发展进步作贡献"是后期加入的。

第一次飞跃后，阿米巴经营模式逐步提炼出来，大约 1965 年年初阿米巴核算方式初步应用。阿米巴经营模式逐步成熟后，京瓷一跃而起，跨上了发展的快车道。

（2）稻盛哲学的后续飞跃。

"人生成功方程式"的总结，"提高心性、拓展经营"理念的提出，"六项精进""经营十二条"的总结，以及"哲学 + 实学"对整个体系的完善，都是稻盛哲学飞跃的节点。这期间，阿米巴经营模式从应用到成熟，到效果显现，到全球推广应用。

五、学习稻盛哲学，聚焦"经营文化"

稻盛哲学，必将影响世界！这是"稻盛和夫世界经营哲学大会"后很多学者提出的口号，可见稻盛哲学在全球的普及速度。企业界究竟该怎样通过学习稻盛哲学，从而聚焦"经营哲学"呢？

1.“教、学、用”三位一体学习法

2018 年，我在辅导一家大型企业集团学习稻盛哲学时提出了这个方法。"教"，就是外部老师来教，也可以请盛和塾的成员教；"学"，就是企业内分学员层次来学；"用"，就是岗位实践中应用。某企业 2018 年稻盛哲学学习规划如图 3-42 所示。

学员	教材	必学课程	选学课程	e-learning平台	学习方式												讲师
					家书传递	读书	视频	音频	专项	晨读	活动	微信平台	竞赛	发表会	课堂	其他	
X级	“四书”	活法	挑战者稻盛和夫	互动学习平台		★		★		★	★	★	★		★		
		成功方程式	稻盛和夫最后一战			★		★		★	★	★	★		★		
		六项精进	稻盛和夫自传			★		★		★	★	★	★		★		
		经营十二条	稻盛和夫记														
	“五经”	作为人，何为正确				★		★		★	★	★	★		★		
		经营理念															
		愿景和目标															
		哲学共有				★		★		★	★	★	★	★			
		阿米巴经营				★		★	★	★	★	★	★	★	★		限于班组长
	视频	稻盛塾长讲话-4份															
	书籍	《干法》等				★		★		★	★	★	★	★			
	培训	六项精进															×××
			选学课程	e-learning平台	家书传递	读书	视频	音频	专项	晨读	活动	微信平台	竞赛	发表会	课堂	其他	
X级	“四书”	活法	创造京瓷的男人	互动学习平台	★	★		★		★	★	★	★	★	★		
		成功方程式	京瓷哲学		★	★		★		★	★	★	★	★	★		
		六项精进	《活法》成功激情		★	★		★		★	★	★	★	★	★		
		经营十二条	从德鲁克到稻盛和夫												★		
	“五经”	作为人，何为正确	阿米巴模式		★	★		★		★	★	★	★	★	★		
		经营理念															
		愿景和目标															
		哲学共有			★	★		★		★	★	★	★	★	★		
		阿米巴经营			★	★		★	★	★	★	★	★	★	★		班组及部门长
	视频	稻盛塾长讲话-4份					★										
	书籍	《干法》等			★	★		★		★	★	★	★	★	★		
	培训	稻盛和夫卓越领导力	开1-2期														×××
		六项精进	根据人数，开1-3期														
	哲学手册	上半年编制完成，秋天庆典发布，冬季学习															
			选学课程	e-learning平台	家书传递	读书	视频	音频	专项	晨读	活动	微信平台	竞赛	发表会	课堂	其他	
中高管	“四书”	活法	创造京瓷的男人	互动学习平台	★	★		★	★	★	★	★	★	★	★		
		成功方程式	京瓷哲学		★	★		★	★	★	★	★	★	★	★		
		六项精进	《活法》成功激情		★	★		★	★	★	★	★	★	★	★		
		经营十二条	从德鲁克到稻盛和夫		★	★		★	★	★	★	★	★	★	★		
	“五经”	作为人，何为正确	阿米巴模式		★	★		★	★	★	★	★	★	★	★		
		经营理念	稻盛和夫的实学		★	★		★	★	★	★	★	★	★	★		
		愿景和目标			★	★		★	★	★	★	★	★	★	★		
		哲学共有			★	★		★	★	★	★	★	★	★	★		
		阿米巴经营			★	★		★	★	★	★	★	★	★	★		
	视频	稻盛塾长讲话-4份			★	★	★	★	★	★	★	★	★	★	★		
	书籍	《干法》等			★	★	★	★	★	★	★	★	★	★	★		
	参会	国内、世界大会														★	
	游学	视情况决定															
	培训	稻盛和夫卓越领导力	开1-2期														×××
		六项精进	根据人数，开1-3期														
	哲学手册	上半年编制完成，秋天庆典发布，冬季学习														★	
说明	视频	稻盛塾长讲话-4份	阿米巴经营带来企业持续发展、领导人的资质、企业统治的要诀、干法-经营者应该怎样工作														内部讲师

图 3-42 某企业 2018 年稻盛哲学学习规划

2. 聚焦学习“经营哲学”

“经营哲学”在稻盛和夫成功操盘的 3 家世界 500 强中，都有提炼和应用：京瓷 78 条，KDDI 38 条，日航集团 50 条。

国内很多公司通过对稻盛哲学的学习，提炼出了自己的“经营哲学手册”，比如，中兴精密集团有限公司的“中兴哲学手册”，广州莱克斯顿服饰有限公司的“莱克斯顿家训”等。

3. 学习“经营哲学”，聚焦“经营文化”

中国企业的文化土壤、制度与日本有所不同，因此，我建议把“经营哲学”转化成“经营文化”更有效果，更好吸收和应用。“经营文化”包括提炼出的经营相关概括性条目，还包括奋斗精神。

4. 提炼中国企业“经营文化”的“五维法”

一维，向后看。一路走来，企业披荆斩棘，肯定跟创始人、带头人思维、格局的不断突破有关。所以，总结提炼创始人和带头人的思想是最重要的。比如，历年的会议总结、年度报告等资料往往成为“历史钩沉”的宝藏。

二维，向前看。企业走到今天，未来怎么走、有什么梦想等都可以总结提炼出来，精辟一些，纲领性一些，就具有未来的指导意义。

三维，向左看。标杆企业做得怎么样？有什么值得学习的要点？“三人行，必有吾师”，一定能学到东西。

四维，向右看。看看自己干部员工们这些年的总结与提炼，也会有很大启发。

五维，向经典看。稻盛哲学就是经典，稻盛和夫能成功操盘 3 家世界 500 强就一定是经典，京瓷哲学一定是经典中的经典。

六、奋斗精神

特别提醒：经营文化除了总结的条目外，还必须强化奋斗精神。奋斗精神就是不断进取、克难攻坚、勇于奉献、不断创新、不断扬弃、居安思危的进取文化。小富即安、安于现状、得过且过、享受人生的消极思想都会影响企业持续进步。所以，经营文化另一重要的部分就是奋斗精神。

要像任正非提的“以奋斗者为本”那样。很多企业学习时都是“以奋斗为本”，那个“者”被忽略了，要鼓励创业者，鼓励各级阿米巴巴长的奋斗精神和行动，可以树立典型和榜样来促进奋斗精神的发扬光大。

企业经营者更应该具有奋斗精神。因为他们都是干部和员工时刻关注的对象。他们不奋斗，干部和员工怎么可能奋斗？稻盛和夫说："并不是说有了完善的核算制度，就能够保证提升现场的核算效益，**如果运用这一体系的领导人及其他成员缺乏热情，目标是不可能实现的。**"

Tips　学习"八大模块"，聚焦"经营文化"，重塑企业文化体系

只要把"八大模块"的幸福文化结合企业实际后进行借鉴性落实，学习稻盛哲学（包括京瓷哲学）并提炼出自己的经营文化，就一定能实现持续助力企业阿米巴经营效果，企业持续成长与发展就有了源源不断的动力。

第四章

怎么判

正确判断：常见误区 + 121 个答疑解惑

CHAPTER 4

第一节 阿米巴经营模式操盘误区

企业应用阿米巴经营模式到底有哪些误区呢？一般来说，主要体现在企业的“迷糊”。

① 什么样的阿米巴老师才是好老师呢？企业不好鉴别！

② 绩效考核方式、标准成本法、类承包模式等是不是也是阿米巴经营模式呢？

③ 企业里干部和员工对阿米巴经营模式的导入到底有哪些问题和建议呢？

④ 阿米巴经营模式跟财务管理、事业部制、运营中的疑惑和问题等。

一、中国阿米巴经营模式“四大流派”

阿米巴经营模式在中国化的过程中，就其知识体系而言，目前在国内没有一套最标准的版本。阿米巴经营模式在中国的实践主要分为四个流派。

1.“嫡传派”

嫡传派即曾跟随稻盛和夫先生进行阿米巴经营模式实践的纯粹日本顾问师，或是京瓷和日航的顾问师。他们的确是真传，但由于缺乏对中国文化的深度把握和理解，加之通过翻译操作授课和咨询，在国内的效果大打折扣，收费很高，效果一般，生存已显艰难。

2. “正统派”

一般是指盛和塾系统周边及外围的顾问师。按照稻盛和夫老先生原来的想法，盛和塾在中国以北京为基地只负责传播稻盛和夫哲学，日本阿米巴咨询机构以上海为基地只负责传播阿米巴经营模式。由于日本顾问师的影响力和项目交付的弱项效应，原来只负责传播稻盛和夫哲学的盛和塾资源系统的顾问师开始传播阿米巴经营模式，但其活动领域大部分在盛和塾系统内部企业。

这部分顾问师还比较专业，有的还是源于日本嫡传派。这类顾问师操盘的阿米巴咨询项目相对靠谱和专业，唯一缺点是“稍微贵了一点”。

3. “中国化派”

中国化派的顾问师实际也有分支。目前在中国市场上，宣传力度较大、市场占有率较高的就是中国化派，强调“中国式阿米巴”或“中国化阿米巴”。目前，做得比较好的，就是柏明顿咨询，和瑛咨询、道成智聚等南方公司。这些公司师资力量比较强，顾问师也比较多，比较强调核算，不太关注文化的渗透，对稻盛和夫经营哲学的研究与应用这几年也开始随阿米巴核算在加强；

中国化派的第二个分支相对薄弱，但实力不可小觑。这类顾问师一般源于稻盛和夫系统，对稻盛和夫经营哲学有很深的造诣，同时大多是知名企业高管出身，对经营本身非常了解，还具备非常深的理论造诣，能把稻盛和夫的阿米巴经营、稻盛和夫哲学、企业经营本身实践、企业管理理论等融会贯通。这类顾问师更强调专业性服务、良知化社会服务，不怎么做市场宣传，只是口碑传播，具体特点是“小而美，专而精”。

4. “野生流派”

这类顾问师，大多是纯粹讲师出身，或者是培训机构出身，口才很好，但缺乏对企业经营本身的实践与理解。这类顾问师在国内还是非常多的，尤其是 2019 年以后如雨后春笋般地出现了。这些老师也专、兼职地投入阿米巴经营模式顾问师行列。这类老师众多，讲讲阿米巴还可以，操盘咨询一般勉为其难。

二、似是而非的阿米巴经营模式案例及点评

企业导入阿米巴方式五花八门，效果各异。我提供四个方面的案例，供大家参考借鉴。

案例一：以“绩效管理”代替“自主经营”
（零售及小型工程行业）

案例点评

某集团是国内知名照明企业的某省总代理，在全省有很庞大的照明、装饰类产品渠道分销、总店零售、项目工程规模，以及食品连锁业务，其中的“总店零售”，也被内部称作“软装事业部”。

软装事业部创业10余年来效益很好，最近3年多，以总部为旗舰店、样板间导购再加分销的模式似乎有点“失灵”了，无论怎么调整都是亏损。现在的局面是，公司出台了基于利润分成的类似阿米巴经营模式的绩效考核方案，经营效果依然不甚理想。看来，要么创新经营模式，要么面临关门。

本案例看起来方案很完善，实际仍然是绩效考核为主的方案，体现的还是强管理、自上而下的压力型管理，各业务单元和各业务人员都没有从根本上转换成经营者的角色，以管理者角色和受雇者角色去做经营业务，效果一定受影响。

看得出老板的急迫心情，方案够细致，但很难彻底扭转经营局面。只有转换经营机制，划分自主经营体（细化并形成真正的经营主体），实现独立核算、自负盈亏，人人成为经营者。从经营主体相关理念，到自主经营政策机制，再到公司平台化的制度设计和运营模式调整迫在眉睫。

×××集团2019年软装事业部绩效方案

一、销售目标（附任务表）

二、考核要求

1. 实际毛利以商品的ERP销售出库下账后为准：实际毛利＝销售毛利－咨询费

2. 正价商品销售不低于6.9折，低于6.9折须由分公司总经理确认

3. 绩效可季度、半年、全年补差

4. 销售人员连续3个月未达保底毛利任务自动离职，公司无任何经济补偿

三、绩效方案

1. 销售人员：月绩效以毛利计算

（1）导购员提成方案。

月保底毛利任务	实际完成情况	绩效比例（灯具部分）	绩效比例（软装部分）	考核对象
3.5万元/人/月	3.5万元≤实际毛利＜4.5万元	毛利额×3%	毛利额×4%	张×× 关×× 李×× 张××
	4.5万元≤实际毛利＜6万元	毛利额×5%	毛利额×6%	
	6万元≤实际毛利＜8万元	毛利额×7%	毛利额×8%	
	实际毛利≥8万元	毛利额×10%	毛利额×12%	

（2）业务员提成方案。

月保底毛利任务	实际完成情况	绩效比例	考核对象
3.5万元/人/月	3.5万元≤实际毛利＜4.5万元	毛利额×10%	许××
	4.5万元≤实际毛利＜6万元	毛利额×12%	
	6万元≤实际毛利＜8万元	毛利额×15%	
	实际毛利≥8万元	毛利额×20%	

（3）设计师独立完成提成方案。

月保底毛利任务	实际完成情况	绩效比例	考核对象
1.5 万元 / 人 / 月	1.5 万元≤实际毛利＜ 3 万元	毛利额×8%	于××
	3 万元≤实际毛利＜ 5 万元	毛利额×10%	
	实际毛利≥ 5 万元	毛利额×12%	

备注：另外，配合销售人员完成销售的，提销售人员该项目提成的 30% ～ 50%（由分公司总经理协调分配）。

2. 季度绩效以个人目标销售额达成计算

（1）个人灯具销售额达成 100% 以上，额外给予销售额 ×0.3% 的提成。

（2）个人窗帘销售额达成 100% 以上，额外给予销售额 ×0.5% 的提成。

（3）个人壁纸销售额达成 100% 以上，额外给予销售额 ×0.8% 的提成。

（4）个人智能销售额达成 100% 以上，额外给予销售额 ×3% 的提成（由工程结算）。

（5）个人食品销售额达成 100% 以上，额外给予销售额 ×3% 的提成（由食品结算）。

备注：

A：新招业务人员前 3 个月无考核任务，第四个月为常规考核任务的 60%，第五个月为常规考核任务的 70%。第六个月为常规考核任务的 80%。

B：需要其他导购或设计师配合的，由销售人员从绩效中拿出 30% ～ 50% 给参与人员进行分配，由专人进行协调监督。

3. 后台人员考核方案：按销售额考核

月保底毛利任务	实际完成情况	绩效金额	考核对象
78 万元 / 月	78 万元＜销售额≤ 90 万元	300 元	于××
	销售额≥ 90 万元	500 元	

备注：完成全年销售目标，给予 1000 元 / 人奖励。

4. 缝纫工考核方案

每人每天制作 30 件成品帘后开始计件提成，按 2019 年标准计算。

5. 营销总监绩效方案：年度考核

（1）年底应收金额不超 10 万元，公司同意除外。

（2）年底库存配合盘点准确率达到 95% 以上。

（3）满足（1）（2）点，20 万元≤净利额 <35 万元时，绩效额为净利润额 ×10%。

（4）满足（1）（2）点，净利额≥ 35 万元时，绩效额为净利润额 ×12%。

例如完成 20 万元，绩效为 20 万元 ×10%=2 万元。

完成 35 万元，绩效为 35 万元 ×12%=4.2 万元。

6. 分公司总经理绩效方案：年度考核

（1）年底应收金额不超 10 万元，公司同意除外。

（2）年底库存配合盘点准确率达到 95% 以上。

（3）满足（1）（2）点，20 万元≤净利额 <35 万元时，绩效额为净利额 ×15%。

（4）满足（1）（2）点，净利额≥ 35 万元时，绩效额为净利额 ×18%。

例如完成 20 万元，绩效为 20 万元 ×15%=3 万元。

完成 35 万元，绩效为 35 万元 ×18%=6.3 万元。

7. 其他营销员绩效方案

（1）特价品商品销售：给予销售人员实际销售额的 1% 作为绩效。

特价码商品必须经过申请后的实际销售，必须由销售总监签字确认方可有效。

（2）非家居库销售人员客户绩效。

如毛利 <10%，无绩效。

如 10% ≤毛利 <20%，按销售额的 2% 给绩效。

如 20% ≤毛利 <30%，按销售额的 3% 给绩效。

（3）连单奖励：灯具—窗帘—壁纸—家具。

销售人员不能独立完成灯具/软装销售，提供客户信息促成销售成交的信息提供者获得该销售提成的20%；销售开单人员获得该销售提成的80%。

8. 团队绩效方案

单月部门销售额≥90万元，公司奖励1000元作为部门团建基金，由分公司总经理进行安排。

9. 绩效发放

按月发放，每月30日之前发放上月绩效。

此方案从2019年1月1日起执行，最终解释权归集团公司所有。

×××集团有限公司

2019年1月1日

×××集团2019年食品事业部绩效方案

1. 线上销售系统绩效方案（销售目标1100万元）

月保底毛利任务	实际完成情况	绩效比例	考核对象
65万元/部门/月	65万元≤实际销售＜80万元	毛利额×0.3%	许×× 于×× 张×× 后台团队
	80万元≤实际销售＜90万元	毛利额×0.4%	
	实际销售≥90万元	毛利额×0.5%	

其中许××占总提成的50%，于××占10%，张××占10%，后台团队占30%。
（后台团队包括采购、财务、车间、平面设计师，金额由高××协调分配）

2. 商超系统绩效方案（销售目标255万元）

（1）临促：400元/月（负责每日早晚陈列拍照、货品监督、要货及返货、辅助销售）。

月保底销售任务	实际完成情况	绩效比例	考核对象
1 万元 / 店 / 月 （不包含扣点）	1 万元≤实际销售 ＜ 7 万元	销售额×1.5%	各店临促
	实际销售≥ 7 万元	超出部分销售额×3%	

商都马嘉华底薪 2350+ 保险，提成方案按以上标准执行。

（2）商超负责人。

月保底毛利任务	实际完成情况	绩效比例	考核对象
22 万元 / 部门 / 月 （不包含扣点）	22 万元≤实际销售＜ 25 万元	销售额×0.5%	孙×× 宋×× 后台团队
	实际销售≥ 25 万元	销售额×0.8%	

其中孙 ×× 占总提成的 70%，宋 ×× 占 10%，后台团队占 20%。
（后台团队包括采购、财务、车间、司机，金额由宋 ×× 协调分配）

3. 团购系统绩效方案（销售目标 180 万元）

年度销售金额≥ 180 万元，给予销售金额 ×1.5%（只计算回款部分）。

其中张 ×× 占总提成的 70%，后台团队占 30%。

（后台团队包括采购、财务、车间、平面设计师、司机，金额由张 ×× 协调分配）

4. 渠道系统绩效方案（销售目标 100 万元，针对孟 ××）

渠道系统包括：全联商超、建行体系、自行开发等。

月保底销售任务	实际完成情况	基本工资	保险	绩效比例
4 万元 / 月	实际销售 ＜ 4 万元	0	连续 3 个月未完成自动离职	0
	实际销售 ≥ 4 万元	1780 元	正常上交，扣个人承担部分	（销售额 −4 万元）×10%

5. 万达店绩效方案（销售目标 60 万元）

（1）月任务分配如下（单位：万元）。

月份	1 月	2 月	3 月	4 月	5 月	6 月	7 月	8 月	9 月	10 月	11 月	12 月
任务	2.5	1	3	5	7	6.5	5	4	8	5	6	7

（2）绩效方案如下。

任务完成率	绩效方案
任务完成率＜80%	0
80%≤任务完成率＜90%	销售金额×1%
90%≤任务完成率＜100%	销售金额×3%
任务完成率≥100%	销售金额×4%

（3）售卡提成：售卡回款金额×1%（**单独计算**）。

6. 后台人员绩效方案

销售完后情况	绩效方案
销售金额＜1500万	0
1500万元≤销售金额＜1600万元	1000元/人
销售金额≥1600万元	1500元/人

后台团队指的是采购、财务、车间、司机、平面设计师。

7. 食品事业部负责人绩效方案

销售完后情况	绩效方案
销售金额＜1500万	0
1500万元≤销售金额＜1600万元	3万元
销售金额≥1600万元	5万元

8. 非食品事业部销售人员绩效方案

给予回款金额×3%提成（**即时结算，当月兑现**）。

此方案从2019年1月1日起执行，最终解释权归集团公司所有。

×××集团有限公司

2019年1月1日

××× 集团 2019 年绩效提成计算标准

根据集团公司发展的目标，为体现出多劳多得的计酬原则，公司 2019 年绩效提成计算标准如下。

<table>
<tr><td rowspan="8">工资发放</td><td rowspan="5">工资定档</td><td rowspan="5">每年度根据实际完成情况（合同定额）对工资档次进行调整，详见销售人员定级工资标准。公司资源的项目，销售额折半核算销售任务</td><td>AAAAA 年销售额 800 万元：工资标准 10000 元</td></tr>
<tr><td>AAAA 年销售额 600 万元：工资标准 8000 元</td></tr>
<tr><td>AAA 年销售额 400 万元：工资标准 6000 元</td></tr>
<tr><td>AA 年销售额 300 万元：工资标准 4000 元</td></tr>
<tr><td>A 年销售额 200 万元：工资标准 3000 元</td></tr>
<tr><td rowspan="2">季度绩效工资</td><td colspan="2">制定年度销售目标，分解至季度，一年四季度占比 1∶2∶3∶4</td></tr>
<tr><td colspan="2">考核范围：销售合同签订额（15%）、回款（15%）、市场推广（35%）、日常管理（35%）</td></tr>
<tr><td>绩效工资</td><td colspan="2">为整体工资的 30%，季度、半年、年度补差</td></tr>
<tr><td rowspan="3">提成核算</td><td rowspan="2">纯销售政策</td><td colspan="2">1. 个人项目：纯利率 ≥ 15%，提成比值：销售纯利润 ×25%；纯利率 < 15%，提成比值：销售纯利润 ×15%</td></tr>
<tr><td colspan="2">2. 公司资源的项目，提成比例按照销售额的 2% 计算。销售任务按（实际发生额 − 商务费用）×50% 计算</td></tr>
<tr><td colspan="3">备注：1. 纯销售项目，年度总回款须大于年度总成本后才能结算，提成基数的标准：毛利 = 销售人员全年所有回款额 − 销售人员全年所有已完成合同的挂账成本；净利 = 销售人员累计毛利 − 销售人员所有费用，费用包括：销售人员个人工资 + 销售人员全年所有累计的项目费用 + 所有完税税金 + 按销售比例分摊后台费用 + 财务费用（按融资利息计算）。2. 个人年纯利润达到 30 万元，提成比值 +5%</td></tr>
</table>

续表

<table>
<tr><td rowspan="5">提成核算</td><td rowspan="3">亮化施工项目政策</td><td colspan="2">1. 个人资源的项目，毛利率≥45%，佣金比值=项目决算额×5%。特殊项目另议</td></tr>
<tr><td colspan="2">2. 个人提供工程信息，配合公司并依靠公司资源签单的项目，佣金比值=（项目决算额－商务费）×1%</td></tr>
<tr><td>3. 公司资源亮化项目另议</td><td>4. 项目部人员的奖金由公司根据具体施工情况而定</td></tr>
<tr><td colspan="3">备注：施工项目的毛利额=项目决算额－项目灯具成本－项目施工成本（辅材、人工费、税金、贷款利息）－售后维护费用（根据质保时间，每年按审计结算额的1.5%计提）－突发费用。每个项目的回款额大于总成本后按回款同比例结算佣金</td></tr>
<tr><td colspan="3">为体现团队合作的重要性、必要性、公平合理性，公司鼓励大家以项目组方式合作开发项目，项目合作主要分为以下几种模式：1. 项目由两人或几人共同完成，各方均分；2. 项目由主要关系者确定，其他人辅助完成，主要关系者得60%，其他人得40%；3. 项目由主要关系者确定，其他人辅助前后期送货服务的，主要关系人得80%，其他人得20%。说明：项目提成分配在原则上采用以上三种模式，分配方式也可由当事人自行约定，合作共赢</td></tr>
<tr><td colspan="4">说明：1. 所有人员均须遵守2019年销售管理条例中的各项规定，若出现项目尚未完成而负责人中途离职的情况，项目提成须待交接人将项目实施完毕后，以共同完成项目的形式按比例计算。2. 实际回款额的1%作为后台人员的年终奖金，分配比例由董事长及总经理、分公司经理协商后确定。后台主要人员有助理、订单、财务、出纳4人，每人每月绩效奖金考核金额暂定为300元，每个月销售任务完成率大于80%时才能发放，未完成任务的无奖金，每个季度及年终进行补差。3. 本标准自2019年1月1日起执行，2019年12月31日终止，其他未尽事宜最终解释权归公司所有</td></tr>
</table>

案例二：以“绩效管理”代替“自主经营”
（商贸行业）

案例点评

这是一个典型的绩效管理型的阿米巴经营方案。

本案例仍然停留在对业务量考核、对销售量提成、细扣费用的传统经营模式状态。如何实现量与利润的综合性考核，如何实现各业务车组自主经营、独立核算、多劳多得成为未来变革的关键。

×××燃气公司阿米巴方案

一、调研活动

1. 调研主导人员：总部阿米巴秘书，集团总经理、副总等4人

2. 调研对象：×××燃气公司

3. 调研时间：5月8日—5月10日

4. 调研情况：分成2个小组，2人跟车调研市场，2人进行内账核对盘点

二、调研结论

1. 减少油耗。以2018年数据为基数，每台车每月油费减少300元。指定固定加油站，油款体现到工资里，按月发放

2. 加气站、液化气站收款员合并为1人

3. 张三、李四2台车合并为1台，继续保留2个组长，绩效平分。补助部分：开车补助2000元，不开车补助1000元

4. 李四原车辆出售

5. 合并后原车组的业务员配2个小柴油车，市区扛楼，1个提成20元，无底薪，前两个月保底工资3500元/人（若超出保底，按实际数量提成），2个月以后按照实际数目提成

三、具体实施方案

各车组4月份单车利润：

1. 赵七

① 4月收入173371元　销量27210

② 销量成本27.21×4282元/吨=116513元

③ 油费3600+维修184=3784元

④ 车组工资：9799+5698=15497元

⑤ 车组人员保险：1242.5×2=2485元

⑥ 车辆保险：509元

⑦ 费用分摊：（81224÷163774(总销量)）×27210=13495元

利润：173371−116513−3784−15497−2485−509−13495=21088元

2. 马八

① 4 月收入 151307 元　销量 23368

② 成本 23.368×4282 元 / 吨 =100062 元

③ 油费：3500 元

④ 人员工资：12104 元

⑤ 人员保险：2485 元

⑥ 车保险：509 元

⑦ 费用分摊：（81224÷163774）×23368=11589 元

利润：151307−100062−12104−2485−509−11589=24558 元

3. 郭九

① 4 月收入 174150 元　销量 27048

② 销量成本 27.048×4282 元 / 吨 =115820 元

③ 油费：3800 元

④ 人员工资：17425 元

⑤ 人员保险：1294.5 元

⑥ 车辆保险：509 元

⑦ 费用分摊：（81224÷163774）×27048=13415 元

利润：174150−115820−3800−17425−1294.5−509−13415=21886.5 元

4. 张三

① 4 月收入 127600 元　销量 20004

② 销量成本 20.004×4282 元 / 吨 =85657 元

③ 油费 3400 元 + 维修 184 元 =3584 元

④ 人员工资：10582 元

⑤ 人员保险：1154.5 元

⑥ 车辆保险：525 元

⑦ 费用分摊：（81224÷163774）×20004=9921 元

利润：127600−85657−3584−10582−1154.5−525−9921=16176.5 元

5. 洪十

① 4 月收入 143755 元　销量 24098

② 销量成本 24.098×4282 元 / 吨 =103188 元

③ 油费：3784 元

④ 人员工资：12352 元

⑤ 人员保险：1294.5 元

⑥ 车辆保险：509 元

⑦ 费用分摊：（81224÷163774）×24098=11951 元

利润：143755−103188−3784−12352−1294.5−509−11951=10676.5 元

6. 蔡十一

① 4 月收入 159630 元　销量 25022

② 销量成本 25.022×4282 元 / 吨 =107144 元

③ 油费：3785 元

④ 人员工资：12299 元

⑤ 人员保险：1154.5 元

⑥ 车辆保险：696 元

⑦ 费用分摊：（81224÷163774）×25022=12410 元

利润：159630−107114−3785−12299−1154.5−696−12410=22171.5 元

7. 李四

① 4 月收入 110783 元　销量 17024

② 销量成本 17.024×4282 元 / 吨 =72897 元

③ 油费：3500 元

④ 人员工资：9478 元

⑤ 人员保险：104 元

⑥ 车辆保险：521 元

⑦ 费用分摊：（81224÷163774）×17024=8443 元

利润：110783−72897−3500−9478−104−521−8443=15840 元

合计：132107 元

案例三：以“绩效管理”代替“自主经营”

（企业仓库）

案例点评

2019年×××公司计划部仓库阿米巴经营模式业务方案（初稿）

1. 目的

1.1 提高仓库业务效率，减少业务周期。

1.2 提高仓库人员责任感。

1.3 保证公司仓储业务高效性，增加员工收入、降低成本。

2. 适用范围

×××公司涉及所有仓库业务，物料存储、收发、包装、发货等仓储业务。

3. 适用原则

3.1 公司所有仓储业务均由计划部仓库以阿米巴模式实行。

3.2 所有仓库业务均由计划部自行制订实施方案，以公司规章制度为基准。

4. 阿米巴模式具体方案

4.1 人力资源部门核算仓库总费用并定出业务台/套的单价。

4.1.1 核算单价时须涵盖采购物料入库、计划投产备料、市场备件需求、工程备件需求、研发物料需求及其他部门需求等业务。

人力资源部门应依据市场需求计划分淡旺季，主控+变桨≥105台（套）、变频≥22台（套）时给出整月的阿米巴模式费用（旺季）；主控+变桨<105台（套）、变频<22台（套）时给出整月的相关费用（淡季）。

数据来源：2019年1月～8月计划投产平均数。主控105台（套）；变频22台（套）。

4.1.2 人力资源部门给出计划部仓库人员支援其他部门单价（人员支援单价以每小时计算）。

4.2 计划部仓库依据总费用制订费用分配方案。

4.2.1 计划部费用分配包含基本工资 + 工龄工资 + 员工福利待遇 + 绩效奖金。

4.2.2 计划部仓库人员均实行阿米巴模式自行管理。

4.2.2.1 人员考勤依据工作量安排，执行不定时工作制，依据工作需求灵活安排员工工作。

4.2.2.2 人员请假定义：安排员工上班时因个人原因不能到岗，必须提前 1 天请假，领导批准后方能休班，否则将视为旷工，旷工 3 天以上（含 3 天），将移送人力资源部门处理。

4.2.2.3 计划部可对仓库基层人员行使任免权，包含组长及相关关键岗位。须向公司人力资源部门备案。

4.2.2.4 计划部可对仓库人员行使配置调整权，可依据实际工作需求进行人员的减免，将减免人员移交公司人力资源部门。

4.2.2.5 计划部自行制定绩效考核制度。

主要考核项为：1. 工作量；2. 有效出勤工时；3. 工作质量；4. 工作纪律；5. 工作能力；6.8S；7. 其他考核项。

4.2.2.6 其他考核项目。

4.2.2.6.1 因仓库人员工作失职造成物料丢失、损坏等，依据月度绩效考核项扣除相应比例分值，并依据物料损失价值的 10% 扣款，当月累计 2 次以上者当月绩效分值为 0，并移送人力资源部门。

4.2.2.6.2 因仓库人员工作失职造成物料错发等，依据损失程度进行处罚。情节较轻者，造成其他部门异常工时由相关人员承担，且当月 2 次以上者移交人力资源部门考虑无偿辞退；情节较重者，一经发现直接移交人力资源部门无偿辞退。

4.3 单价调整：依据公司及国家相应工资进行单价调整。

4.4 新项目标准工时依据实际测算以 2.0MW 标准工时为基准，进行调整单价。例如：新项目标准工时 =2.0MW 标准工时 × 倍数；新项目单价 =2.0MW 标准单价 × 倍数。

4.5 阿米巴模式涉及的所有加班均不另付加班费用及产生的交通费。

4.6 计划部仓库正常班时可享受公司班车待遇，因工作需求安排调休及上班交通费用由计划部仓库自行负责，人力资源部门核算阿米巴模式费用时须考虑此项。

5. 仓库标准工时

5.1 由工艺部门主导，仓库配合测算仓库所有业务的标准工时。

5.2 标准工时用于成本核算、阿米巴模式费用分配、人员配置控制等依据。

6. 人工成本总额核算及工资认定

6.1 人工成本总额核算。

人工成本总额＝应发工资＋单位承担保险＋单位承担公积金

应发工资＝基本工资（标准工资＋绩效工资）＋工龄工资＋全勤奖＋其他津贴

6.2 阿米巴模式工资核算。

阿米巴模式工资（个人）＝备料台／套 × 单价

6.3 阿米巴模式原则。

6.3.1 所有仓库业务（包含工程备件物料出入库、市场备件物料出入库、研发物料出入库、在库报检、物料调拨、备件包装等相关仓储业务）均实施仓库阿米巴模式。阿米巴模式无支援工时，所有业务均为仓库本职工作，依据计划合理安排工作内容。

6.3.2 仓库依据计划安排、相关部门需求给出需求计划，保证各部门需求，灵活掌握各项仓库业务进度，自行安排人员。

6.3.3 仓库自行制定员工绩效考核，仓库阿米巴模式费用分配执行多劳多得原则，仓库依据供应商物料分类进行分组，依据投产项目备料，记录每个人的工作量（备料套数）并实行小组阿米巴模式，不固定备料周期，以需求部门时间节点为基准。

6.3.4 完成工作的前提下，可自行调休，正常工作。

序号	必要事项/流程简图	责任者
1	生产计划	市场部 计划部
2	承包费用预提	计划部 人力资源部
3	业务接单 Y	计划部
4	业务操作	计划部
5	业务结算	计划部 人力资源部
6	内部分配	计划部
7	核算提报	计划部 人力资源部

7. 阿米巴模式优点

7.1 业务灵活性：以公司制度为基准，自主管理，灵活掌握工作进度，将人员利用率提高到最大，待工时可依据需求安排人员休班，间接降低人员成本。

7.2 责任感：员工的责任感大大提高，阿米巴模式后所有业务均视为自己的业务。

7.3 收入提高、成本降低、效率提高：阿米巴模式实施一段时间后，员工自行提高效率，将会淘汰部分人员，将淘汰人员的收入自行分配，即固定阿米巴模式费用，人员越少分配得越多；人员将自行承担淘汰或离职的人员工作量，以提高效率，自行加班解决人员不足，收入提高，公司成本降低。

8. 阿米巴模式缺点

8.1 对计划准确性要求较高，仓库实施阿米巴模式后因效率提高，备料周期提前，若计划变更会造成仓库备料无效并进行退料，重新入库进行账、物、卡处理，使仓库重复工作。

8.2 阿米巴模式实施后，需求部门若无计划性，仓库将不能满足相关部门需求，例如仓库依据计划完成工作后，将部分人员调休，其他部门临时紧急需求增大，仓库此时将不能满足备料需求。

案例四：以“标准成本法”代替“自主经营”（五金厂、表面处理厂）

案例点评

国内企业中，尤其是制造业企业中，按照“标准成本法”应用阿米巴的还真不在少数。“标准成本法”应用阿米巴有以下几个缺点。

第一个缺点是，不标准、不准确。超出标准成本就罚，低于标准成本就奖，看似很好执行，实则是偷懒的方式。标准成本法一定来源于财务部门，财务部门的成本会计们是否了解生产工艺，是否熟悉生产作业？如果成本会计连车间都不去，这样的标准成本能标准吗？

第二个缺点是，有效期极短。好像车间参照起来就行了，但是执行个把月就没新鲜感了，久而久之就会流于形式。

第三个缺点是，没有建立自主经营意识，没有建立自主核算意识，没有建立自主核算体系，没有建立“四会”改善体系，没有建立巴长的职责机制，没有建立巴长阅读业绩质询会监督机制等；使用标准成本法，仍然停留在管理自上而下的贯彻层面而已，没有实现对员工经营主体归位、利益镶嵌的制度设计。

至于其他以“费用管理方式”代替“自主经营”的，把“财务核算”和阿米巴自主核算混为一谈的，职能部门变身赚钱的阿米巴模式误区的比比皆是。

1~6月五金厂经营报表 单位：万元													
核算项目		1月实际	各项标准（月度预算）	2月实际	各项标准（月度预算）	3月实际	各项标准（月度预算）	4月实际	各项标准（月度预算）	5月实际	各项标准（月度预算）	6月实际	各项标准（月度预算）
收入（入库产品标准成本）包含间接部门费用		646.82	646.82	181.29	181.29	485.76	485.76	545.80	545.80	469.11	469.11	389.08	389.08
支出	直接材料（生产领料）	592.10	579.29	157.49	162.02	430.86	430.86	477.04	472.04	375.84	398.08	336.87	330.90
	异常领料（损耗）	10.20		7.21		17.85		8.22		8.92		22.33	
	正常人工成本	38.61	24.74	11.10	6.75	19.43	20.89	27.76	25.89	29.09	23.15	21.82	19.11
	电费（实际电表数）	2.05	12.55	0.61	3.57	2.19	7.40	3.59	12.77	3.61	11.48	3.13	8.90
	水气费	0.13										0.44	
	物料消耗	1.68		3.77		0.76		6.18		（1.35）		6.85	
	劳保费	0.42		0.15		0.15		0.16		0.00		0.01	
	维修与材料费	1.32		0.61		2.32		2.81		0.96		3.19	
	固定费用分摊	10.98	15.39	10.74	4.27	14.65	14.69	14.39	19.70	16.67	17.05	14.84	14.40
	办公费	0.51	4.36		1.23	0.11	2.53	0.04	3.71	0.02	3.37	0.32	2.55
	期间制造费	0.16		0.20		1.33		0.17		1.34		1.82	
支出汇总		658.16	636.32	191.87	177.83	489.67	476.37	540.34	534.12	435.09	458.61	411.62	380.39
结算收益		-23.99		-14.04		-13.30		-6.22		23.52（-4.1）		-31.23（-3.5）	
间接费用（NPC征收）	间接人工		9.67		2.64		6.94		8.65		7.81		6.50
	间接变动		1.86		0.51		1.52		1.88		1.68		1.36
	间接其他		1.13		0.31		0.92		1.14		1.02		0.83

总结说明：1～6月五金厂KPI制造经营利润达成率-2.18%（共亏损64.99万元，主要人工成本亏损59.5万元）

五金厂阿米巴经营核算表（1 ～ 6 月汇总）

1~6月表面处理厂经营报表　　单位：万元

核算项目		1月实际	各项标准（月度预算）	2月实际	各项标准（月度预算）	3月实际	各项标准（月度预算）	4月实际	各项标准（月度预算）	5月实际	各项标准（月度预算）	6月实际	各项标准（月度预算）
收入（入库产品标准成本）		861.08	861.08	220.08	220.08	528.04	528.04	674.66	674.66	493.18	493.18	516.71	516.71
支出	直接材料（生产领料）	657.48	657.48	167.10	167.10	409.36	405.60	523.40	521.98	383.10	362.62	381.71	366.33
	异常领料（损耗）	18.58		11.22		27.24		14.77		6.40		15.73	
	正常人工成本氧化	73.86	21.29	12.05	5.34	17.62	12.44	20.41	15.41	21.25	9.78	14.54	8.62
	抛光		35.61	17.12	10.70	26.35	21.37	33.67	27.43	30.90	22.38	32.86	25.37
	电费（实际电表数）	32.55	20.53	11.60	5.09	20.10	12.56	28.01	15.34	22.76	16.75	17.83	14.78
	水气费	0.23				13.60				8.05		0.63	
	物料消耗	84.44	64.39	9.68	15.95	66.93	39.38	101.83	48.10	100.12	42.18	75.49	62.64
	劳保费	0.64		0.38		0.46		0.42		0.00		0.00	
	维修与材料费	0.10		0.45		1.00		0.04		1.42		0.50	
	固定费用分摊	5.57	13.69	7.28	3.70	7.28	8.08	7.41	10.81	11.12	6.87	6.32	6.46
	办公费	0.25	20.89		5.20	0.04	12.74	0.02	15.54	0.03	10.43	0.03	9.73
	期间制造费	0.90		1.51		20.95		5.47		0.88		12.22	
支出汇总		874.58	833.89	238.40	213.07	610.93	512.17	735.43	654.61	586.04	478.34	557.85	501.29
结算收益		-38.54		-25.32		-98.76		-80.82		-107.70		-56.57	
间接费用（NPC征收）	间接人工		19.22		5.42		12.42		15.69		11.75	14.39	12.26
	间接变动		3.61		0.99		2.14		2.71		1.92	4.48	1.96
	间接其他		2.21		0.60		1.31		1.66		1.17	35.41	1.20

总结说明：1~6月表面处理厂经营利润达成率未达成-11.79%（亏损405.23万元，其中物料超标171.72万元,人工成本超标85.82万元，水电超标70.49万元）

表面处理厂阿米巴经营核算表（1 ~ 6 月汇总）

第二节

通用问题借鉴：中国某知名车企阿米巴经营模式导入前，匿名调查问卷

这是我对该企业近 200 名班组长进行 3 天 2 夜阿米巴模式特训营结业后的调查问卷结果。因为是匿名调查，此问卷非常真实地反映出广大中基层干部、员工对于创新经营一类的模式导入和模式变革的内心想法，包括担心、质疑、不相信、不理解，甚至是不支持的心态，当然也有很好的建议。

通过这个匿名调查，对于企业在阿米巴经营模式导入前，对干部和员工心理状态判断是有很大帮助的。

事实上，这个企业导入阿米巴经营模式 8 个月后利润倍增，员工的收入倍增。实践证明了，当“公司提效益，员工得实惠”的理念落到实地，这个模式是很受公司和员工欢迎的，之前提的这些问题自然而然都迎刃而解了。

调查问卷整理后，主要是以下两方面内容。

一、问题、质疑

① 巴组织的定位，巴与内部、外部的资源重新配置，利润创收的切割。

② 工厂现有人员架构杂乱，各职能部、车间职责没有系统划分，直产车间权利被划分给各部门，没有独立的技术支持，提质增效工作进行困难，员工思维很难彻底转变；工人工资与劳动付出不成正比，国企运营理念死板，对运行此体系抱有疑问态度。

③ 运用阿米巴（追求利润）对现有管理体系是否有冲突？人人都当经营者，谁对专业技术、生产负责？

④ 这些年公司在经营管理方面进行了很多学习，多流于形式，希望这一次不要半途而废。

⑤ 现有制度与阿米巴经营体系冲突的阻力，责权利如何统一、匹配？

⑥ 工厂内部还有许多切实的工艺问题、技术问题没有突破，生产变化点多，产量质量波动较大，需要技术攻关而不是管理形式的创新。

⑦ 如何保证经营权、人事权、分配权？

⑧ 生产一线员工少，辅助人员过于膨胀；多为关系户，没岗加岗，真正服务体现不出来；希望有工厂能做到知人善用。

⑨ 各巴之间通过算账方式经营，可能因账目扯皮，降低整体的办事效率。

⑩ 现阶段分厂内部结构不明确，运行需要大动作，对人员要求高。

⑪ 采购无自主权，市场价格普遍偏高，工厂生产成本高；销售仅有内部客户，风险较大。

⑫ 现有环境能否带动全员参与是关键，遇到漠视不配合的坚决教育处理，让决心冲破困难。

⑬ 利润计算超出公司预算，承诺无法兑现。

⑭ 阿米巴文化的前提是自利、利他，目前工厂内部没有这样的环境，恐怕难以统一思想。

⑮ 新理念的推行就是一场变革，不缺少阻力，会造成工作推进困难。

⑯ 国企有阻力，难以完全授权。

⑰ 个人、团队对阿米巴的认识和理解不够、大局观不够，狭隘的争利行为带来阻力。

⑱ 与阿米巴经营理念相适应的政策、制度的匹配，全员参与的积极性和热情。

⑲ 准确地进行评价、赋权。

⑳ 长期的分摊费用在各巴分配不准确，每个巴定价脱离市场。

㉑ 思想守旧，对新事物不敏感，不愿主动接受，观望。

㉒ 增加数据统计、制表等工作负担，员工接受有阻力。

㉓ 服务巴与利润巴之间协同作战、沟通。

㉔ 目前的薪酬制度是否能兑现巴组织收益。

㉕ 半途而废、学到最后无跟踪。

㉖ 相互制约变成相互推诿。

㉗ 赋权后，巴长乱用权利；内部定价规则的公平性；班组长级别的办公能力、动手核算能力。

㉘ 采购价不公开，使用工具不知道价格。

㉙ 利润巴明确授权，特别是人事权和分配权。

㉚ 数据的真实性、人员的积极性。

㉛ 现有工资包制度与巴利润再分配的落实能否得到保障，员工心中有疑问。

㉜ 各巴间体系联动存在风险。

二、建议、意见

① 先易后难、逢山开道、遇水架桥；华山一条道。

② 改变“死工资”的现状。

③ 现地现物、实事求是。

④ 小规模试点（车间），提供更多成熟的阿米巴运营实例。

⑤ 财务部门能否给出市场评定及价格数据。

⑥ 公司需要关注员工的真实想法，而不是总拿我们厂试点，员工疲于应付各种变化，无心生产，造成整个生产流程不稳定。工厂现在需要工艺、设备等各项稳定。

⑦ 减少对工厂的各种管理，少管事、多放权。

⑧ 希望老师在接下来的时间与大家进一步了解实际生产情况，制定适合有色厂的阿米巴规则，避免扯皮，提高效率。

⑨ 直产车间按产品分巴是合理的，没必要按工序分巴。

⑩ 不要只满足现状原地踏步，要开拓市场，开发更多的新产品。

⑪ 最大化调动所有员工的积极性；增加现场专业培训，由巴长或阿米巴秘书转训。

⑫ 按市场招标竞价，降低采购成本；积极开发外部客户。

⑬ 能以详细的数据划分阿米巴巴组数量。

⑭ 需要有决心打破工厂的现有组织架构，以适应阿米巴经营模式；充分授权、特区政策，职能部门有限参与。

⑮ 自己决定自己的事，分享利润增长带来的收益。

⑯ 员工精力不足，日常管理过多，甚至是过度管理，疲于应付。

⑰ 核算数据可能存在误差或虚假，避免出现各巴盈利但工厂亏损的情况，需要计财等相关部门监督、支持。

⑱ 一步一步来，先算账解决突出问题；把阿米巴当成一种文化，根植于铸造文化之中。

⑲ 做好宣传与互动，让更多的员工了解阿米巴。

⑳ 建立公平、合理的利润分配机制包以 100% 兑现；一直将阿米巴推行下去，提高到企业战略层面。

㉑ 彻底放权，简化流程。

㉒ 通过试点，扎实推进阿米巴经营理念，充分暴露问题、解决问题，培养一批优秀人才；奖金兑现。

㉓ 公司上下体系联动，以壮士断腕的决心推进试点工作。

㉔ 有效激励，并将阿米巴纳入绩效考核。

㉕ 公司整体推行阿米巴，单一的角落阿米巴或某一个部门阿米巴将会受到制约。

㉖ 坚定信念，用于开拓创新；相信只要坚信，共同努力，一定会带来好的结果。

㉗ 转变观念，积极应对，用学到的阿米巴经营模式来指导今后的工作，发挥自己最大的潜力。

㉘ 进一步放权，提高员工的福利待遇，给予激励政策。

㉙ 以提高员工幸福指数为前提，公平、公开、公正，持续不断地改善、激励；言出必行、行之必果、果出必奖。

㉚ 分厂制定总的激励政策方案。

㉛ 希望公司能充分授权、“责权利”对等。

㉜ 建议定期培训、深入讲解。

㉝ 员工才是企业最大的客户；扩大培训范围，每人都接受培训，做好转训；希望每人都能从心底接受阿米巴精益模式并贯彻执行。

㉞ 各利润巴每个班安排单独的核算人员，进行及时核算；建议先做材料定价，及时与财务沟通相关费用。

㉟ 职能部服务巴加大服务的同时，也要加大监管力度，适当的会计科目调整应由公司给予支持。

㊱ 领导大力支持并带头推行，努力做到全员参与，每天一总结、每周一汇报，只有让员工看到收益，才会使阿米巴经营模式更快、更好地推行出来。

㊲ 建议采购公开，谁家价格合适用谁家。

㊳ 规则明确，工作做细；绝对的资源支持。

㊴ 大力度推进阿米巴。

㊵ 给予最大的支持，采纳意见，评价给予帮助。

㊶ 前所未有，很难实现，10% 就挺好；关键是一把手的态度与做法；真学、真懂、真干、真服、真坚持。

㊷ 不宜全面铺开，建议以浇注车间为试点推进阿米巴。

㊸ 分配采用计件、工时；开源节流降成本解决根本问题，不只做表面文章。

㊹ 根据阿米巴经营模式的需要，进行流程再造、组织重构；兑现阿米巴利润再分配的承诺。

㊺ 从考核政策上给予支持；从收入分配上给予支持；我们要充分发挥创新能力，并且坚持做下去。

㊻ 企业推进过 TPS、FPS，但都未能坚持，希望我们能像丰田一样，只推一种管理方式，坚持下去；前人栽树，后人乘凉。

㊼ 三天的学习还不能完全掌握阿米巴的精髓，希望有更多的机会学习阿米巴经营管理理念。

第三节

阿米巴经营模式答疑解惑121问

一、关于阿米巴经营模式的模糊认识

1. 问：阿米巴经营模式在稻盛和夫的公司是非常成功的，在中国就是万能的吗?

答：任何一种理论都不是万能的，任何时候都要坚持理论联系实际。国家、企业、地域都是不同的，所以要实事求是。任何理论都能找出它的缺陷，关键问题是我们不是找其缺陷，而是找其应用的合理性和可用部分。

比如阿米巴经营模式诞生于京瓷这家制造业企业，按理说，阿米巴经营模式应该适合制造业，可是制造业又细分出“标准流程制造”“非标产品制造”“离散制造”等具体方式。在设计阿米巴经营模式的时候，不同制造方式下，阿米巴经营模式的应用就有其不同，更别说商业、服务业、电商等企业的阿米巴组织应用了，会有更大不同。这就是针对企业实际情况灵活运用、借鉴的问题。

2. 问：中国企业搞阿米巴，还叫这个“洋名”吗？国内企业引用时都叫什么?

答：师夷长技以制夷。所以即使仍然叫这个“洋名”也无所谓。但是，很多国企还是有自己的想法，根据企业实际改了适合自己的名称。

中国一汽铸造集团，仍然叫作“阿米巴经营模式”；中国南航集团原来叫作“价值创造”，后来准确叫作“全面市场化核算”；中国黄金集团叫作“内部市场化”；中国通服集团叫作“化小”；亨通集团叫作“微经营”；人民药业集团叫作“基元管理”。诸如此类，企业按照自己的理解，把阿米巴经营模式吸收转化后，根据行业和企业特点，起了适合自己特点和特色的名字。

3. 问：不同的企业吸收、转化阿米巴经营模式会有不同吗？

答：当然了。国企跟民企的优劣势正好相反，所以国企和民企应用阿米巴模式这个工具，吸收、转化的就不一样。

标准制造、非标制造、离散制造、电商、商业、服务业，不同业态，吸收、转化的情况也会不同。

企业吸收、转化和应用阿米巴模式的效果跟企业管理水平、文化、执行力、人才素质等关系很大，所以，不同的企业在应用时，会有不同的掌握和转化程度。比如一家人同时感冒，吃了相同的药，大人、小孩，男人、女人好得快慢就不一样。因为体质不一样，肠胃吸收消化后，治疗的效果就不一样。但是，这不是感冒药的错。

4. 问：还是对阿米巴经营模式的应用有疑虑，到底该如何更好地理解这个模式的应用呢？

答：在中国的应用，记住一定先当作工具使用。一上升到文化层面，就容易复杂。但是如果企业真达到了文化管理的程度，是可以进行经营哲学导入的，那样对阿米巴经营模式这个工具的应用就会功效倍增。

再有，就像本书前言说到的一样，“结构效率”和“运营效率”之间是经常转换、互为促进的，阿米巴经营模式仅仅属于“运营效率”的范畴。这就说明，阿米巴经营模式不是万能的，在运营层面应用，利润提升也是有局限的，所以还要在一段时间内切换到“结构效率”上，而后再切回到“运营效率”上。往复循环，阿米巴经营模式在“运营效率”里作为一个工具，才可以长期发挥功效。

二、与财务相关问题

5. 问：财务核算和阿米巴核算是一回事吧？

答：不是一回事。至少记住三点关键区别。

① 财务核算是依据相关准则进行的，以权责发生制为主进行记账；阿米巴核算就是业务单元核算，把各业务单元当作虚拟小公司对待，不用注册法人，这些所谓的“阿米巴”是以“规则”为依据的，以收支方式算账并做表的。

② 常规的管理模式，大家（包含各业务单元）都是依赖于财务数据，财务数据作为公司经营主要数据来源；大家（各业务单元）自己很少整理自己的数据，大多参考财务数据，结果会造成不能准确衡量自己创造的价值，不清楚自己业务单元的问题点、改善点、提升点不够。

③ 从时间点上看，财务核算需要收集30天的数据（月数据）以后才能出账和出三大报表；而阿米巴组织（各业务单元），则是以每天为单位出自己的经营报表（工程类的可能是以“周”时间出报表，即周报表；制药行业大多是以“批次”为出报表时间）。

综上，财务核算与阿米巴核算是两条线。现在，我们要通过阿米巴经营模式的导入，打造各业务单元自己的核算的线。

6. 问：财务核算与阿米巴核算，能用图区别开来吗？

答：财务仍然按照财务的借贷平衡方式建账，就跟初期建账、存货等说法相关了，财务核算与阿米巴核算比较如图4-1所示。

7. 问：业务单元算账说盈利，而财务说亏损，互不认可，是出了什么问题？怎么办？

答：这两条核算的线互不认账的情况很常见。一般问题出在以下三种情况。

第一种情况：收入计算上互相不认可，或者没有统一讨论后确认标准。

第二种情况：费用支出、费用分摊、资产折旧等摊销进入各自报表的时间出了差异，双方互不通气。

财务核算		阿米巴核算
☆ 以法人实体（公司）为核算对象	核算对象	☆ 以各业务单元（阿米巴）为核算对象
☆ 以权责发生制（借贷平衡、准则）	核算规则	☆ 以收付实现制（收支方式、规则）
☆ 会计科目	核算口径	☆ 经营科目
☆ 复式记账法	记账方式	☆ 单式记账法（核对关系的流水账）
☆ 财务凭证登账出报表	核算时点	☆ 随业务发生随时出报表
☆ 利润（算出来的，平衡出来的）	核算方法	☆ 利润（实打实，收减支，挣出来的）
☆ 对投资人及工商、税务等外部	使用对象	☆ 对经营者、各级巴长、巴秘，对内
☆ 需要具有专业财务背景知识的人操作	操作难度	☆ 人人可操作，人人成为经营者
☆ 公司资产	库存处理	☆ 当期成本、利息

图 4-1　财务核算与阿米巴核算比较

第三种情况：产品入库、出库等时间，记账标准，记账复核等角度出现差异，双方没有及时对账。

出现上述三种情况，非常常见，这是没有做好“利润平衡”，根本原因在于财务玩的是“准则”，业务单元玩的是“规则”。

具体解决的办法是：做好“利润平衡”，具体参见关于“利润平衡”的相关解释。

8. 问：业务单元进行阿米巴核算，业务有巨大改善，利润也有提升，而财务不认可，所以没有办法进行激励，什么原因，怎么办？

答：出现这个情况，一般原因有以下两种。

原因一：同上一问题相关，请参见上一问题。

原因二：企业导入阿米巴经营模式，若不是由老板发起，一般财务是不认账的。在企业导入阿米巴经营模式的很多实践中，有些是部门发起，比如精益部门发起等，没跟财务部门打通，或者财务根本不参与，一定会出现因为财务不认可业务单元自己算的数据，从而缺乏双重确认，导致激励搁浅。

解决办法有：第一，要确保阿米巴经营模式一定是公司发起（或叫老板发起），而不是哪个部门势单力薄发起；第二，一定要有财务参与；第三，一定要做“利润平衡”。

9. 问：阿米巴经营模式就是打造利润中心制吗？

答：是的，就是打造利润中心制。

制造单元原来都是以成本管理为主，阿米巴经营模式下需要通过内部定价并以内部定价乘以制造量算出车间收入，再减去其“料工费”支出，就是利润（准确地说是模拟利润）；对于营销部门来讲，本身就是把产品转化成商品卖出去，把商品变成钱拿回来，所以，营销部门本身就是利润中心。阿米巴模式设计下，营销部门就更应该是利润中心，并且要有其利润。

对于互联网、商业、服务业等企业进行内部的阿米巴模式设计，也要明确各业务单元的独立核算和利润实现的定位设计。

10. 问：新组织和新业务，可以让财务做初期账吗？经营报表如何建初期？存货是作为成本还是负债？

答：这是典型的从财务角度理解阿米巴经营模式的问题，是把阿米巴核算跟财务核算混淆了。阿米巴经营模式的核算是各业务单元（自主经营体）以收支方式实现独立核算，主要是算自己的收入项目、支出项目。

同时，阿米巴核算强调报表要做成“小学生都能看懂的账”，也就是我们家里常说的“流水账”。但是公司是法人组织，这个流水账要有规则和逻辑，要说得清其来龙去脉，所以，阿米巴报表就变成了“有核对关系的流水账”，跟财务角度的初期建账、存货等术语不同。

11. 问：某业务单元初期有 50 万元的存货，本月采购 20 万元，销售 40 万元，本月盈利如何计算？

答：这还是回到了上述问题，把财务核算跟阿米巴核算混淆了。

怎么计算呢？第一，视该业务单元为自主经营体，要独立核算；第二，本月收入 40 万元；第三，本月支出：50 万元存货用了多少？比如用了 20 万元，本月采购的 20 万元用了 15 万元，那 20 万元 +15 万元，本月用了 35 万元的成本，也就是支出了 35 万元的主辅料；再比如人工花了 2 万元，水电费花了 0.5 万元，“料 + 工 + 费”合计为 37.5 万元的支出。则收入 40 万元 −37.5 万元 =2.5 万元的盈利。

12. 问：从经营或财务的角度，关于如何提升公司利润的原理、原则是什么？

答：从经营角度考虑，就是要深入贯彻“收入最大化，支出最小化”的经营原则，“收入最大化”强调了增长原则、量与市场占有率，客户选择上要有好客户，要有好产品（客户和市场认可的爆品或爆款），要有好价格（价值与价格的互动关系，要做到定价即经营等），不能基于普通的相互交易，要研究持续对客户、消费者、用户进行心理和认知影响，我们称作把“交易价值”转换成“交互价值”；“支出最小化”是指本质费用（税金等）、实质费用（变动成本与费用、固定成本与费用）、形式费用（可多花、少花，甚至是不花的费用，如广告费、促销费等）三大类的费用管理。这些动作做到位了，根本目的“毛利最大化”也就实现了。

从财务角度，关于利润提升的原则，就是至少要做到三类利润源泉的追求（这里说的是财务角度，实际做的时候还是业务角度的努力）。

第一类利润源泉，就是成本费用和人工费用的空间。

第二类利润源泉，就是当第一类利润源泉空间不大的时候，要对市场下功夫。价值链的两端分别是客户端和供应链端，客户端要拿回好单子、高毛利的单子，甚至至少是有边利的单子。供应链端要有更多的质优价廉的资财选择与供应储备。这两端能为利润提升做出巨大贡献。

第三类利润源泉，就是当第一类、第二类空间暂时不大的时候，要向物流要利润。这里的“物流”包括内外物流。对内，包括场内（厂内）的短距离物流或内部物流（铁路线、短途车辆转运等）；对外，包括外包物流、外部临时租赁物流等。无论内外物流，都有深度挖掘空间，比如短途运输物流、油改电，就是一个非常明显的降本措施。

13. 问：要实现各部门独立核算报表利润汇总与公司财务报表利润一致，想了解具体操作方面，如何处理调整两者存在差异的部分；同时，在阿米巴经营管理中，要遵守“京瓷会计学”原则、“即买即用”和“现金本位的经营原则”，与财务会计不一致之处，如何体现差异？比如资产的折旧费是否根据实际使用情况而不是财务会计核算要求进行部门独立核算。

答：制造业企业，追求各部门独立核算报表利润汇总与公司财务报表利润一致，原则上是不可能的。因为各部门业务核算出的利润是模拟利润，一般早于财务核算的利润；各部门业务核算出的模拟利润是按照“规则”（企业内部制定的）进行的，而财务进行利润核算是按照“准则”来的。

据了解，即使发明阿米巴经营模式的京瓷，目前在二者上的利润核算也是不一致的，但每月都能搞清楚二者之间的差异及其原因。

具体操作方法如下。

① 每个月财务部门要与公司层面阿米巴秘书进行“对账”，共同出具“利润平衡报告”，主要在收入计算、费用支出、科目口径、时间性差异等角度做对账分析。

② 至于资产的折旧费，是否根据实际使用情况而不是财务会计核算要求进行部门独立核算的问题，应该由财务部门统一管理，统一口径，并且要由财务部门提供相应数据。资产的折旧要参照原值，而不是全部按照原值，这对于自主经营体不公平，重点要关注资产的残值、净值。

③ 划分自主经营体的时候，所有岗位人员要考虑到“责任成本”和“责任边界”问题。资产折旧，就代表着各个自主经营体所使用、所消耗的资产都是跟自己相关的，这也是“六盘”中的一项重要内容。

14. 问：每天核算报表数据的累计情况，出现与月度实际支付的费用不一致的情况，有哪些调整原则？

答：首先就是要按照“一一对应”的原则去考虑和调整，然后再从“利润平衡”的角度找出差别原因：是时间性因素？是财务和各个自主经营体之间互有遗漏，没有及时各自入账、入表？还是财务账簿三级科目跟各个自主经营体的叫法不一致？还是有其他待摊费用没有列明等。

三、与事业部相关问题

15. 问：阿米巴的自主经营体模式和事业部制有什么区别？

答：事业部通常对总部费用不做分摊，这样就不能更准确地反映企业经营的实际情况，各事业部之间虽有交易机制，但事业部内部并无交易，所以市场压力只传递到事业部负责人这个层级，而阿米巴是让人人参与经营，市场压力可以让全员感知。

有些公司，把小事业部视为阿米巴经营体是可以的。如果事业部内部进一步划分出层级的自主经营体，那阿米巴模式和事业部制就合为一体了。

16. 问：事业部应如何优化组织架构（如何让项目制在事业部中落地），从而切实提高承接业务的灵活性和效率。

答：进一步划分自主经营体，也就是化小核算单元，按照规定的“经营授权”进行独立核算，甚至自负盈亏，把握“责权利”相结合的原则推进。同时，把项目或指标的核算、报表、运行等与“巴长月度业绩质询会”监督机制结合，以“空巴会”“啃难会”“四会”等形式去做文化渗透、情感链接、攻坚克难、不断改善等工作，就会提升积极性、灵活经营调整和效率。

17. 问：事业部“麻雀虽小，五脏俱全”，对于总公司相关部门要设置岗位对接，从长远来看，可能发生因管理理念不统一导致互相推诿拖延的情况，还可能发生沟通成本过高等问题，面对这种情况，老师有什么好的建议吗？

答：这个问题在国内企业里面确实常见。这是典型的“以流程为中心”和“以领导为中心”的传统管理模式。

整个阿米巴经营体系设计得不好。本身阿米巴自主经营体的设计就是一种从经营角度进行的组织变革，一切按照“以客户为中心”进行组织和业务调整，而不是传统的“以流程为中心”和“以领导为中心”的管理模式。

企业不是政府，每一级政府都有对应上一级政府的部门或专职人员。这个问题的提出，就说明该企业有“企业政府化”的问题，或者严重的“大企业病”的问题。

18. 问：事业部内部管理按企业运行，会遇到很多合规性、风险防范问题，由于人员紧张，资源不可能全部配置到位，做不到面面俱到。面对这种情况，老师有什么好的建议吗？

答：事业部的合规性，应该考虑财务角度的风险内控问题，应该执行公司整体的“大法”，而不是“独立王国”。

事业部制的设立是为了灵活高效地适应市场和满足客户需求，关键在于合理进行“经营授权”，这也是定规则的问题。一岗多能，一岗双责都是需要提倡的。关键是岗位设置、个人工作量的饱和度，这些都是表面功夫，真正取决于员工的积极性。

如果理顺机制，文化很好，一人多岗是没有任何问题的。我在做中国一汽铸造的阿米巴项目咨询过程中，发现下面工厂的各个大巴（车间）的阿米巴秘书每天工作 10 余个小时，统计、杂务、报表、协调、专项跟踪等各种活集于一身，但他们依然干得非常出色。

资源分配到位，人员配到位，各级组织上下完全对应，这类企业离关门就不远了。

19. 问：事业部的绩效分配有充分的自主权，对于一人多岗位职责的情况。由于有总厂相关部门的比对，如何合理地制定绩效分配方案，老师有什么好的建议吗？

答：自然是要按照贡献来分配呀，投入精力多、产出多但不给予合理分配那就是学华为的“以奋斗者为本”变成了“以奋斗为本”，就学变味了，会打击大家的积极性的。绩效分配政策时给予倾斜，也可以根据工作量给予系数加权处理。

20. 问：事业部、利润中心在工作开展中，需要得到跨部门的职能协作，其中的责权利如何明确？完全用价值转移来结算，生产车间和经营性部门有较强的计划性可以控制，而职能部门的工作相对固化，且所做的工作相对较难以金额的形式进行量化，因此转移价格确定比较困难，怎么办？

答：还是对责任中心制的问题理解不透。利润巴之间会存在价值转移的问题，也就是工序定价、产品定价的问题；利润巴跟服务巴、公共服务平台之间不存在内部价值转换的问题。

特别情况下会出现“雌雄同体”的问题，比如某些行业的售后服务部，即有后市场服务，又会产生后期二次、三次等销售（比如汽车零部件行业等），这就是服务巴 + 利润巴的职能；有的公司的技术服务会产生技术服务支持性定价问题，这是合理的。

至于职能部门，那是公共服务平台，行使的是管控、专业提升、搭台、服务的职能，一般不应该存在内部价格转移。

21. 问：我们现在总部对事业部的管控模式，包括年度和月度的考核方式是否已经是最佳？

答：集团管控一般分为战略管控、财务管控、运营管控三种模式。战略管控，主要管发展方向，属于集团的战略成本管理范畴，一般在事业部里派驻财务人员；财务管控，就是完成财务角度的指标即可，相对松散；最严格的、做全面管理的就是事无巨细的运营管控。

单纯说年度和月度的考核方式是否已经是最佳，这需要结合管控模式上的实际情况进行回答。

但是事业部如果很大，不继续做化小核算单位的经营动作，事业部效益不会更好。结合阿米巴经营相关的运营、激励、监督、改善等机制，事业部应该发展得更好。

22. 问：如何在行业政策大背景下，充分发挥出事业部灵活、快速的优势，比如物资采购、项目投资等？

答：事业部灵活经营，譬如物资采购等问题属于“经营授权”范畴，或者是规则制定。比如公司采购部门要无条件支持事业部的采购件需求，从而支撑事业部的利润提升。这需要在阿米巴运营手册里制定相关规则。如果事业部比较大，自由采购部如何支持事业部里面的利润巴，也一定要制定规则；同时，采购部也要变成利润巴，施行阿米巴。

23. 问：事业部与总部其他利润中心或职能部门的内部协作机制，以及相关的费用成本的结算方式是什么？

答：协作机制，首先是按照责任中心制明确利润巴、服务巴、公共服务平台的职责：利润巴就是赚取利润的主体；服务巴就是直接服务于利润巴的服务主体；公共服务平台（人财行等职能部门）就是要做好管控、专业提升、政策平台、全公司的服务等。

其次，协作机制要把“阿米巴模式下的绩效”设计好；要把“巴长月度业绩质询会”设计好、开好；要把“费用分摊与折旧”做好。至于相关的费用成本结算，一定是内部结算，包括内部买卖、相抵后结算、服务费模式、分摊模式、奖金分配模式等的结合性应用。

四、与承包相关问题

24. 问：阿米巴经营和当年农村的“家庭承包联产责任制”是一样的吗？

答：从调动积极性角度是一致的。但具体性质及内涵是不一样的。如图 4–2 所示。

	承包经营	阿米巴经营
责任	利益最大化	追求利润同时关注现金和人才培养
权力	大权，甚至财权+人事权	事前计划，事中管理，事后评价
		系统控制风险
利益	承包人利益最大化	增量业绩和利润，员工与公司共享
长短期利益平衡	关注短期利益，急功近利	既关注短期利益，又关注长期利益
大局观	局部利益最大化，形成“诸侯”	关注局部利益同时必须服从大局
		服从全局
资源利用	破坏性，透支性	合理利用，资源集约度高

图 4–2　承包经营与阿米巴经营对比

五、与绩效相关问题

25. 问：实施阿米巴经营是绩效调整吗？

答：从组织绩效角度，是一种运营绩效的调整；从个人绩效角度，不是传统意义上的绩效调整，而是经营方式的调整，即自主算账。当然，调整完阿米巴模式，需要按照利润巴、服务巴、公共服务平台三大责任中心方向进行原有绩效模式的调整，尤其是利润巴、服务巴的绩效模式调整，公共服务平台绩效模式调整不大。

26. 问：阿米巴经营针对绩效，是具体调整组织绩效，还是个人绩效？

答：大方向，是组织绩效的调整，如上回答。具体而言，为确保各业务单元（各巴）利润的实现，巴长针对其巴员，更要加强个人绩效的管理与提升，以确保组织绩效（如部门与公司利润的提升等）。

六、与信息化相关问题

27. 问：要实现每天核算统计数据，目前现有的信息系统、业务系统等不能够完全支持，需要手工统计数据，想了解在数据统计方面还有哪些好方法？

答：没有更好的方法。使用Excel表格，看来是可行的，但时间长了，操作人员会疲惫、会马虎、会失真。长远考虑，还是要进一步完善相关的信息系统，让信息系统助力阿米巴核算，比如通过MES系统实现领料自动带价格，从而实现成本费用的便利化、自动化计算等动作；各专业方向软件能够与财务ERP互通互联是最佳效果。

这个信息化进步的过程，不是一蹴而就的，需要循序渐进，但要主动思考、提前布局。

28. 问：搞阿米巴，马上上软件可以吗？

答：这样不好。开始施行阿米巴就上软件，大家可能不过脑子，不走心。按照经验，一定在前期先使用Excel表“跑”报表，尤其阿米巴秘书、各巴小巴长亲自输入，慢慢就会了然于胸。“跑”成熟了，再搭配软件效果才最好。

29. 问：阿米巴软件好吗？

答：首先不要理想化，不要以为有了阿米巴软件一切都OK了。

阿米巴软件，如果自己开发，那一定是阿米巴相关业务“跑”熟了、规则明确了。

软件的基础是业务规则和业务行为的成熟，不然软件就一定是胡编乱造的。

阿米巴软件，没有那么神乎其神。阿米巴软件主要基于收入、费用支出等项目的逻辑化核算，了解软件中“管理驾驶舱”概念的话就了解阿米巴软件了，基本类似。

阿米巴软件，即使市面上买现成的，也需要内部二次开发使用，因为市面上的都是标准版软件。

七、与日本渊源的问题

30. 问：京瓷成功实施阿米巴经营离不开与时俱进的经营理念，京瓷当初确立的经营理念是什么？

答：“追求全体员工物质与精神两方面幸福，为人类和社会的进步与发展做出贡献。”前半句是创业之初稻盛和夫提出来的，后半句是几年后深思熟虑后加上的。

31. 问：京瓷在人才使用上遵循什么样的原则？谈谈您作为公司领导在选人和用人方面遵循哪些原则？

答：稻盛和夫著名的哲学语句有“做旋涡中心的人”“在相扑台中央发力”和“实力主义”等类似的描述。关于人才使用，请见本书的“稻盛和夫：真正的用人”这篇文章。

稻盛和夫选择阿米巴巴长，主要原则是：优选年轻人，年轻人有干劲、有激情、想发展；选懂公司哲学的人，这样能确保上下同欲。

京瓷人事制度，重点在贡献评价、行为评价、能力评价三个方面。

32. 问：想具体了解日航在阿米巴经营管理中不产生实际收入的部门，主要是保障管理部门，是否确立为核算部门，机关部门的部门独立核算报表如何确定价值创造点、进行市场化定价等。

答：日航所谓的机关，就是纯粹的费用中心，是不搞形式上的收支核算表的；但人人都是经营者，在职能部门的开源节流、精打细算是有要求的。

实际上所谓总部部门、机关，都是公共服务平台。

33. 问：日本的阿米巴模式与中国化应用有何不同?

答：日本与我们的文化、制度、国情不同。所以，学习纯粹的日本阿米巴模式，如果不加以转化是不能应用的。

日本文化是以借鉴中印“儒家”“佛家”，以及本土“神道”等思想后成为独特的文化的；日本是纯粹的资本主义国体；日本讲究终身雇佣制；日本大型企业搞阿米巴基本不进行物质分享，比如京瓷，大多在其人事制度中设计为“阿米巴搞得好，基本工资会提升”；再比如，日航的各部门阿米巴的成果，是作为该部门负责人提升成长的依据，是作为业务改善的基础来使用的。

日本社会福利制度相对完善（比如大学毕业生在东京工作10年就可以买得起住房），大部分还是终身雇佣制，所以他们进行阿米巴结果的物质分享，大多为精神激励。而中国是发展中国家，所以在中国施行阿米巴，是要考虑物质激励的。

34. 问：日本的阿米巴模式下，激励有无创新?

答：当然有。日本现在有些小公司也在应用阿米巴经营模式，并且其激励方式在学中国。比如，日本有个做房产经纪的，也就是收烂尾楼装修后再出租的业务，其增量利润的40%作为奖金分配。

日本有一定规模的公司，应用阿米巴模式时一般很少给予物质激励。

八、通用类常见问题

35. 问：阿米巴在企业实施的软硬件条件是什么？阿米巴经营管理方式施行的条件是什么?

答：硬件条件不重要，关键在于软件条件，比如“倒三角”“小前端，大平台”等思想能不能解放，经营授权能不能合理下放，贡献能不能与薪酬绩效很好结合，能不能实现员工愿意算账等。

如果说硬件的话，倒是对老板的定力，老板对阿米巴经营模式的理解，干部员工对阿米巴经营模式的支持程度，公司信息化水平如何等相关领导力、执行力、信息化条件等有些实际要求。比如，老板说阿米巴好，干部在老板面前也说好，背后却消极抵制，漏斗效应就出现了，别说阿米巴，什么也贯彻不好。

36. 问：成本中心、利润中心、投资中心怎么划分，有何方法？

答：大集团才有投资中心这类部门。投资中心也可以施行阿米巴，主要考核收益，可以按照业务小组的模式施行。成本中心、利润中心按照责任中心制分成公共服务平台、服务巴、利润巴即可。

37. 问：成本中心、利润中心、投资中心的考核指标有哪些？

答：成本中心，对于公共服务平台，主要是公司层面经营效益、管控、政策平台、专业能力提升、服务等角度的考核指标设计；成本中心，对于服务巴，主要考核其对利润巴的服务满意度、服务专业度、服务及时性等指标设计；利润中心，当然主要是考其利润、人均小时利润，具体运行时还可以再按照收入、支出等科目细化。

38. 问：工厂分别作为成本中心、利润中心如何进行管理？

答：方法参照上一个问题。补充说明：利润中心，按照分级的自主经营体一样，类似于小公司的管理，独立核算，自主经营，责权利结合。

39. 问：针对研发、制造、销售、职能部门，如何建立阿米巴自主经营体？比如某公司销售目前按销售区域或省区划分？

答：研发本身就是一种投资，比如华为的 IPD 集成型产品研发管理，可以划分产品线，以产品线研发转化角度进行自主经营体设计。

制造单元，按照工序或产品进行自主经营体设计，但要注意，制造的自主经营体不能划分到个人，因为制造是分工协作才能出产品。

营销，可以按照省区、城市或片区划分自主经营体，管理成熟的，甚至是可以划分到人，因为营销人员自己负责的业务区域是可以实现业务闭环和收支核算的，制造的个人则不行。营销里独立负责的大客户也可以针对性设计成独立的自主经营体，但营销的自主经营体跟制造区别很大。制造追求的利润来源于产量乘以内部定价形成的收入，减去相应的料工费支出形成的差，营销必须是先有量、有市场占有率，然后才去利润核算。没有量的拉动、没有市场占有率，营销追求单纯的利润则不切实际。

职能部门是做管控、专业、政策的，其次才是服务，所以，职能部门属于公共服务平台，是“搭台子”的，可以不做阿米巴的自主经营体。

40. 问：针对研发、制造、销售、职能，在建立阿米巴自主经营体时是作为费用中心，还是成本中心，或是利润中心来划分经营会计主体？

答：制造、销售，肯定是分级的阿米巴自主经营体；研发，变革初期还是当作利润中心比较好；制造、销售阿米巴成熟了，研发也可以搞成阿米巴一样的利润中心（重点是研发的产品应用和转化的设计研发部门）；职能，就是公共服务平台，就是费用中心。

41. 问：自主经营体的大小、数量、层级如何确立？

答：自主经营体的大小、数量、层级不是绝对的，不是强行设定的，有其规律和现实性。

制造，可以以车间为主，出经营报表，成为主要自主经营体。如果车间下的工序、班组可以内部定价，则可以按照自上而下，以及对阿米巴应用成熟度，在后续几年内划分车间下面的自主经营体并出报表。如果车间下面工序或班组不能定价，则没必要强行设置这一级的自主经营体。其设定原则就是便于核算（也就是能定价）、能增值、不增加管理负担。

营销，可以以省区、城市、片区，甚至个人作为自主经营体，但也要考虑应用成熟度再去深入划分。

42. 问：经营会计体系的各项核算指标及核算规则？

答：经营会计体系各项核算指标见各级自主经营体核算报表；核算规则需要在阿米巴设计和运行期间不断提炼和完善本企业的阿米巴经营手册。

43. 问：如何设计反映自主经营体的动态业务经营核算表？

答：分以下六步。

第一步：基于收支进行总体设计报表，这是基本要求。

第二步：确定“收入模式”（具体见前文“六定”中的定收入模式）

是起点。所谓“收入模式”，就是先确定谁卖给谁，是否是佣金制，是否是加工费模式等。

第三步：设计报表的“收入项”。收入项一般包括“主收入项”和其他收入项。

第四步：设计报表的“支出项”。支出第一大部分是“变动成本或费用”支出，对利润影响很大，跟业务量成正比。变动成本主要靠看“主料支出”，商业类是“商品成本”，其次是“辅料”支出，其他诸如包装费、水电费、能源费、场内物流费、工装夹具费、人工费等主要科目；支出第二大部分主要是“固定成本或费用”支出，对利润影响相对固定，跟业务量不成正比，即使零销售也要支出的成本或费用，比如办事处房租费，比如电业局手续费、环保费、费用分摊和管理费等，每月费用相对固定。

第五步：如果是盈亏平衡定价法，还要设定对照使用的盈亏平衡价格，该价格进入报表，生产完毕进入报表的数据自动生成当期生产后的价格，自动与设定的盈亏平衡价格进行对比；如果不是标准产品，不使用盈亏平衡定价法，则直接收入项减支出项就是经营利润。

第六步：如果决定考核人均小时利润，那报表还需要设置“工时”科目，（收入 - 支出）/ 工时 = 人均小时利润。

44. 问：研发、制造、销售如果作为利润中心，其内部定价的原则或“独门暗器”是什么？阿米巴内部定价是否是管理会计中的转移定价规则？费用分摊的要诀是什么？“费用分摊”的公平性解决之道是什么？阿米巴费用分摊是否同作业成本法分摊相似，需要建立不同的作业库来进行分摊吗？

答：第一，没有“独门暗器”，基本原则就是“谁使用，谁受益，谁承担”。

第二，分拆答复如下。

① 建议不要出现“管理会计中的转移定价规则”。阿米巴经营模式是“有核对关系的流水账”，是单式记账。要让基层干部员工看得懂，不要出现太多财务专业术语。

② 阿米巴内部定价是否是管理会计中的转移定价规则？不完全一样。管理会计的转移定价还是稍微有些复杂，阿米巴经营模式下的内部定价直观易懂，比如产品定价、服务定价等，产品定价又根据收入模式进行定价核算。

③ 费用分摊要诀就是“谁使用，谁受益，谁承担”，同时，兼顾预提和当期的问题。至于费用分摊的公平之道，没有绝对公平，比如按照事业新旧、规模大小、营销与生产间切割比例、产值比例等角度分摊。

④ 阿米巴费用分摊是否同作业成本法分摊相似，需要建立不同的作业库来进行分摊吗？这个问题，您还是理解复杂了。作业成本法是美国哈佛大学罗伯特·卡普兰教授在中国推广的成本核算方法，因其基于财务角度延伸出来的作业方法很是复杂，多年来在中国没有推广开来。

⑤ 建立作业库不是阿米巴经营模式的提法，阿米巴经营模式下，费用分摊、成本核算既要依据规则，又要据实发生。没有作业库的提法，但阿米巴经营模式下确有“主表、附表、数据库”的要求，如果财务ERP、MES和供应链系统都能打通，那数据提取、费用归集、网报系统及其日常活动都会准确和快速。

45. 问：阿米巴的经营体是如何激发组织活动的？具体到经营会计体系又是如何激活组织的？

答：主要是角色转变带来的变化。变身为自主经营体，“自己的账自己算，自己的活自己干，自己的奖金利润里赚”，把人性与机制结合在一起，让大家主动成为经营者，主动参与开源节流。同时，辅以“四会”改善机制、奖金激励机制、业绩质询等监督机制，让大家有成就感、存在感、幸福感，还能多挣点钱，自然而然就激活组织里的人了，组织也就被激活了。“经营文化”让大家爱上工作、会工作，“幸福文化”让大家爱上公司，自然而然组织能力就强了，组织就被激活了。

具体到经营会计体系，就是以利润为牵引，利润是收入减支出来的，那如何增大所在自主经营体的收入？如何降低所在自主经营体的支出，包括开源节流、提升效率、减少工时，减少人员、提升机器稼动率、做好一级保养、提升成品率等措施，别无他法。这实际也是阿米巴经营模式的巧妙之处。

46. 问：阿米巴的计划体系同公司目前实施的全面预算是否一致，是否要建立相应的标准体系，以便进行对比评价？

答：阿米巴计划制定的原则是“目标刻在石头上，计划写在沙滩上”和“乐观构思、悲观计划、乐观执行”，强调“自上而下”预先发起，下面各个自主经营体再“自己核算”，一般两个上下的回合就可以确定阿米巴模式下的目标计划。

企业搞不搞阿米巴，都要做全面预算管理，搞了全面预算管理并不代表做了或做好了阿米巴。阿米巴强调各个自主经营体自主核算，自己提报经营计划，上下互动沟通，并且挑战高目标，这些要点与原来的全面预算管理有些不一样。

47. 问：经营会计体系如何与预算体系、核算体系衔接、糅合。

答：经营会计体系是各个自主经营体分层次的、横纵面的有效结合，强调的是经营，会形成自主经营体的产值计划和模拟利润等指标计划。这些计划指标可能会与财务角度的预算、核算体系不同。

“利润平衡报告”是需要的，“利润平衡报告”是为了找到两套核算体系、两套目标计划体系的实际运行差异点，做到放心；模拟指标计划的目的是更好地推进自主经营体的核算，因为财务角度的核算做不到每天算收入、算支出、算各自主经营体的利润，使用模拟利润计划可以有效推动财务角度的预算体系指标达成，甚至模拟计划指标的达成或挑战高目标，助力财务角度的预算体系超越式达成。实际咨询过程中，我会把基层员工薪酬中的绩效部分跟模拟利润挂钩，车间主任以上（大巴长以上级别的）跟预算体系实际达成挂钩，效果很好。

也可以从内外账角度来理解，把阿米巴的业务核算报表视为内账，把财务的报表视为外账。

48. 问：阿米巴激励方法对于职能部门业绩如何体现？

答：两种情况。小公司，职能部门既是公共服务平台，又可以参与奖金分配，奖金来源于利润巴；大公司，职能部门多、复杂，那就只当公共服务平台，职能部门跟整个公司经营业绩挂钩，部门长挂得多一点，员工稍微挂一点即可。

49. 问：在中国兴起了学习阿米巴的热潮，很多企业都纷纷引入该经营模式，但并不是所有企业都能成功，为什么？

答：原因一，没有按照“理念导入”“体系构建”“试运行”三步走；原因二，不是老板发起，牵扯部门比较多，横向各部门没有打通，纵向执行力不够，落不了地；原因三，学了就用，没有消化过程；原因四，利润提升，没有跟薪酬体系调整和绩效调整，造成积极性受挫；原因五，没有达成“双七原则”，就是老板高管们对阿米巴经营模式作为降本增效利器的认识达到七成，中基层员工有七成认为阿米巴经营模式能够给自己带来现实的好处，而不是增加工作负担，达到这个“双七原则”就好推行了。“双七原则”的达成取决于前期“理念导入”时是否达成“哲学共有”。

50. 问：对各不产生利润的成本（费用）中心如何准确核算其成本，如何进行绩效考核，如何进行内部结算（最好能将成本细化到个人）？

答：还是分成两部分。首先对服务巴核算其成本，根据其业务实际进行指标设计，比如维修部门的费用管理指标等；考核其对利润巴的助力，也就是利润巴给服务巴打的满意度得分，再设置服务的一票否决影响服务巴奖金的特殊规则，同时考核服务巴的专业度提升等。

其次对于公共服务平台上的部门，准确核算其成本，可以把年度、月度预算体系细化，对公共服务平台部门的考核可以按照承诺制绩效考核，平衡加分卡是很好的工具，KPI + OKR 的模式也很好。

职能系统细化到个人成本费用考核，也可以按照费用预算进行。

51. 问：如何建立阿米巴整体分析报表及各业务板块的分析报表？（指标及体系）报表如何设计？通过何种方式保证数据来源及时效性且每日可以监控？

答：每天，阿米巴秘书及大小巴长做到“会看”报表，也就是有无异常；

每周，自主经营体的“啃难会”针对报表反映出来的问题专项讨论解决；

每月，巴长业绩质询会。

关于报表的整体分析，不要依赖于会议，那样会形成“以会议落实会议”的不良循环。报表要按照日、周、月阶段性消化，骨干至班组长以上人员要做到“会看”报表。

阿米巴经营模式强调的“每日核算”和“每日经营”的奥秘就在这里。不要把过去做表格分析的模式跟阿米巴模式混为一谈。

数据来源及时效性要做出相关规定，哪些数据财务提供，哪些数据服务巴提供等，并且明确规定每天提交的具体时间。开始施行阿米巴时，可以针对性设置奖惩，最后形成习惯。

52. 问：如何在阿米巴经营模式下，实现安全绩效指标的融合？

答：这一定是负责安全工作的人员提的问题。阿米巴经营是利润提升、降本增效的工具；安全指标是绩效考核的手段，是企业日常工作的必要组成部分。如果生产不安全，怎么进行生产，怎么确保产量提升，怎么能有利润呢？从这个角度说，安全是阿米巴经营模式应用的根本保障。

如果从责任中心制角度分析，各个纯粹的业务单元（生产车间、营销区域等）是利润中心，是赚钱的，维修、环保、安全等都是成本费用中心，是花钱的，但是能提供运行和保障服务。

从激励角度分析，利润中心实现的利润，尤其是增量利润带来的奖金应该部分分配给提供运行和保障的成本费用中心的部门，即被称为“服务巴”的那些部门。负责安全的部门，其安全绩效指标完成得好，对利润巴的保障作用就强。

53. 问：作为非实体化的利润中心模式下车间运营，应更注重成本数据收集并改善从而降低成本；还是注重业务拓展从而提升收入，前提是管理成本、人力成本投入有限，无法各方面都顾及？

答：“非实体化”的利润中心没有被当作利润中心，还停留在让“成本中心”增收节支，不是真正的自主经营体，所以会出现上述烦恼。

54. 问：面临变化越来越快的外部环境（产品迭代，工业 4.0、5.0，数字化转型）**，怎么样才能合理分配资源以适应环境变化，从而提升整体效率？**

答：搞企业要关注“结构效率”和“运营效率”，具体见本书“前言”中论述。

55. 问：在建设利润中心的过程中，是让利润中心职能更齐全、更自主（设备管理，财务，分包，营销）**，这样势必会造成管理成本增加，职责不清造成流程环节更复杂；还是更单一只负责加工**（图纸工艺解读及加工）**，注重效率提升，但是这样会减少利润中心的自主性和积极性，活力较弱？**

答：这个因公司情况而不尽相同。小公司，标准化产品，产品线清晰，可以是单一加工模式；大公司，事业部大，产品线复杂，或者非标产品等都可以职能健全一些。

这两种模式也有兼容模式，比如财务是公司派驻，自己有小采购、小营销、小设计等。

上述模式都不影响阿米巴经营模式的导入，针对不同情况都可以进行自主经营体的模式设计。

56. 问：我们学习了“六盘 + 六定”和落地七步，针对我们集团主业这个业态目前的实际组织形态，生产分厂作为一个大巴，下面的各个小巴及核算方式如何设置，盘组织如何定实施计划？请老师给予指导。

答：第一，按照“六盘 + 六定”思考；第二，生产厂按照利润巴、服务巴、公共服务平台方向划分出来；第三，设置工厂层面的阿米巴秘书和下面自主经营体层面的阿米巴秘书和大巴长，进而形成经营体系；第四，各个自主经营体进行独立核算，设计出自己的一级巴核算报表；第五，导入模拟利润计划；第六，与财务一起完成“月度利润平衡报告”；第七，导入“四会”和巴长月度质询会监督机制；第八，模拟利润提升跟薪酬绩效挂钩。

57. 问：在实行阿米巴的同时，站在企业长期良性健康发展的角度，小的阿米巴组织的短期利益及企业长期利益之间有什么更好的方式来权衡？或者说如何规避风险？

答：体系化构建，让经营体系有效运行；阿米巴月度业绩质询会监督；经营文化，大局观渗透。本书应用原则的“6132 工程”，实际上已经做了相应解读。比如，施行了阿米巴，很多部门因为追求利润，减少了资产、设备、技术、人才等领域的费用投入，从长远看，这对整个公司发展是不利的，因此在“6132”工程里，我提出了“强制管理在先，自主经营在后”的原则。

58. 问：在阿米巴经营中，利润巴、服务巴、公共服务平台、企业如何分配利润比较合理？以此激励员工更积极地去工作，为企业创造更大的利润？

答：小公司，利润巴实现的“增量利润”可以按照一定比例分配，比如 4 ∶ 3 ∶ 3，利润巴留 4 成，服务巴和公共服务平台留 3 成，公司留 3 成。大公司，公共服务平台原则上不参与利润巴的奖金分配，奖金来源于公司整体经营绩效和个人绩效。

59. 问：价格是销售部门产品核心竞争力，但产品制造成本偏高，不能和行业对标，这种情况下，我们如何才能快速占领市场并保证利润最大化？

答：这真的就需要阿米巴模式发力了，生产业务单元必须通过阿米巴经营模式拉动经营，达到降本增效、提升利润的目的。生产业务单元通过导入阿米巴经营模式，可以为销售部门提供最好的“炮火”。

60. 问：“现场记分牌”能不能有一个规范标准的模板。我们的想法是，管理越简单直接越好推，能不能把阿米巴转化成一些具体动作、具体事？

答：目标与计划模板，注意：第一，生产部门主要是指生产量指标 + 利润指标；第二，销售部门主要是指销量指标（或市场占有率指标）+ 利润指标。

61. 问：经营会计的天天算、及时算很好，但在实际运用中有难度，员工不愿配合，比如全部工作有 5 道工序，前 4 道都做得很好，应该奖励，到第 5 道出现问题，导致整个工作作废，还应不应该奖励前 4 道工序？局部和整体不一致怎么办？

答：这个问题应该跟几种情况有关。

第一，与阿米巴自主经营体划分有关。是按车间来划分，还是按工序来划分？划分应更便于核算，便于提升积极性，不增加管理成本。

第二，假如以工序来划分，划分之前是否也存在某一工序作废的问题？相信一定会存在，而不是因为施行了阿米巴才产生工序的作废。如果是单次订单的作废，那么按照内部流程的客户关系来讲，最后一道工序应该赔偿第 4 道工序。

第三，是每次都作废，还是偶尔作废？每次都作废，那第五道工序就没有存在的必要了。

第四，公司吸引力问题。出了事，最坏的结果是不干了，所以就算罚点钱也无所谓。

第五，“巴长”选聘的问题，是否是竞聘上岗；同时也是人才培养问题！

第六，还是稻盛和夫说的：机制、人才、领导，一个都不能少！

62. 问：我们曾经实行过内部市场，各核算单位降本增效，但在后面出现成本低、质量也降低的现象，而且这种表现有滞后性，不是马上表现出来，在客户使用过程时才体现，这种情况如何应对？我们目前就有这几个问题，谢谢！

答：应该是从以下几个角度分析。

第一，陷入成本怪圈，阿米巴是利润导向，不是成本导向。

第二，绩效工资和奖金是否与利润实现挂钩？

第三，执行力问题。

第四，奖金发放的技巧处理。

第五，阿米巴不是单纯的内部市场化。参照前文的“6132 工程”，化整为零、化零为整，形成体系化。

63. 问：阿米巴的建立是以利润为中心，那么现在的销售任务是否还有存在意义？

答：当然有意义。利润来源于收入减支出，不增大销售量，怎么拉动呢？怎么能为利润提升作贡献呢？销售系统的阿米巴不能完全考核利润，不能忽视对市场占有率的“量”。

64. 问：阿米巴谈到巴长的培养、人才的储备，具体到我们公司该如何做？是从外部引入还是内部培养？

答：内部培养是“自己生养的孩子”，会娇气、会侥幸；外部引进的是“别人生的孩子”，容易离家出走。所以二者结合起来最好。

按照稻盛和夫的观点，自己培养可能更好，所以稻盛和夫说“京瓷是一帮“傻子”干出来的”；换一个角度，用好外部人才，任正非则更胜一筹。华为的数学家比比皆是，很多是国际人士。中国企业如何用好元老、如何养好外来人才是一个现实课题，每个企业、每个老板都有其独特的理解和应用水平。

65. 问：是否有机制克服阿米巴间的横向协同与纵向协同障碍壁垒？稻盛和夫用价值观（哲学）解决，中国社会文化土壤不一样，若解决不好组织效率不升反降。阿米巴经营单元出自自身核算，会在组织协同方面产生影响，如何协调？

答：这个问题提得好，要把国企、民企分开来谈，二者正好相反。国企有人才，学习力好，有领导力，有执行力，如果老总认真对待，那横纵打通不成问题；而民企呢，人才不足，领导力不够，执行力差，学习力也差，尤其是有些“慈不掌兵”的企业家，对企业掌控力度不够，干部执行力就差。

另一方面，民企在薪酬激励、决策速度、风险管控、社会责任等方面灵活高效，国企这四个方面恰恰不够灵活。

针对上述分析，对于企业来讲，无论国企还是民企，都要扬长避短，积极进行经营创新。

66. 问：如何正确地理解阿米巴经营中“全员参与经营”与企业中授权的概念？是否是让每个部门的负责人对经营数字负责，公司就应该全面授权给部门负责人，不然负责人就没办法做到自主经营，认为没有全面授权，束缚能力发挥？

答：全员参与经营，按照传统管理模式、雇佣制，员工都是雇来的，都是打工者心态。通过阿米巴的利润牵引、高目标挑战，从而实现高利润，这样就把员工拉到经营的队伍里来了。

阿米巴经营模式下的授权，不是一般概念的授权，而是经营授权，也就是高层保留战略决策权，下放的是战术决策权，具体而言，就是“跟人有关的”“跟钱有关的”“跟其自身业务有关的”“跟其决策权有关的”。

67. 问：阿米巴更加专注于利润所得，倾向于风险小、见效快的小改小革，但会回避风险大、长期重要的突破性、破坏性创新，比如有些大的项目，在市场竞争激烈的情况下，可能不挣钱，甚至是赔钱，但长远来看还是有利的，我们该如何应对？

答：这不矛盾。这是经营策略的问题，大家都知道“战略亏损”的概念，这是战略选择决定的。暂时亏钱，要的是长远赚钱；某个项目亏钱，要的是整体赚钱。

至于“阿米巴倾向于小项目小改小革”，有些值得商榷。这个问题还是要回到“前言”中的“结构效率”和“运营效率”的互为支撑上来。

68. 问：公司现有薪酬 + 激励体系的整体构架基本完整，生产、销售、管理和技术执行不同序列，一定程度上考虑了生产效率、销售业绩，考虑了行政与技术岗位的区分。存在问题该怎么办？

答：① 生产工人薪酬方面，只采用固定工资加计件工资，质量考评未纳入薪酬统一考虑，完工数量与质量关系存在不均衡，也没有直接的关联；未考虑员工计件与车间完工时效之间的关系，一个月完成还是一周完成对员工没有影响。

② 营销人员薪酬方面，采用底薪加销售提成方式，新修订的《营销

人员薪酬管理办法》对销售提成作出新规定，除了将超出保底任务目标提成由原来的一档增设为三档，鼓励目标超额完成外，另增加了与业务利润（销售报价利润）挂钩，根据报价超过标准成本中保底成本、制造成本、完全成本的倍数实施差异化提成。通过利润导向驱动产品附加值，一定程度上体现了阿米巴自主经营的理念。

③ 行政与技术岗位薪酬方面，采用岗位工资加绩效奖金（月度、年度）的方式，岗位工资区分行政管理和技术两条线。总体工资水平较低且相对固定，与部门重要程度、个人职称技能等关联不多。

改进思路：生产方面应完善质量、效率相关的目标指标，在目前试运行以标准成本为底线计算增量利润的情况下，继续思考采用内部销售方式加强利润和价值导向；行政与技术薪酬应结合定岗定编、岗位标准制定等基础工作，创新激励约束和薪酬分配机制，鼓励提高技能，增大工资中“活”的部分。

现有绩效体系：比较扁平化，主要以月度工作作为评价载体。2020年初步尝试了关键绩效指标的设定，引入了阿米巴的一些理念，力求突出价值、利润、效率、效益，但指标对应经营目标及过程控制还不充分，涵盖不够全面，指标体系不健全，需要在此基础上逐步加以完善；目标分层还没做到细化，主要是缺乏对部门、个人职责划分的基础条件，目标分解体系不健全；绩效评价主要对各部门，但只是在基础分值上对营销、管理、生产部门进行了区分，评价的角度也有一定倾向性，但以利润中心、服务平台角度评价并不特别突出，随着公司阿米巴推行进度，无法有更好的局面改变。

这个公司的问题很具体。整个问题通篇看完，我认为该公司还停留在传统管理模式下的改良状态。这可能在短期有效，长期提升的话还是要按照“利润巴”“服务巴”和“公共服务平台”角度开展创新经营；按照“怎么分”“怎么算”“怎么运”“怎么奖”“怎么育”“怎么文”等阿米巴创新经营模式进行未来的、循序渐进的变革。

69. 问：公司从 2019 年 1 月开始，下属 11 个子公司都根据自己企业的实际，有针对性地运用阿米巴模式，具体做法是自学：在学中干，干中学，现在遇到很多具体问题，怎么处理（核算）？

答：还是对阿米巴经营模式导入的“三阶段”“6132 工程”“六盘 + 六定”和“落地七步”没有系统学习和结合实际进行设计。熟读本书，结合实际讨论自然迎刃而解。

70. 问：集团下属企业业态、问题各异。比如大数据公司等，到底怎么施行阿米巴呀？

答：制造业一般以工序或产品来进行阿米巴的组织设计，按照收入模式设计（四种中的一种）进行核算及报表设计；营销、商业、互联网、服务业等社会型公司按照业务单元进行阿米巴组织设计，比如按照订单、项目等角度划分设计和报表设计。日常运行，无论是制造单元阿米巴，还是其他业态阿米巴，内容都是大同小异。

具体怎么施行，可以深度研究本书中“顶层设计”“落地方法论”和“落地应用三阶段”的内容，对照企业实际，应该能找到合适答案。

71. 问：集团下属 11 个子公司，各业态中既有具体运用操作过“阿米巴”的人，又有没运用过的人，怎么整齐划一导入呢？

答：按照“六盘 + 六定”的方法论进行系统设计；按照“落地应用三阶段”对照后采取“因地制宜”“因材施教”的方法逐步统一思想认识和系统推进规划。

72. 问：如何在阿米巴经营理念下做好工厂全口径费用的计算与下降（明年规划组织架构调整，人员重新分配，采购费用与工厂全口径费用分开）？

答：还是体系化推进，整体操盘的阿米巴秘书长和阿米巴秘书的作用很大。提前布局，把“六盘 + 六定”等设计思路结合实际运用好。

73. 问：区别于标准化产品，对于非标定制行业是否有以往经验或相关的人均产值等行业标准数据，以评价阿米巴成果是否达到合理的目标？

答：我操作的咨询案例里有标准产品项目，也有非标准产品项目。但隔行如隔山，不同行业的非标产品等行业数据很难给其他非标产品行业做参考。

74. 问：对于定额准确性，目前定额是按 2018 年实际产能及费用消耗的基础进行测算的，但每年的产品结构、类型不同，费用也随之不同，目前基础数据的测算适用于试运行，并不适合长期运行，也很难作为奖罚依据，如何解决此矛盾？

答：还是没有切换到阿米巴经营模式的频道，还按照“过去应该数”（定额也叫“过去应该数”）进行管理，相对被动。该车间要切换到阿米巴经营模式频道才能彻底解决该问题。

75. 问：有关陆续增加的分摊费用，目前分摊费用尚未全部添加，例如水电、资金占用、厂房设施、设备等，如果此方面费用摊入，定额还须进行调整，公司须明确准备陆续添加的费用类别。个别费用目前还缺少对比基数，无数据支持，怎么办？

答：“六盘 + 六定”里面有“盘测算”一项，“盘测算”就包括对过去数据的挖掘和整理。即使没有过去数据，也要逐步循序渐进地摸索。以前为什么没数据？公司运作 20 多年了，说明基础管理严重不足。

76. 问：有关设备投入，对于近期或明年须投入的设备，是否纳入阿米巴前期的试运行阶段，费用如何核算？

答：当然要纳入阿米巴经营的“盘资产”里面处理。但是对一些低值的设备须尽早按照费用快速处理掉，以免对未来经营利润产生后续影响。

77. 问：有关异常数据分析，对于报表中的异常数据（因产品特殊要求或工艺结构导致）或基础数据错误等因素导致的结果，如何建立即时的分析、改进机制？能不能积攒到年末统一核算？

答：不能。还是要阶段性解决，不能推到年末，那样更难。抓紧分析、抓紧解决异常数据才是正确办法。

可以按照阿米巴“四会”改善工具的思路解决，即“会算”“会看”“会干”“会改善”。

78. 问：车间报表中的盈利费用、消耗费用等，尤其是费用控制方面，涉及后续的分配问题，需要建立什么样相应的审核流程，避免费用数据到年末纠缠不清？

答：每日经营报表的分析，对于费用数据异常应该进行纠偏，这是每一个自主经营体的责任。让整个阿米巴经营体系完善地运转起来，形成对这类数据的监督。巴长业绩质询会的监督也是其中重要一环，每日自我监督，每周自我改善，每月公共监督，形成公共压力。

79. 问：关于政策、权限范围，车间运行阿米巴后自主经营，公司都给予哪些政策及权限？需要明确，便于各部大胆创新，推进运行。

答：关于经营授权，还是离不开"跟钱有关、跟决策有关、跟业务有关、跟权限有关"的问题。制造业，采购对降本增效影响很大，跟采购的协调就体现这些相关性。商业，超市各柜组的堆头、新品管理，绝对跟上级授权有关，授权小，调整空间小、及时性差。

总之，授权就是如何让"小老板"们既要有小老板的感觉，又不失控。在此条件下，制造业、商业、服务业等的授权内容各有不同，但核心都是解放生产力、提升积极性和快速应对客户的反应能力和速度。

80. 问：如何界定销售阿米巴的权力、义务、责任边界？

答：按照销售阿米巴的"经营授权"进行，按照阿米巴运营手册定的规则进行。

81. 问：如何建立销售阿米巴与内部各职能部门的协调支持体系？

答：首先要搞清楚销售巴跟生产巴的关系，谁卖给谁？佣金模式吗？这是内部市场化价值链的问题，用内部交易实现。销售巴跟职能部门的协调，就是公共服务平台如何做好管控、做专业、搭好台、做好服务的问题，可以建立内部"联席会议机制"，甚至可以建立内部投诉机制。

82. 问：如何设计销售阿米巴的绩效和薪酬体系？

答：销售阿米巴在传统模式下更关注"收入"的问题，不大关心"支出"的问题。阿米巴经营模式下，产品成本是影响销售利润的重点，这样让营销巴也关注了“收”和“支”。所以，销售阿米巴要靠利润，也要考核市场占有率的“量”。

销售阿米巴的薪酬设计，利润实现、利润超额实现相关奖励设计，“量”等单项指标实现相关奖励设计都要有，不能仅仅搞费用考核。

至于销售回款跟利息挂钩，销售奖金预借、预支等细节，在不同行业有不同应用。

销售部门，一定是定位利润中心，不是只会花钱的“费用中心”。

83. 问：淡旺季明显的情况下，如何界定和汇报销售阿米巴的汇报频次？

答：汇报频次可以灵活调整。淡季，汇报的指标可以调整为客户开发，客户培育，客户保留，人才培养，后期销售计划、策略等。

84. 问：销售阿米巴的核算与财务核算如何保持一致？

答：制造业还是两条线核算，收支方式和借贷平衡方式记账不可能一致。销售阿米巴的秘书每月要跟财务一起讨论、比对各自报表、费用科目、回款项目等，找出时间性因素问题、费用配比分摊问题、费用是否有暂估入账或提前入账，或是领导指示挂账等问题？最后出具销售阿米巴的“利润平衡报告”。

85. 问：有哪些销售阿米巴提高增加值的措施方法？

答：调整品类、储备客户、增加销售收入。

86. 问：销售高边利产品有利于提高增加值，销售低边利产品有利于增加市场占有率，如何取舍？

答：销售边际利润高的产品跟奖金挂钩；销售低边际利润的产品确实可以提高市场占有率，可以跟工资挂钩。两个指标都进该巴阿米巴报表，以便于日常监督考核。

87. 问：阿米巴经营会产生费用，其经费分摊原则是什么？

答：谁使用，谁受益，谁承担。具体分类可以参看图 4–3 所示。

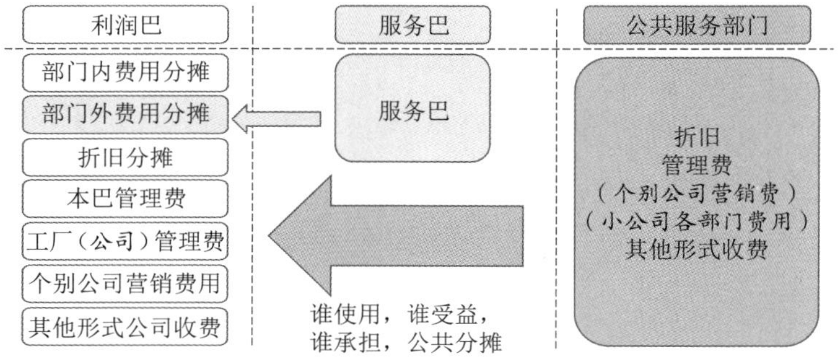

图 4-3 阿米巴经营经费分摊原则

88. 问：各级阿米巴自主经营体关注的重点是什么？

答：对阿米巴的评价不是注重订单、生产总值、单位时间等绝对数额，而是重点关注如何通过钻研创新和努力来提高这些数据。其目的不是让各阿米巴在公司内部形成竞争，而是认为理想的企业应该是各部门在和谐相处的同时，能够自觉地提升各自的大局意识、客户意识、经营意识。

89. 问：施行了阿米巴模式后，因为追求利润，所以控制费用，销售人员就不愿意攻关了，怎么办？

答：提出这个问题，代表着大家对阿米巴模式存在刻板理解。实际上在销售领域实施阿米巴模式跟生产制造领域是有差别的。生产制造领域的组织绩效以考核利润为主；销售领域考核销售量、市场占有率、客户满意度等指标，加上利润指标的考核，尤其是销售人员的奖金要来源于利润，其余指标的考核跟基本工资挂钩，效果是比较好的。

按照这个逻辑，销售人员会自己研究怎么更好地运用公关费用，把钱花在刀刃上，从而降低不必要的招待费用，以及虚假招待费用等问题。

90. 问：阿米巴经营模式需要各个阿米巴组织自行控制费用，以提升利润。这样，各个阿米巴组织对于人才培养、技术投入、软件投入、新设备购置等的意向就不强，大家只关心当前产出，对企业长期发展不利，怎么办？

答：阿米巴经营模式中的“6132”工程，其中讲的“一个原则”就是“强制管理在先，自主经营在后”。人才培养、技术投入、软件投入、新设备购置等都属于公司统一管理的问题。公司会考虑到长期发展问题及其相关投入，所以，强制管理原则下，这些投入都是从公司角度强制执行的，各阿米巴组织没有谈判和质疑的余地。

91. 问：阿米巴经营模式落地，能总结出什么要点吗？

答：经营思维是核心，费用控制是常态，机制配套是灵魂，系统设计是前提，转变观念是关键。

92. 问：读稻盛和夫的《阿米巴经营》，以及日本翻译过来的阿米巴经营类书籍，为什么越读越迷糊？

答：稻盛和夫的《阿米巴经营》、森田直行的《阿米巴经营（实战篇）》等日本翻译过来的阿米巴经营类书籍，一般有以下四点“没有告诉你”。

① 为什么他们的报表中，没有人工费这一项？而国内报表都有呢？稻盛和夫的理念中是把员工放在第一位的，他认为“经营总利润＝经营利润＋员工的利润”。如果把员工的收入当作“费用”，费用的概念是势必要削减的，当作“利润”是要不断提升的。稻盛和夫从理念到行动都是一致的；而国内，员工第一的理念还没进化到位，国内的阿米巴经营报表都包含人工费，都是把员工的收入当作费用对待的；

② 为什么看该类书籍，很多人还是把财务核算与阿米巴核算（各业务单元自主核算）混为一谈呢？因为该类书籍没有把财务核算和阿米巴核算（各业务单元自主核算）当作两条线，明确指出来；

③ 为什么看该类书籍，很多人还会迷糊呢？因为书中把会计仍然翻译成“财务会计”或“会计”，而没有翻译成以收支为主的“经营会计”；

④ 为什么看了很多遍阿米巴经营的相关书籍，还是迷糊呢？是因为您没有搞清楚财务核算的利润与阿米巴（各业务单元自主核算）核算的利润不是一回事。前者是公认的利润，后者是模拟利润。前者与后者实现的时间至少差 2 ～ 6 个月。

九、国有企业阿米巴经营模式导入的相关参考问题

93. 问：国企导入阿米巴经营模式的难点是什么？

答：一共有六点。

① 工资总额限制，也就是每年各业务单元固定的“工资包”的限制，成为不容易突破的激励点。但这几年，国资委的“备案制”、特殊审批等亦有突破。况且，工资总额在资金预算使用上，每家大集团都留有余地，可以从试点特别支持的角度给予扶持，以形成以点带面的突破。

② 集体决策限制。国有企业都是集体决策，班子成员有一人不同意就需要“再议”；但如果一把手很有威信，一般集体决策效率也很高。

③ 经营授权限制。国有企业组织体系非常全面，但也互为掣肘，所以经营授权相对困难一点。

④ 风控体系制约。国有企业的风险管控从财务角度就很严格，所以也是难点之一。但风险控制与经营授权从经营角度上并不冲突。

⑤ 组织与文化不能随便变化。组织的变化，下级单位必须想清楚再申请，因为批复后再想调整就很难了。国有企业强调的“稳”字，注定了组织和文化不能随便调整。

⑥ 基于社会责任，不能随意开除员工、随意降薪等。

94. 问：利润中心与非利润中心的组织边界是什么？

答：组织边界就是不同组织（比如不同部门）之间的隶属不同，责任与任务不同。利润中心是以产生利润为主体的团队组织；非利润中心是以费用中心为主体的团队组织。在阿米巴经营模式中，利润巴就是利润中心，服务巴就是以服务利润巴为主的团队组织。

95. 问：利润中心与会计结构是什么关系？

答：利润中心即利润巴，是以通过经营手段产生利润的经营主体；利润中心的报表是经营会计报表，是收支模式下的“有核对关系的流水

账”，其经营会计结构是“收入项”“支出项”（其中包含“变动费用”支出项和“固定费用”支出项）、时间（正常时间、加班时间、转移时间）、单位时间附加值（亦即“单位时间附加值 =（收入 − 支出）/ 工时”，翻译过来叫作“人均小时利润”）。

该问题中的“会计结构”，切勿与财务角度的“会计结构”混淆。

96. 问：推进利润中心模式后，各中心关注要点是什么？

答：利润中心（利润巴）关注利润的实现；服务巴关注对利润巴的服务支撑，以及服务专业性的提升；公共服务平台关注对全公司的“管控 + 政策把握 + 专业能力提升 + 平台化打造 + 服务”。

97. 问：利润中心的经营报表长什么样？跟收入模式、盘资产有关等知识点是什么？

答：利润中心（利润巴）的经营报表就是收支报表，也叫作“有核对关系的流水账”。阿米巴各类书籍，以及本书中都有类似报表样表。阿米巴经营的收入模式如图 4-4 所示。

四种“收入模式”的选择

1	加工费　模式	主料不受控
2	生产、卖、销售　模式	流程式增值
3	生产赚佣金　模式	小批量、多品种
4	项目订单砍块　模式	非标产品

图 4-4　阿米巴经营收入模式

“盘资产”，阿米巴（各业务单元）自己专用固定资产、设备、工装夹具等要盘点；几个部门共用的设备资产等也要盘点。这些资产的残值是多少，财务会给予分摊的帮助。

98. 问：“财务会计”“管理会计”和“经营会计”的区别与功用是什么？

答：三类会计数据应用如图 4-5 所示。

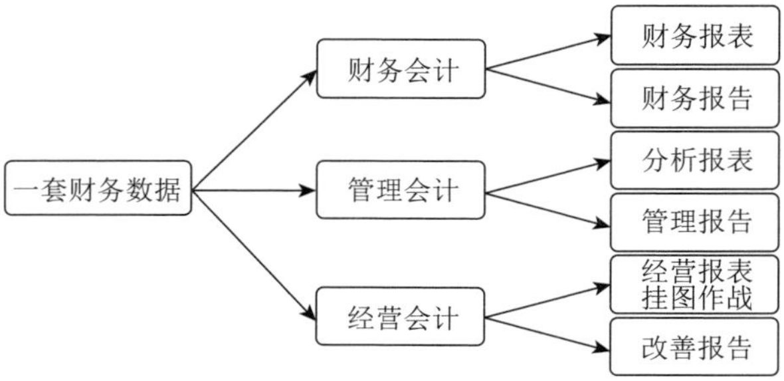

图 4-5 三类会计数据应用

财务会计：传统经营管理过程中，按照《中华人民共和国税法》《中华人民共和国会计法》，以及 4 个会计主体、13 个会计准则进行账务处理的专业记账说法；

管理会计：在财务会计基础上进一步提炼，作为管理分析的依据，进行经营管理提升的管理手段；

经营会计：创新经营中，阿米巴组织（各业务单元）进行自主核算的主要工具，以收支为主要记账手段。经营会计的说法来源于日本。

99. 问：如何梳理利润中心报表输出与现有会计体系的关系？

答：来源：利润中心报表输出与现有会计体系来源一致，都是业务数据；

报表结构：不一致。利润中心是收支核算实现的报表，是单式记账，会计是权责发生制的报表，是复式记账；

报表时间：不一致。利润中心以“日”为主，强调每日核算和每日经营；会计体系出报表以“月”为主，强调整个公司的数据经营；

利润说法：不一致。利润中心一般是实现模拟利润，也就是实现阿米巴组织（各业务单元）的模拟利润及其汇总的模拟利润；会计是实现公司层面的财务利润，或者叫作真实利润。二者的利润总和也是不一致的（主要是时间性因素、费用分摊、科目说法导致）。所以，每月都要由阿米巴秘书跟财务一起做“利润平衡报告”。

100. 问：如何梳理利润中心之间组织设置、定价、结算、业绩界定等？

答：利润中心之间按照制造业的“流程式制造”“非标制造”“项目

制”“商业阿米巴”“电商阿米巴”等之间有很大不同。

以制造业流程式阿米巴为例，组织之间互为客户关系，上下游工序（工序阿米巴）一般互有买卖关系，上道阿米巴的销售收入是下道阿米巴的采购成本；一般按照“成本定价、协议定价、市场定价、领导定价”四种方式，基于“料工费”为核心进行定价；各巴之间的结算需要制定规则，在定价基础上实现内部市场化的交易结算；各巴各自计算收入、支出、利润、人均小时利润等。

101. 问：利润中心落地运行，从初级阶段到成熟阶段，是否考核人均小时利润？是否使用软件比较好？

答：很多国企如中车、中石油相关非标设备制造企业，都在使用“工时制”。工时制实际使用中，员工希望用时越多收入越高，与阿米巴工时使用越少效率越高的理念冲突。所以，建议如下。

① 国企在导入阿米巴经营模式的前两年，只考核利润巴的利润实现即可，摸索成熟了再去考核“人均小时利润”。因为“人均小时利润”是既考核利润又考核效率的模式。

② 在改革和创新经营过程中，探索“工时制”的替代方案。

至于导入阿米巴模式使用软件的问题，注意如下。

① 导入初期不必使用阿米巴专业软件，使用 Excel 表更容易入心、入脑、入行。

② 切记任何软件的实现前提是业务规则的成立和形成应用规律。

③ 不要神化阿米巴软件。阿米巴软件的收支和报表是主要手段，比软件中的管理驾驶舱还容易。

102. 问：利润中心运行后，运行机制、监督机制、奖励机制、成长机制有何变化？

答：各项机制是有实际变化的，具体如下。

① 运行机制，包括各巴模拟利润指标的制定与实现，与财务角度的目标与计划的利润平衡；巴长的责权利的运用；“会算 + 会看 + 会干 + 会改善”的“四会”机制落实与持续应用。

② 监督机制，包括数据来源真实性与准确性；原始单据的抽查与监督；服务巴、财务的数据提供即实行监督；报表制作的准确性和及时性监督；业绩实现，尤其增量利润实现的监督。

③ 奖励机制，包括利润实现与绩效工资的挂钩，增量利润实现的奖金奖励，项目制中的项目跟投与奖励，基本工资提升的奖励，其他荣誉奖励等。

④ 成长机制，包括职务晋升、临时项目任用、职级提升等。

⑤ 其他机制，如每月的“巴长月度业绩质询会”是很好的监督机制；“早晚会”通报经营数据和经营文化条目的学习分享是每日的学习成长机制；“四会”机制是持久改善机制；“恳谈会”被一汽铸造改为周“啃难会”，是周的问题解决机制；“空巴酒会”是伙伴激活机制等。

103. 问：利润中心与 Excel、软件相结合的关系及案例是什么？

答：阿米巴就是利润中心制。各巴（各业务单元）及公司各部门至少应该有软件应用，比如财务的财务软件、生产系统的 MES 软件、建筑业的美联达软件等，还有很多公司使用的 SAP 软件等。

导入阿米巴，各业务单元取得数据进报表，实现自动核算，比如 BOM 清单是否可以实现在领料时自动带价格？这样就解放了人力使用 Excel 表的劳力，且不容易出错。

导入阿米巴初期，先使用 Excel 报表、后使用软件是基本路径。

所有的阿米巴经营模式应用实现软件相互关联、打通，自动取数、自动生成报表等是最理想模式。目前，国内软件应用还很难全部打通。

四川某非标制作企业，几年前导入了 SAP 软件，几年下来，花费了 2000 多万元。为了 SAP 的有效应用，很多加工中心、业务单元都改得“四不像”了，既不像纯粹的费用中心，又不像纯粹的利润中心。这样的软件应用不能说是成功的。但是阿米巴应用最好有软件支持，如果像这家企业 SAP 这么大的投入还没有用好，那只能局部使用 SAP 的功能，比如领料自动取价格等。

104. 问：公司导入利润中心制的过程管控与激励有什么创新？

答：对利润中心制的管控的原则是：强制管理在先、自主经营在后。管控的过程是：事前设计，事中控制，事后评价，具体参照“6132工程”。

导入利润中心后的激励，见上面问题中的回答。

十、营销领域阿米巴经营模式导入的相关参考问题

105. 问：施行阿米巴经营后，营销人员角色有无实际变化和调整方向？

答：原来强调的营销人员，过多强调的是“商务型”营销角色，导入阿米巴经营模式以后，应该进一步朝向“商务＋技术”营销转变（特别是需要进行技术支持的营销业务），或者叫作朝向“运营型”营销转变（自主核算，自主经营）；传统的靠商务手段（酒文化＋娱乐＋关系等模式）更多朝向价值营销方向转变（平台的价值拉动＋营销人员个人技能与素质＋全方位服务）。

106. 问：营销领域施行阿米巴经营模式，必须要考核利润吗？

答：营销领域施行阿米巴，跟生产制造领域施行阿米巴不一样，不能仅仅考核其利润。营销领域既要考核利润实现，又要考核市场指标（比如市场占有率等指标）。

107. 问：基于自负盈亏的条件，部分大客户存在战略亏损局面，这种情况应如何平衡？

答：这种情况很常见，应该公正对待。第一，谁能为公司承担战略亏损客户的销售，谁为公司付出更多，公司应该在后续客户资源分配上进行找补； 第二，谁能为公司承担战略亏损客户的销售，谁为公司付出更多，无怨无悔，这是公司要重点考虑培养的人才，纳入后备人才梯队重点培养；第三，谁能为公司承担战略亏损客户的销售，谁为公司付出更多，公司可以从公司盈利部分或其他盈利资源里给予补偿。相反，

对于那些因为战略性亏损而抱怨、推诿、不认真推进的人，则应给予“黄花鱼”一样的待遇（长期考虑，边缘化处理）。

108. 问：渠道产品结构不理想，多是低端产品，利润很薄，用阿米巴模式怎么提升利润呢？

答：第一，根据本书中关于“收入最大化、支出最小化”的要素描述进行分析，头脑风暴。第二，根据“寻找利润区、设计利润区、重构利润区”的思考，对现有业务进行剖析。寻找利润区，就是在现有的业务里分析，哪些业务赚钱？哪些业务不赚钱？然后借助阿米巴经营原理，对这些业务进行化小核算单元，按照阿米巴经营模式经营和激励；设计利润区，主要是按照“收入最大化，支出最小化”诸要素进行分解后，设计出新的赚钱业务；重构利润区，是对现有组织、人员、模式、应收与预收、异业联盟等角度进行剖析，实现重构，“人尽其才”“物尽其用”“不放错资源的位置”，从而构建出新的、更赚钱的业务。

109. 问：借鉴阿米巴经营模式，如何为经销商赋能呢？

答：所谓的为经销商赋能，就是让经销商更有能力、更有激情、更多地卖你公司的产品，也就是说你（或者说“你公司”）应该如何做的问题。

第一，一定要做到“价值拉动”，经销商对你形成超过产品层面的依赖。比如说，你的阿米巴经营模式可以向经销商输出；你的公司能够给经销商带来更多新思想、新方法；贵公司的商学院可以持续为经销商各层级人员培训。

第二，“产品＋服务＋靠谱”的三位一体拉动。

第三，持续提升作为营销部门的赋能能力，当然更包括营销人员自身能力和素质的不断提升。

第四，持续能为经销商解决问题。

第五，从一次性的“交易价值”向持续的“交互价值”努力。从营销经销商到影响客户，直至影响消费者，让客户、用户、消费者组成的生态圈反过来影响经销商。

110. 问：如果对于生产制造系统生产的产品，销售部门内部提货价过高（生产成本过高，或者内部定价过高），对销售部门的销售不利，怎么办？

答：第一，生产部门有义务持续降低成本，为营销部门生产质优且成本适于竞争的产品；第二，两块业务之间，如果以生产内部定价卖给销售，价格过高，在营销的阿米巴经营报表里会反映出来。比如，营销段利润持续过低，人均小时利润比生产制造持续低很多等。发现这个问题后，营销部门的阿米巴秘书及营销负责人要及时沟通、反馈；第三，公司层面的定期价格调整公示应在定期公示前沟通解决；第四，可以在每月的阿米巴巴长月度业绩质询会上提出并解决；第五，向公司层面的阿米巴秘书提出，由公司平衡和裁决。

111. 问：阿米巴经营模式下，业务支持部门（如市场部等）利润如何计算？

答：提出这个问题，显然是对本书中关于责任中心制的内容没有理解好。阿米巴经营模式下，一般分为利润巴、服务巴、公共服务平台。业务支持部门一般是服务巴，主要是支持利润巴实现利润，其费用要分摊给利润巴，奖金也来源于利润巴，如本文所提到的市场部，它是服务巴，是不用计算利润的，市场部支持各营销区域或大客户部门去实现利润。

进一步解释，公共服务平台里的人事、财务、行政等，原则上是不计算利润的。这些部门隶属于公共服务平台，做好各自的政策管控、专业提升、费用管理、服务支持、平台打造即可。

112. 问：原材料成本占比超过 85% 的行业，感觉实施阿米巴的作用不够显著，怎么办呢？

答：企业发展战略一般是“成本领先”“技术领先”“规模领先”。提出这个问题的企业一定是“规模领先”的企业，为了规模忽视了利润，或者是某个阶段忽略了利润。在中国做企业，有的时候是需要规模的，否则，企业拿不到相应政策和资源扶持。但一定要在“做强”和“做大”之间去寻找阶段性的平衡。怎么做呢？第一，研发先行。让研发来突破行业瓶颈；第二，在“成本领先”和“技术领先”上下功夫；第三，按照本书中的“收入最大化、支出最小化”和“寻找利润区、设计利润区、重构利润区”的经营原则开展业务；第四，各个岗位都要持续贯彻“四会”工具，即“会算”“会看”“会干”和“会改善”。

113. 问：技术服务人员在支持营销人员业务的时候，也就是“1+1”营销模式，需要给技术服务人员进行服务定价吗？

答：两种考虑。第一种，这样的“1+1”营销模式，本身技术服务人员就是拿工资的，再增加技术服务费项目，显然增加人工成本；第二种，从技术服务支持营销人员的业务中计算增量利润，从增量利润的奖励中给予技术人员额外的增量利润奖金，与业务捆绑似乎效果更好。

十一、现实激励问题

114. 问：阿米巴更提倡增量业绩和增量利润的实现，从而挑战高目标。但是各业务单元（或各项目）连基本目标都实现不了，激励不仅变空，大家连积极性都没了，更别谈挑战增量业绩和增量利润了，那怎么办？

答：出现这类问题的原因，一般是目标制定得不合理，或者目标转化成具体指标和计划过程中，各个业务单元没有参与讨论，没有自我核算和深化；有的是业务单元参与了，但劳资双方相互缺乏信任，目标、指标、计划都成了走形式。

要想具体解决问题，看看本书中稻盛和夫是如何确定阿米巴组织（自主经营体）目标、指标和计划的。

115. 问：公司导入阿米巴经营模式后，业务单元（或者项目）反而出现了巨大亏损，到年底如何激励？

答：出现这类情况，一般是由于业务单元负责人（或项目负责人）能力、责任心不够造成的；也有客户方先期设置陷阱，而疏于尽责发现、疏于论证、心存侥幸等原因造成的。

这种情况发生后，各层面的讨论分析和业绩质询是必须的，亦即在公司和业务层面要有说法。

至于具体激励，一定是正反手结合，公私层面处理：从公而言，业绩质询，业务检讨；从私而言，老板单独鼓励，个人激励。

116. 问：某个项目订单是公司努力几年最后放弃的，但施行了阿米巴模式，有了积极性，该业务单元觉得应该重拾这个订单。经过与客户艰苦谈判，不但重拾该订单，而且订单交付完成后还产生了超出预期的利润，按照原先设计的激励政策，显然超出，怎么激励呢？

答：实际操作过程中会出现这种特殊情况。第一，原有激励政策肯定要兑现；第二，要具体分析。如果没有公司前几年的努力，是没有该订单来源和客户基础的；没有后期施行阿米巴，业务单元积极努力重拾订单，艰苦谈判，则很难交付，也不会最终拿下公司早已放弃的订单，并且不会产生这么高的利润。因此，既要考虑到公司前几年的努力与付出，又要考虑该业务单元现在的努力与付出，需要单独计算并兑现超额奖励。

117. 问：对于阿米巴经营模式下的激励，能给出更清晰的方法吗？

答：阿米巴三种激励方式如图 4-6 所示。

图 4-6　阿米巴三种激励方式

118. 问：国企的激励受工资总额限制，在导入阿米巴经营模式的时候有没有突破性的先例或独特的做法可以借鉴？

答：根据我对中国大型央企的了解，国内某家航空公司在研究借鉴阿米巴经营模式的时候从做预算开始，做了两种激励设计。一种是部门负责人、分子公司负责人在任职期间协议上做阿米巴经营结果考核的激励设计；另一种是从预算角度单独辟出一块总经理特别奖励的预算，对所在业务单位（单元）进行阿米巴经营模式推进的考核激励。

上市公司驰宏锌锗是把工资总额与利润总额增长率和营业收入增长率挂钩浮动的。

119. 问：阿米巴经营模式跟股权、合伙人制、精益生产、承包制等能融会贯通吗？

答：股权是“金手铐”，对于关键人员（少数骨干）非常适用，全员股权搞不好就是“大锅饭”。所以，结合阿米巴经营模式就可以做到，骨干被股权激励了，广大普通员工也不至于成为“被爱情遗忘的角落”，以阿米巴经营模式的绩效薪酬调整和增量利润奖金，甚至可以再次覆盖到骨干人员；

合伙人制也可以跟阿米巴经营模式结合，尤其对于商业、服务业、互联网，以及纯粹营销的公司，都适合把阿米巴“人人都是经营者”的理念、小团队独立核算的做法、创造增量业绩等方式，与合伙人理念、合伙人机制糅合在一起；

精益生产常常被作为改善的基本工具，其动作、布局、颜色管理、价值流动等改善方法，对于员工提高操作效率帮助很大，跟阿米巴经营模式结合会效果倍增，因为前者是手段、方法，后者是解决积极性，二者相得益彰；

阿米巴经营模式与承包制可以考虑成进阶式的经营管理。一开始，可以先搞个简单的承包制，以提升效率和经营效果。成熟后，再导入阿米巴经营模式，就是提升版的自主经营了，效果会进一步提升，比如物流的承包、生产线的承包，进阶到物流自主经营体、生产线自主经营体。

120. 问：阿米巴模式在企业落地并起作用，有什么秘诀吗？

答：没有什么所谓的秘诀，只要能做到“四个保障”就可以。

第一，组织保障。运行必须靠组织保障。首先是阿米巴秘书体系建设，其次是经营体系（责任中心制、巴长队伍等）建设。比如，事业部、工厂总经理对阿米巴的重视程度、参与程度起决定性作用；事业部、工厂层面阿米巴秘书是整个牵头实施的灵魂人物等。

第二，体系保障。每日核算，每日分析，挂图作战等；每月完成利润平衡报告；月底的“作战计划”（月度分析、目标分解会等）；月初的“四会”工具竞赛，降本专项会议布置；月中的业绩质询会（月度业绩质询会可以与经营分析会结合使用，避免“两张皮”）。

第三，目标保障。目标利润必须等于总经理财务角度考核的指标，否则必定出现“两张皮”现象。增量利润用于奖金分配。

各个阿米巴自营体目标管理要与预算管理、年度（月度）经营计划融为一体。

第四，规则保障。系统应用阿米巴，要逐步提炼适合于企业的阿米巴运营手册，对阿米巴运营的时间、费用、定价、交易、日常运行等游戏规则进行界定和描述，否则就会有争议，这个手册要不断完善升级。

要知道，财务靠的是“准则”，阿米巴靠的是“规则”，这个“规则”建议汇总成手册，便于统一使用、升级和完善。

做到上述四个保障，企业就会实现阿米巴模式落地和有效运行。

121. 问：身股、银股与阿米巴经营的激励，有什么异同？怎么结合应用更好？

答：身股、银股的设计来源于晋商，尤其是电视剧《乔家大院》播出后，身股、银股的激励，以及各种股权激励已经非常盛行。

实话实说，股权设计与布局控制等呈现出复杂化，有几家中小企业能使用华为、阿里和小米的多层次股权穿透性的设计？

实际上，股权激励应分为“经营性股权激励”与“控制性股权设计”两大块。控制性股权设计在“上层建筑”中应用比较多，在员工激励中很少应用，本书不加描述；经营性股权激励主要是银股、身股与期权设计。

银股的说法与正式认缴出资的股东说法基本一致。银股可以继承，有话语权，而身股没有话语权，只能参与分红。

身股的说法值得借鉴。身股的设计必须跟利润中心业绩捆绑（比如门店业绩等），然后根据身股的持股比例，在利润中心里进行分红。**这一点，与阿米巴经营增量业绩、增量利润奖金设计如出一辙。**区别是，身股分红一般是以年度进行，并且做分红仪式进行造势；而阿米巴增量利润奖金一般是以月度进行，纳入常规工作，没有特别做仪式而已。

身股的设计可以与阿米巴经营结合，比如推出“功勋身股”“岗位身股”等，与利润中心的业绩挂钩。

建议一：身股设计，最好在商贸、服务、电商等大商业概念的业态中应用，制造业不建议引用身股概念，容易造成混淆，除非有很好的设计，比如方太。

建议二：制造业还是以阿米巴经营的“增量业绩”与“增量利润”的奖金模式进行比较好。比如非常优秀的人民药业，其制造单元就是明确的“增量业绩”与“增量利润”的奖金模式。

建议三：期权模式。商贸、服务、电商等大商业概念或制造业中，要把骨干变成“自己人”，可以进行期权设计，也可以先身股、后期权。

建议四：上市公司及拟上市公司不必引入银股、身股的模式。

经营之道　常识必知
本质洞悉　项目笔记

第五章

怎么办

CHAPTER 5

第一节 经营之道

一、稻盛和夫·真正的经营

经营是一门学问，更是一门艺术。我们看看“经营之圣”稻盛和夫是如何认识经营的！

1. 经营必须血肉化

经营的意识和毅力必须浸润到血液里，就像稻盛和夫老先生说的“拉开裤管，用刀子划开，流出的血液里都是强烈的成功愿望”。只有这样，才是最有效的经营。

稻盛和夫和 7 个伙伴创业伊始，就立下了血书：“虽然我们一无所有，但我们众志成城……”这份血书依然保存在京瓷集团的稻盛博物馆里，已成为历史的见证，更是血肉化经营的见证。

2.“良知 + 数字”才是经营

所谓良知，就是良心，就是企业的价值观和企业的品格。企业经营需要企业具备人一样的品格，也就是企业经营所必需的原理、原则。没有原理、原则的企业不会跑在健康的路上，更不会实现卓越成长。

在企业原理、原则指导下，全体员工共同努力实现的经营数字，亦即用数字体现的部门、组织所取得的业绩成果。

所以，企业经营是在良知引领下取得的数字成果。

3. 变哲学为数字，才是经营

这个论题是建立在“良知 + 数字”基础上的，是更高一层的认识。搞企业，必须让全体员工了解企业的经营哲学。世界上第一个把经营与哲学联系在一起的非稻盛和夫先生莫属了。

全体员工共同遵照企业的经营哲学参与到经营中，变哲学理念为奋斗上进、自主经营的行为，从而产生不断提升的经营利润，这就是变哲学为数字的经营。

稻盛和夫提出的“销售最大化、费用最小化”“定价即经营”“会计七原则”“人生成功方程式”等，都是受益无穷的经营哲学原理。

4. 经营是意志力的体现

企业经营不会总是一帆风顺，关键是你能否经得起风雨而见彩虹。稻盛和夫在直接参与经营的 50 余年时间里，经历过 5 次世界级的经济萧条期。但每一次危机，稻盛和夫都变危为机，他创立的京瓷和 KDDI 都没有垮下来，相反却异军突起。

经营要克服经济低潮期的困难，经得起快速发展期的洋洋自得，要统帅好员工，不断创新，时时刻刻如履薄冰。危急关头、荣耀关头挑战高目标，靠的是意志力。

5. 经营需要王道，而不是霸道

稻盛和夫自创业伊始，没有资金，没有关系，没有市场，有的只是自己的技术和低学历的员工。这时候他意识到，必须抓住员工的心，必须让员工变成真正的经营者。

抓住员工的心并获得员工的信任和尊敬就是王道。当然，稻盛和夫先生也曾描述过经营者要做“独裁者”，但不是一般意义上的独裁者，而是在爱员工的基础上去倾听，能够善于和敢于为企业、为员工做决策的行为。

企业做大或做小，都要树立高目标，同时不要一味追求所谓的做大。这需要经营者辩证地、动态地平衡发展。

6. 提高心性，拓展经营

稻盛和夫老先生本身是科学家出身，他没有说科学技术拓展经营，因为科学技术是很容易被复制的；稻盛和夫老先生应用了很多管理模式，他没有说管理模式拓展经营；稻盛和夫先生开辟了很多商业模式，他没有说商业模式拓展经营……但是稻盛和夫老先生自盛和塾创始之日就提出“提高心性，拓展经营”，几十年来一直没有改变过。

心性是什么？心性就是在世界观、人生观指导下形成的价值观、真善美、利他精神。只要本着利他，本着以心为本，经营就一定会打开局面，并且会日益提升，成为高收益的企业不是梦想。

所以，我们需要“提高心性，拓展经营”！

二、稻盛和夫·真正的“用人”

用人是一门学问，每一个经营者每天都在用人，每天也在琢磨到底应该怎样用人，如何更好地用人？我们看看稻盛和夫先生是如何用人的。

1. 经营角度用人

从经营角度用人，就是与从管理角度用人的相对理解。稻盛先生是从经营角度用人的典范。经营角度用人就是把人“**从石头变金子**”的方式。不预设更多条件，不迫切给予更高期望，不特别强调学历，而是重点关注**忠诚度和悟性**（悟性包含举一反三的能力和潜在成长性的判断）。

相反，我们常用的是从管理角度用人。**管理角度用人**就是用人前预设更多条件，比如男女、学历、背景、经验、行业等条件。这样用人，一方面提高了门槛，另一方面会造成彼此的期望落差。这就是把人**“从金子变石头”**。

2. 实用角度用人

稻盛和夫先生把团队成员分成**自燃、可燃、不燃三种人**。自燃人，一定是主动积极、阳光上进、积极参与、勇于负责的人；可燃人是经过教育培训带动后可以加入自燃人队伍里的人；不燃人就不言而喻了。

按照这三种人的特性，企业从招聘开始就要筛选出来自燃人和可燃人，从而加以选用。

3. 实力角度用人

稻盛和夫先生特别强调实力主义。他要求所有的干部必须成为**“旋涡的中心”**。只有成为旋涡的中心，才能有更大的能量，才能带动下属和周边的人。所以干部必须具备旋涡中心一样的实力。

干部必须能向下属**传导能量**。干部一个人能干不行，必须带出能干的下属。而能干的下属一定离不开上一级不断的能量传递。这里的能量不仅仅是指知识技艺的简单传递，而**是奋斗精神、付出不亚于任何人的努力的精神**。

4. 责任角度用人

稻盛和夫先生在创办 KDDI（第二电电）的时候，没有人才，怎样补充电信技术人才？只有从市场渠道去找这样的人才。怎么找？如何判断这些人是否是真正的人才？

稻盛和夫先生经常到第一电信 CBD 周边的简餐餐厅吃午餐，这样边吃边可以留意周边那些第一电信的青年才俊中哪些在餐间有独到的见解、不发牢骚、有想法、有上进心，稻盛和夫先生就开始留意这些人。

经过几次观察，稻盛和夫先生认为某几个青年才俊不仅有见地，还有较强责任心，这几个人就被稻盛和夫先生悄悄锁定。稻盛和夫先生会制造机会与他们认识，并感召他们到自己创建的第二电电共创大业。就这样，稻盛和夫创建的第二个世界 500 强——第二电电，组建起了最初的超强战力的人才团队。

5. 专家角度用人

2010 年 2 月 1 日，稻盛和夫先生出任日航董事长，他仅用 424 天时间就让日航这个病入膏肓的“巨无霸”起死回生。重建完日航，稻盛和夫先生在两年后即宣告离开日航，这时候大家都以为稻盛和夫会启用政府期望派出的人才任日航总裁，或安排社会公认的精英出任日航总裁。恰恰相反，稻盛和夫启用了日航内部人才继任日航总裁。

这个人就是日航原飞行员管理总部的总经理植木义晴。飞行员是航空公司最重要的和最难管理的人才，而飞行员出身的植木义晴本身就是一个很好的经营人才。他不仅能服众，还努力上进，是那些所谓的社会精英和政府派员无法相比的专家。启用植木义晴，事实证明无比正确。日航的经营业绩 5 年来绝对是全世界一流！仅 2016 年，日航实现的利润是世界航空公司利润总和的 1/2！

6. 从“心”角度用人

稻盛和夫创建京瓷，就是典型的实用角度用人的范例。创业初期艰苦，收入低，环境不好，又是街道小企业，找不来人，大学生也留不住，结果用的都是一些学历很低的人。这就是稻盛和夫先生所说的“京瓷就是一群‘傻子’做出的世界 500 强”。

稻盛和夫创业最初几年，没有资源，没有关系，缺少资金，要什么没什么。稻盛和夫意识到，他有的只是**“员工的心”**，必须抓住员工的心，从“心”的角度去激发他们，去驱动他们。实践证明，人才与学历没有直接的关系，而与“心”却有着决定性的关系。后期接任京瓷总裁的伊藤谦介先生是高中毕业生。

稻盛和夫先生创建京瓷、打造第二电电、重建日航，都具有传奇色彩，实际**是稻盛和夫经营哲学的功力，是阿米巴经营模式的力量，也是稻盛和夫用人棋高一着的点睛之作！**

三、稻盛和夫·真正的目标管理

1. 必须树立高目标

企业的发展，没有高目标就不能达成高收益。稻盛和夫给出的高收益的标准，对于制造业而言，至少要达到 10% 的纯利润才能称为高收益。而**要想达到这样的高收益，唯一的手段就是高目标管理**。稻盛和夫在其所著的《领导者的资质》一书中，明确地提出“要明确描述并实现目标”。稻盛和夫就是这样要求干部们并带头践行的。

只有高目标，才能有高回报。稻盛和夫形容高目标管理就像爬山一样，爬小山没什么成就感，只有爬大山才能有“一览众山小”的感觉。因为，只有高收益、高目标才能回馈社会、回馈员工、回馈股东。

2. 目标管理的原则

稻盛和夫有一句非常经典的话，叫作“**目标刻在石头上，计划写在沙滩上**”。说得非常棒！目标刻在石头上，就是目标一旦确定就不能轻易调整，而调整就需要在计划上根据实际变化而调整，但调整的目的是更好地实现目标。

3. 目标管理“三段论”

稻盛和夫认为，目标管理有其独特的规律，那就是“三段论”。所谓“三段论”，即是**制定目标时“大胆构思”**，把目标想得大一点；**考量目标时“悲观计划”**，把过程中的难点、问题点、障碍点、突破点、策略点都一一想清楚、想透；**执行目标时“乐观执行”**，在前两段基础上，在各种可能性方案下，放心大胆地去做实现目标的工作。

4. 可行的目标与计划，不要华而不实的战略

稻盛和夫非常注重切实的目标管理。他不提倡超过五年以上的形而上学一样的大战略。稻盛和夫不是不做战略管理，而是更务实、更实际。企业发展离不开战略，**稻盛和夫考虑的是只做什么，以及在相关行业做到什么样的目标**。这就是他的所谓战略。

稻盛和夫创建的第一家世界 500 强京瓷只做三年滚动的目标与计划，依然是世界特种陶瓷行业保持几十年领军地位的标杆企业。

5. “稻盛魔术”是目标管理的最佳实践

稻盛和夫所缔造的京瓷、KDDI 都是高目标管理的典范企业。京瓷自 1959 年创立以来，尤其是实行阿米巴经营模式以来，利润没有低于过 10%，最高达到过 45%；KDDI 于 2016 年在日本实现的销售收入一度排名第五（金融商社除外）。而稻盛和夫重建后的日航，2016 年实现的利润接近全球航空界利润总额的一半（约合 140 亿元人民币）。

稻盛和夫的经营管理从来都是高目标，历史上的京瓷也曾创下“日本第一股（超越索尼股价，78 美元一股）”的奇迹，也曾实现一年翻五番的销售增长。日航从亏损倒闭，只用了 424 天时间，“V”字形逆转。**所有这些，都是稻盛和夫高目标管理的最佳实践。**

四、稻盛和夫·真正的“高收益”

企业经营必须实现高收益。高收益是稻盛和夫经营企业的重要标准。同理，高收益也应该是我们追求的经营目标。

1. 高收益，首先是利润指标上要实现高收益

稻盛和夫在京瓷初创时期，第一年实现了 300 万元的纯利润。当时的稻盛和夫对于经营的概念还很模糊，对于 300 万元的利润，他高兴得不得了。他觉得，朋友以房子抵押帮助自己开办企业的 1300 万元借款，按照

每年 300 万元利润的速度偿还，3 到 4 年就能还清了。

结果，他还是被那位朋友泼了一瓢冷水。300 万元的利润，交税 150 万元，除去分红及其他花费，能净剩 50 万元就不错了。

失望之余，稻盛和夫进行了深刻的思考：既然能赚 300 万元的利润，为了早日还掉朋友拿房子抵押的借款，如果每年的利润能赚到翻番的 600 万元，不就真的还款有望了吗？按照这个思路他继续思考：必须努力，实现翻番的利润。

结合 20 世纪 50 年代日本政府利率政策（贷款的利息为 5 或 6 个点），稻盛和夫想到如果企业不能实现 10 个点的利润，就比较难生存和盈利。怎么才能赚取更多的利润呢？要想实现翻番的 600 万元利润，必须实现 10 个点以上的利润。稻盛和夫逐渐厘清了思路：必须把企业经营的净利润提升至 10 个点以上。

每个行业都有其利润的常识。那么，当时陶瓷领域的利润率的确普遍低于 10%，稻盛和夫暗下决心，必须打破行业常识。自此，京瓷虽然仍在创业维艰的道路上打拼，但稻盛和夫的经营思维已然跃上高收益的制高点。

经过几年的打拼，稻盛和夫率领早期的京都陶瓷公司，突破重重障碍，尤其在突破美国市场后，反推日本本土市场开始步步为营（这是稻盛和夫早期经营上的亮点之一）。

1959 年他创立京瓷，1963 年开始探索阿米巴经营模式。后期阿米巴经营模式逐步成熟，京瓷开始走上发展快车道。1974 年，京瓷在日本上市，成为日本第一股。京瓷的利润率也节节攀升，从 10%~20% 的区间上升到 20%~40% 的区间，最高达到过 45%。

2001 年，昔日生产小陶瓷配件的街道小厂京都陶瓷公司进入世界 500 强，并成为当年世界 500 强中利润率前 20 名中唯一一家日本企业。

2. 高收益，还应该体现在人才培育上，这也是高收益

稻盛和夫总结提炼的阿米巴经营模式的主要目的之一就是培养具备经

营意识的人才。京瓷有 8 万多人（截至 2022 年 3 月 31 日），有 3500 个阿米巴自主经营体，那么就有 3500 个“小总经理”。他们基于阿米巴模式的经营，创造了一个又一个京瓷的成功传奇。

在 KDDI 创建初期，稻盛和夫就从京瓷调配了 10 个具备经营意识的阿米巴长，他们都是具备经营意识的人才，加上稻盛和夫特别筛选招聘的 9 个电信领域人才，构成了 KDDI 早期的创业团队。正是这些人才，从 KDDI 初创，到建立微波基站、固话普及、全国经销合作伙伴的拓展，到 KDDI 上市、成功收购以丰田为主的巨无霸通信公司，一路走来，他们攻城略地，铸就了 KDDI 的辉煌。

有了人才，也就有了能成就事业的基石。真正的高收益直接体现在利润率的高实现上，更体现在人才的培育上。

稻盛和夫就是这样践行其高收益之路的，打破行业常识，每日精进，培育人才，任何事业必将无往而不胜。我们要向稻盛和夫老先生的高收益实践学习！

五、阿米巴经营模式必须“中国化”

阿米巴经营模式源于日本，源于稻盛和夫创建的京瓷，应用于 KDDI 和日航，可以说的确是创新经营的最佳实践。

阿米巴经营模式进入中国已十余年，一直不温不火，只是最近两年来开始火爆。

只有把经营、管理、文化糅合在一起的经营模式才能确保企业持续发展的时代到来了。而阿米巴经营模式糅合了东西方智慧，柔和了财务、人力、生产、营销、战略、领导力等要素，恰恰符合了新时期、新条件下的企业经营需求。所以，中国企业家们开始研究并尝试性导入阿米巴模式。

为确保阿米巴经营模式真正发挥效用，源于日本的阿米巴经营模式必须“中国化”。只有“中国化”的阿米巴经营模式才能助力中国企业。

1. 为何要中国化

（1）中日文化土壤略有不同。

历史上，日本的崛起源自两种力量。

第一种，中国的智慧，向中国学习。隋唐时期日本就派出大批使节学习中华智慧和古典文化，包括宗教制度、国家行政制度等都成为日本学习效仿的标杆。日本历史上著名的圣德太子给遣隋使们的要求就是“学好用之”，及至明末王阳明的“阳明心学”成为日本明治维新的理论基础。

第二种，就是日本的“脱亚入欧”，向西方学习。明治维新打倒幕府统治，转向学习西方，日本为现代工业化和现代化打下了坚实基础。日本的文化土壤糅合了东西方智慧，日本的宗教里糅合有佛、儒、神道、武士道等思想。

日本的严谨、固守、高度的精神统一等文化精髓是深入骨髓的。加之日本终身雇佣制的人力政策，使得日本的阿米巴模式看起来是“分”，实际是高度的“合”。京瓷的阿米巴模式在物质上也会有表示和兑现，但那是以独特的京瓷人力政策配合稻盛哲学支撑的。

所以，从这个角度看日本的阿米巴经营模式，就不能完全照搬到中国来应用。

（2）共享经济和合伙制的要求。

中国已然是世界第二大经济体，中国经济领域“百花齐放，百家争鸣”的现象非常明显。中国企业家善于学习，善于总结和创新；互联网经济和特色社会主义市场经济都体现出了共享的特点。团队共享、组织共享，使过去单纯的分配经济成为明日黄花。

中国市场经济条件下的员工关系已经不是单纯的雇佣关系。日常经营管理活动中，如何让中基层更好地参与进来越发显得重要。

未来的企业竞争不再是单纯的企业组织体竞争，而是人才的竞争。不要只把学历人才当作人才，基层操作人员也是资源，而不是成本。如何创造一个更加公平、公正的竞争环境，如何打造自动、自发的工作机制，就是要创立信任文化。

把简单的分配变为分享，这不是分钱游戏，而是创造工作的乐趣和成就感。让员工在工作中快乐，在快乐中工作，在工作中获得物质和精神成长。

员工关系不再是简单的劳资关系，要把员工当员工，要满足其需求；要把员工当伙伴，共享创造成果。

共享制经济和合伙制员工关系的时代已经来临。结合源于日本的阿米巴模式，一定是中国企业的最佳实践。

（3）与“主人翁”说法一脉相承。

中国企业历来强调要把员工当作主人翁对待，员工就是企业的主人。现在我们施行阿米巴经营，实际上指导思想是如出一辙，只是在具体实施细节上稍微有所不同而已。

阿米巴经营模式就是复制内部“小老板”，复制人人算账的“阿婆”，实际上就是在践行“人人都是经营者”的新型理念。

2. 如何把阿米巴经营模式中国化

我们一定要确立“走进去、走出来、做自己”的指导原则。

（1）什么是“走进去”？

要“带着谦卑的心走进去”。去学原汁原味的日本京瓷的阿米巴经营模式，最好再深入学习一下稻盛经营哲学。因为日本阿米巴模式的成功有两个“轮子”：一个是阿米巴核算机制，另一个是稻盛经营哲学。我们一定要怀着谦卑的心去虚心学习。

（2）什么是“走出来”？

要“带着感恩的心走出来”。稻盛和夫的阿米巴模式和经营哲学是稻盛和夫在企业创建、发展的实践过程中提炼的精华，这些精华里面有中国文化的影子，有涩泽荣一的影子，有松下幸之助的影子。既然是精华，是符合规律的“道”的东西，是对我们升级转型、创新经营的好东西，那为什么不去感恩稻盛和夫老先生呢？所以，我们要带着感恩的心“走出来”。

（3）什么是“做自己”？

要“带着奋斗的心做自己”。因为毕竟中日文化土壤不尽相同，毕竟中日的经济特点有很大差异。我们要学习阿米巴经营的核算机制，要学习稻盛和夫的奋斗哲学，但最终要结合中国的实际、企业的实际。改革开放四十多年，我们沿用西方的套路多一些，切换阿米巴模式必须循序渐进，结合企业管理基础，比如数据习惯、文化特点来落地，才能更稳健。

“做自己”做得好的我们可以借鉴“3H”。第一个“H”是海尔，海尔的人单合一非常有海尔的“阿米巴”特色；第二个“H”是韩都衣舍，韩都衣舍的小组制阿米巴模式是非常具有独创性的“阿米巴”；第三个“H”是海底捞，海底捞从2011年开始学习稻盛和夫的阿米巴和经营哲学，但都是做了很多加减法的，才形成了今天独特的海底捞的经营模式。

3. 我们还是要深入学习稻盛经营哲学

世界上第一个完善管理学定义的是彼得·德鲁克先生。虽然彼得·德鲁克没有独立创业，但他绝对是大师，我说他是“知者”；世界上第一个把经营和哲学结合在一起的就是稻盛和夫先生。虽然稻盛和夫不是纯粹的学者，但他对经营的体验和提炼也决定了他当之无愧的大师地位。“销售最大化、费用最小化”这一经营原则而言，就已经足够验证了，所以我说他是“行者”。

稻盛和夫的经营哲学是奋斗的哲学，是指导企业按照经营规律去实践的哲学，是利他的哲学，是从“心”出发的哲学。我们可能达不到稻盛和夫那样高的境界，但是我们学习稻盛经营哲学多少会有借鉴之处。企业家学，可以找到方向和规律；干部和员工学，可以学习到奋斗精神和方法原则。

我们天天讲要“转型升级”，实际应该是“升级转型”。什么是升级？首先是思维升级！我们天天讲要研究新模式，阿米巴经营模式就是创新经营非常好的模式。

第二节

常识必知

一、“阿米巴小虫”可以养

阿米巴经营的确是一种非常好的经营管理模式！好在哪里呢？

1. 对于转型期迷茫的企业有所帮助

一方面，阿米巴经营模式是稻盛和夫在创业阶段提炼出来并不断应用的，是实践证明了的、非常有效的经营模式。另一方面，阿米巴经营是稻盛经营哲学的实学部分，是在经营哲学体系下运用才能特别见效的经营体制。因此，这种实践模式实际为我们今天企业转型提供了前车之鉴和工具；同时也揭示了我们为什么要转型——是因为我们还没有建立自己的企业哲学，还没从本质上想透、悟透，而稻盛经营哲学恰好是指导企业家的“宝典”，可以给我们很有实效的指导。

2. 阿米巴经营强调的是全员参与和每日核算

稻盛和夫尤其强调的阿米巴核算与财务管理的区别，就在于要在基层把核算做简单、做透明、做成员宣导，从而提升成员的参与感。这实际上是从基层做“动员”，一改过去我们在企业经营过程中自上而下单向传导的僵化局面，从而实现人人参与。每日核算一目了然，是经营的晴雨表。

阿米巴日常运营中需要基层阿米巴的恳谈会，也需要融合进空巴等手段。这也是把文化与经营、把目标与计划内化于每一个员工的经营手法。

3. 阿米巴经营模式确实能帮助企业实现“销售最大化、费用最小化”

由于阿米巴经营是从市场端倒推传递市场温度，并且是利润导向，所以各个阿米巴像小公司一样追求利润，从而尽量扩大销售和服务，同时尽量以创意功夫的方式去改善，进而实现费用的降低；而相关的职能系统又存在费用分摊关系，也有尽量以创意功夫去改善的义务，所以，职能系统因此受到制约也很好地实现了经费管理（注意这里不用预算管理）。这样，各个自主阿米巴经营体都是利润的创造者，阿米巴系统和职能系统又都是尽最大化去做改善。各个阿米巴的销售最大化，不仅仅是开源；所有部门的创意功夫改善，不仅仅是节约，这样利润空间就出来了。

4. 阿米巴经营模式应用没有特别的行业限制

阿米巴经营起源于稻盛和夫创立的京瓷，属于制造业；而 KDDI 是以通信业为主，又是兼具服务业和商业等特点的跨界行业；稻盛和夫拯救的日航，既是航空业，又是服务业。这三个世界 500 强都成功地应用了稻盛和夫的阿米巴经营模式，并且都取得了巨大成功。所以，制造业、商业、服务业等行业都可以应用该模式，只要能有明确的收入和费用支出，能形成完整业务闭环并能充分贯彻公司经营方针就可以应用阿米巴经营模式。

阿米巴本来是生物学中一种变形虫的名字，由于其适应环境求生存的本领很强，稻盛和夫老先生根据其原理很形象地把“公司做强，客户做大，组织化小，每日核算，全员参与”这样的经营模式总结为我们今天所熟悉的“阿米巴经营”。

二、阿米巴核算落地过程中常见的六个问题

阿米巴经营是在组织化小前提下，员工以自激励方式自主管理、自主

经营、自主成长的经营管理模式，更是被稻盛和夫在京瓷、KDDI、日航，以及国内外众多企业成功实践了的、可以帮助企业健康发展的模式。正是因为中国很多企业家朋友认识到这一点，所以在积极导入阿米巴经营模式。

在阿米巴经营导入过程中，会经常出现“疑难杂症”，这很正常，但如果不能及时修正，可能会导致员工积极性受挫或推行障碍。结合阿米巴实践落地过程中所见，有以下六个常见问题。

1. 要员工主动算账，而不是公司强推成本

公司有成本计划，一层层推导下去，由于市场原因导致主辅材料经常变动，造成成本经常性波动，基层阿米巴在进行核算过程中，经常受到来自上级成本压力的困扰，造成积极性不高和阿米巴报表失实。

这是中高层领导一厢情愿造成的，可以有成本计划，但是关键还在于调动基层员工积极性，在于基层阿米巴是否能够紧扣经营目标的达成。

2. 不贯彻会计七原则，单一追求制造领域的成本消化

制造领域的成本消化直接影响产品成本，但是价值链链条中没有很好贯彻会计七原则，比如“筋肉坚实的原则”中就包含即买即用的原则，由于品种结构调整过多，采购就会造成多余原辅料库存积压。

这不是制造领域阿米巴的责任，而是没有深入贯彻会计七原则的缘故。这种情况下追求制造领域消化原辅料是不现实的。

3. 规则不完善，只追求制造领域阿米巴效果

在不建立规则的前提下费用分摊，过分追求搞好阿米巴也是不现实的。在阿米巴导入过程中，应该有循序渐进的推进计划，允许阶段性不完善，但要有逐步去完善规则的意识。比如哪些要分摊，分摊原则靠基层阿米巴是实现不了的，必须从公司层面去考虑。再比如跨越费用结算日期不统一，有些水电能源等由于与公用事业抄表时间口径不一等，都会带来困扰。

各个阿米巴运作是需要考核规则支持的，所以逐步完善规则是必要的。

4. 把握好“预估”“预提”与“当期”，摸索大宗成本的弹性规律

在一些大型制造业当中，许多原材料如矿石、铁粉、有色金属等，在国际市场波动下经常会出现很难据实结算的情况。因此一定要用好“预估”“预提”与“当期”，及时做到多退少补（至少月度做到）。比如人力资源费用中的年薪部分，也要做好平衡和年度的多退少补，尽量加强协调、接近规律。

5. 理顺成本科目，确保各级阿米巴成本费用“门清”

如果不在财务部门支持下理顺成本费用科目，按照软件 BOM 清单来，那就理不清了。按照阿米巴实际运营规律，各级阿米巴应该在财务指导下确立 13 个以内的成本费用科目，合并同类项，然后动态抓异常，从阿米巴报表中寻找异常，从而实现改善的目的。

6. 压力没传导，所有阿米巴报表由经营管理部“一肩挑”

在实践过程中，有些企业为了快速推进阿米巴核算，由经营管理部或阿米巴总负责人做阿米巴报表，再贯彻给基层阿米巴，让基层阿米巴进行改善。这不利于实现阿米巴成员自主算账、自主经营，反而是上一级背上了更多的“猴子”。

正确的做法是，让各个阿米巴自己完成并分析报表，而不是“越俎代庖”。如果“越俎代庖”，那么就失去了让基层阿米巴自行算账的意义，也远离了阿米巴经营的本质。

在阿米巴初期实际操作过程中，问题多不是坏事。经营管理部门应该紧扣经营本质，积极对各级阿米巴予以辅导，逐步完善规则，理顺成本科目。在这个过程中，调动和保持阿米巴成员积极性是最重要的。

三、阿米巴经营助力中国企业弯道超车

阿米巴经营是稻盛和夫在创建世界500强京瓷过程中提炼的经营模式。后来这个经营模式被稻盛和夫复制到同样进入世界500强的KDDI，以及稻盛和夫78岁出任董事长的日航。可以说，自诞生以来，阿米巴就以其独特的经营模式助力各类型企业快速成长。

近些年，阿米巴经营逐步被中国企业家接受并开始尝试导入。从目前市场反馈的各种信息来看，阿米巴经营具有如下实践特点。

1. 阿米巴的“变”

阿米巴本身就是变形虫的别称。那么适应中国文化和土壤，势必结合中国实际的变化。比如，绩效的结合、激励措施的结合等。

2. 阿米巴的“省”

阿米巴的导入中，确确实实看到最明显的变化就是成本下降。主要原因在于化小核算单位后，阿米巴内部开始关心分摊、费用，以及阿米巴的销售。

3. 阿米巴的“能”

阿米巴本身就是化小了的组织，所以能够及时顺应市场变化，传导市场温度；当阿米巴取得成绩时，适时的鼓励会让阿米巴充满活力和能量。

4. 阿米巴的“好”

导入阿米巴，在组织效率、员工潜能、劳动组织形式、创新与创造力、利润导向、人才培养、核算意识和体系上都会有巨大突破和成长。

5. 阿米巴的“累”

导入阿米巴，如果不能建立企业的哲学，那么辛辛苦苦施行起来的阿

米巴一样不能长久。所以，宁可累一点，也建议从经营哲学角度切入阿米巴；同样，阿米巴也是组织变革的一种形式，推行过程中必定会有阻力，可一旦突破，则很快渐入佳境。

6. 阿米巴的“难”

很多企业在导入阿米巴前，有很大的畏难情绪。老板喜欢推动，有的骨干却“阳奉阴违”。所以，要想克服这些难点，必须做到以下四点：第一，领导有坚强的推动意志；第二，建立彼此信任和信赖的文化；第三，强执行力；第四，良好的数据习惯。克服这四点，就能克服任何难点。

7. 阿米巴的“果”

阿米巴成功导入后，会实现阿米巴的逐级核算，与财务的结算数据对应起来。在阿米巴逐级核算的过程中，传递了市场温度，各个阿米巴都以利润为导向，支援部门也以阿米巴的利润为导向，最后达到全员参与经营的结果。这是最佳的结果，但切记，一定是先做好哲学的“因”，才会有阿米巴经营好的“果”。

综上所述，如果我们把阿米巴运用好，则一定能帮助中国企业经营再上一个台阶。

四、阿米巴经营更需要“创意功夫”

“创意功夫”来源于日语，把这四个字翻译成改善提案也许更适合中国人的职场理解。

京瓷要求员工每个月至少提出一件创意功夫提案（上层经营管理者除外），在每个月的大会上给予口头表扬提案数量居前的员工，然后给予500日元图书卡奖励。这个奖励看起来少，但是如有重大改善，带来可观经济效益的可以奖励数百万日元！

京瓷不注重物质奖励，物质奖励一般金额都很少。更关键的是，提案带有半强制性，即每个月每人必须提出一件提案，因此员工们每个月都会为至少一件提案而绞尽脑汁。例如换一家购买卫生纸能便宜 0.5 日元；工具换个便于取用的地方、换个透明的箱子保存能够快 1 分钟取用；10 张以上购买车票比单张购买便宜等都是提案改善之处。大的提案改善自不尽言了。这种强制性的管理改善形成了制度化，多多少少让每个员工融入了公司，为公司做出了贡献。

京瓷是阿米巴经营的发源地。京瓷 3000 多个阿米巴都在发挥着自己的聪明才智，主动去实现创意。中国企业在导入阿米巴过程中也需要做“创意功夫”，这也是精益思想在实际工作上的具体体现和具体应用。

至少 15 年前，青岛海景花园大酒店就有几项特别的规定类似京瓷的“创意功夫”：每个员工每天必须做一件好事；两个不同部门的员工在公共区域行走必须自动成行，三个以上不同部门的员工在公共区域行走必须成列。这些后来都成为国内酒店学习的行规。

2022 年我去过江门的地尔公司。这家公司的口号是“把员工都培养成专家”，甚至有个内部的“规则”，即每个部门必须找出独特人才。每每到车间，我看到的都是各个班组确实在主动改善，因为班组少人化节省的费用可以按比例奖励班组。也正因为这样，这家洗衣机配件供应商没有多久就上市了，而且股价不菲。

既然阿米巴对于人人成为经营者并充分发挥能动性是个非常好的模式，那么从意识和制度化层面打通阿米巴与创意功夫的通道就很重要了。

五、阿米巴经营要的就是现在进行时

关于推行阿米巴经营，很多企业家朋友在认识上还是有误区的，其中对阿米巴经营模式中业务与时间轴的匹配考量总是不得要领。可以说，阿米巴经营要的就是现在进行时。

1. 阿米巴经营强调的每日核算，实际就是每个阿米巴组织的“每日体检”

一天（一班）下来，盘点一下实际达成与月度计划分解出来的日指标之间的达成率，也就是预实相比，看达成率、看问题、看改善，尤其是看人均创造的价值。这个核算尽量做到每日，因为这是透过数字看进度、看贡献，更是训练大家学会算账，学会参与到经营中来。因为行业的区别，有些行业想做到每日核算可能有难度，但可以参照每日核算的模式转化成周期性核算，关键是必须及时核算。

2. 阿米巴经营的每日核算，有别于财务的按月核算

财务管理最早源于罗马商人在地中海的贸易，经过西方专家及商业多年完善的提炼，才形成了现在基本的财务管理体系。但在产生财务管理之前，也是有记账方式的，就是每日记账。阿米巴经营是又恢复到每日记账、每日分析的状态，但不是“复古”，而是真正回归到经营的本质。当然不是财务体系不好，而是财务体系是根据数据进行“秋后算账”，并且财务体系按月出具报表和分析，相较于现在快速变化的市场而言，确实滞后了。

3. 经营的本质实际就是记录现在的经营状态和数据，然后及时改善和调整

每个阿米巴组织必须遵循经营的本质，现在发生了什么就是什么，是什么就记录什么。发现问题实际就是发现差距，然后去做缩短差距的调整和改善，完成得好，那就记好的，和计划目标对标，训练大家算账。我看到很多企业确实也在实时算账，是谁算呢？是算负责阿米巴推进的人员。实际这不是阿米巴经营推进的最好状态。最好的状态是设计成每个阿米巴组织自己算账、实时算账。

4. 稻盛和夫之所以成为“经营之圣”的秘诀之一就是阿米巴经营，而他设计的阿米巴经营就是实时的每日核算

每日核算，在他创建的京瓷被彻底贯彻和应用，不但京瓷的各个阿米巴组织每天都进行准确的核算，而且每日核算上升到了每日的“创意功夫”上。这样既每日核算，又每日对照改善，企业能不成为强的组织吗？所以，在京瓷成为世界500强的20世纪80年代，生产小小陶瓷件的企业还进入了利润前20强，这得多难啊！这就是每个阿米巴每日核算的功劳。

学习和应用阿米巴经营模式，一定要学会应用其精华。每日核算实际就是应用了阿米巴经营的精华，更是回到了企业经营的本质。所以，阿米巴经营要的就是现在进行时。

第三节

本质洞悉

一、阿米巴经营的本质

阿米巴经营不是肤浅的方法论，更不是简单的工具论。虽然这是一种源于“经营之圣”稻盛和夫的经营模式，是被实践证明具有真正全员驱动效能的经营方式，但对于阿米巴经营的本质，大多数企业界朋友还存在些许模糊认识。**因此，我们要看看经营的本质是什么？**

关于经营的本质，**松下幸之助的《经营的本质》**一书中以“一颗素直的心”强调心的作用；同时强调经营要追寻自然规律，然后进行企业实践。

那么阿米巴经营的本质又是什么呢？

阿米巴经营确实需要“道”的支持，即企业的经营哲学，这与松下幸之助关于经营本质的论述一脉相承。有了阿米巴经营之道，阿米巴经营就会更顺，持续且效果显著。

阿米巴经营的本质在我看来若从某个角度去阐述“数字的本质”，似乎更接近经营的本质，而这个经营的本质实际就是阿米巴经营的本质。

那么如何深入、具体地理解阿米巴经营的本质呢？

1. 经营是把哲学变为数字

这是稻盛和夫关于阿米巴经营本质的重要理解。经营哲学是企业之道，是企业价值观的准确提炼和概括。而能从心、道的角度让企业全员理解并转化为日常的行动和经营的动作，最后一定是以数字结果来体现的。创造的利润，可以多为国家作贡献，可以多为社会作贡献，可以多为员工、社区作贡献，这自然是从哲学到数字的结果转化，实际就是经营过程本身。

2. 回到经营的原点，也就是实际发生、现在发生，经营当前的实态

阿米巴经营是合适的经营，它及时反映了经营本身的状态、问题和最快的数字结果。面对迅速变化的市场和各种迭代，只有阿米巴经营这种模式才能适应和真正体现从哲学到数字的过程和结果。

3. 阿米巴经营充分体现了对于利润的把握，尤其是对现金的把握

企业经营的目的在于员工的幸福和客户的感动，而员工幸福和客户感动才能确保利润的达成。阿米巴经营考核和衡量都是以每日结算收益为准的，每日结算收益就是每日利润。阿米巴经营中必须贯彻的“会计七原则”，第一条就是“现金本位的原则”，要的不是苍白的利润，而是“金灿灿”的现金。“仓廪实而知礼节”，这个“仓廪”在阿米巴经营中的理解就是现金本位，而“现金本位原则”其含义远远大于我们常规理解的现金为王。

4. 阿米巴经营的本质，较传统经营而言更是一种全新的经营思维方式

阿米巴经营因强调经营哲学、强调现金本位、强调当前实态、强调全员驱动与参与的核算、强调不依赖于传统财务的分析，从而具有了“特立独行”的本性。究其根本，我们甚至可以说阿米巴经营似乎回到了没有现今标准化财务体系的早期商人记账经营的时代。但从现代化的今天，以及未来的挑战角度看，具有阿米巴经营思维的企业才能真正看清自己、看懂自己。

二、阿米巴本质的跨越：从交付到交易

稻盛和夫先生是目前世界上亲手缔造两家世界 500 强、同时又拯救一家世界 500 强的名副其实的“第一人”。

京瓷，这个打败过美国 GE 的，开辟了一个新时代的世界 500 强，曾经是盈利能力世界 30 强之一（2001 年世界盈利前 30 强第 19 位）；

KDDI 集团，从无到有，从小到大，从弱到强，及至 2015 年世界 500 强排名 185 位，也只是发展了 31 年；

更为传奇的是，2010 年 2 月 1 日稻盛和夫先生以 78 岁高龄零薪水出任“日本的翅膀”——日航的董事长。日航这个曾经亏损 2.3 万亿日元的航空巨无霸，自 20 世纪 80 年代就一直被拯救，但总是力不从心，稻盛和夫先生出手拯救后，日航竟然在 2011 年奇迹般地开始盈利，从此日航盈利能力、准点率一直稳居世界一流航空公司之列。

这个技术员出身的青年，学的专业是无机化学，却做出了震惊世界的发明；这个理工男，竟然总结出了管理会计；这个街道小企业的创办人，居然是世界上第一个把企业经营与哲学贯通在一起的实业家；这个实业家，竟然是集慈善、教育、科学为大成的哲学家。虽然他的哲学不是那种思辨哲学，但他的经营哲学和实学却被中小企业家们视若圭臬，他也被称为“经营之圣”。

是什么力量让稻盛和夫成长为充满智慧的大咖？是什么力量让稻盛和夫取得了如此大的成就？答案很简单，就是稻盛和夫的经营哲学和实学。年轻时，稻盛和夫就在思考和总结，从而在实践中有了哲学的萌芽，包括“追求全体员工物质和精神两方面幸福，并为社会发展和进步作贡献”这个引领性的经营理念的诞生，无不倾注了他巨大的心血。可以说，稻盛和夫成功的“战车”有两个“轮子”：一个是其经营哲学，另一个是其经营实学。实学就包括阿米巴经营，阿米巴经营就是在经营哲学牵引下的最佳企业经营实践。

正因为阿米巴经营具有如此神奇的魅力、威力和功效，使得中小企业家们对阿米巴产生了无限的“遐想”：引用阿米巴手法，导入阿米巴经营！有的企业导入得很好，很见成效；有的企业导入得却是困难重重。

同样作为导入阿米巴的企业实践，为什么功效差距那么大呢？究其原因，困难重重是因为没有搞明白“从交付到交易”的秘密，没实现“从交付到交易”的跨越。

简单地讲，企业经营大多是按照波特价值链来运营的。

这是单一的市场端传导到制造端的价值链条。都以这种单一的价值流动为价值创造的思维，没有大的问题，但制造系统却是被动地、简单地应对，尤其以标准成本法为主的制造业成本核算思路更降低了制造系统的市场感知力和价值创造能力。因此，有必要从波特价值链的运营转移到稻盛和夫创造的阿米巴价值链运营上来。

以阿米巴价值链代替波特价值链，就能够真正实现“从交付到交易”的跨越。因为制造系统不再是简单的制造，而是融入了市场元素和商业元素。交付本身就是制造系统的职责，按照 QCD 的原则交付，责无旁贷，现在转化为“交易”，实际就是按照产业链条实现了内部交易，制造后端与销售一起实现了对客户的交易，从而使制造系统的角色从“交付”转变为“交易”。

这简单的一字之差，实则天壤之别，性质不同、模式不同、内容不同、效力不同，这也是阿米巴经营本质上的跨越。

1. 阿米巴经营是利润思维，不是成本思维

传统经营角度一般都是给产品反复测算成本，然后给一个标准成本作为参照。各个价值链条的环节都以这个标准成本去思考如何削减成本、如何加成定价等。实际上，市场的变化是千差万别和瞬息万变的，标准成本思维的僵化特点自不待言，而从成本出发的思维却导致了价值链条的被动应对，这是个大问题。既然是被动应对，那么积极性、创造性自然就打折扣。而按照阿米巴经营，要实现各个小微公司的盈利，各

个阿米巴就是小微公司，那么各个阿米巴都要考虑利润问题。反之，波特价值链模式会导致现代企业家面对苦恼：为什么只有老板才真正关心企业的盈利？

2. 阿米巴经营是客户思维，不是行政组织思维

阿米巴经营是通过传导市场温度参与市场化运营实现的经营，因而制造端也与销售端一起参与市场应对行为。这样，制造端天天面对的是一级客户，已经不是简单的交付行为了。阿米巴要算账，怎样跟客户定价才能盈利？阿米巴经营建立的是客户思维，而不是简单的阿米巴对阿米巴。

3. 阿米巴经营是因思维，不是果思维

阿米巴经营不是简单地成果交付。整个经营过程相对于过去，不考虑全程、不考虑从阿米巴设立和阿米巴运营角度去做，就一定是失败的阿米巴。这个过程一定是全员参与的过程，一定是调动全员的过程，所以要义利结合，从根源上下手，要有因思维。

4. 阿米巴经营是经营思维，不是简单的管理思维

管理是有底线的，也是相对死板的，而经营是灵动的；经营，既要在某一点上"死抠"，又要在某一点上不计得失，灵活应对市场变化。既然像小微公司一样运营，必然是要把各项劳动力要素调配起来，融会贯通，而不是简单地追求 PDCA 和人、机、料、法、环。

5. 阿米巴思维是人思维，不是事思维

阿米巴经营需要达成利润目标，需要有共有价值观，最重要的就是"人"了。人是生产力第一要素。人的主动性和创造性影响着阿米巴经营的成败。人的思维，确实是阿米巴经营最大的也是最难的问题。未来的竞争是人才的竞争，实质就是"人"的竞争。所以，阿米巴经营单纯地研究做事，就会本末倒置。

6. 阿米巴思维是全局思维，不是单点思维

阿米巴组织是分权量化的，因而阿米巴都是小微公司一样存在的，突出了在公司里的“分”，但阿米巴的“分”实则是为了公司这一盘棋整体上的“合”。没有整体上的“合”，单点阿米巴再怎么成功，公司经营也必定是失败的。为什么需要哲学共有，为什么单纯阿米巴手法不能长久，这就是奥妙之一。

7. 阿米巴要先哲学思维，后具体经营思维

延续第六条的意思，阿米巴经营是个好的手法，但需要在思维方向、模式、价值观上达成高度统一。所以，在导入阿米巴经营前，要先做哲学导入的工作。中国与日本国情不同，在中国导入阿米巴，这一点就更为重要。

哲学思维在中国企业的应用就是内化了的奋斗精神和经营文化的创新。

8. 阿米巴思维是实践思维，不是简单的思辨思维

如第五条所言，阿米巴经营是人思维，不是事思维。在中国实施阿米巴经营，全员参与性与激励，包括分配问题，可能是阿米巴经营里最难落实的。首先是参与性。阿米巴经营一定是一场变革，在组织变革面前，大部分人是持抵制和被动应付态度的，导入阿米巴也是一样；其次是分配问题。创造价值是“赚钱”的过程，分享价值是“分钱”的问题。真正地参与和价值分配是联动的，也是整个过程中最难落地的部分。因此，导入阿米巴之前，这种实践性思维的思考和政策准备是极其重要的。

可喜的是，中国一大批企业家已经走在学习稻盛哲学的路上，并在此基础上构筑自己的经营文化和奋斗精神，同时导入阿米巴；如此两个“轮子”同时转，一定能做到哲学渗透的血肉化，实现“目标共同体、利益共同体、命运共同体”的飞跃，实现阿米巴经营“从交付到交易”的跨越就容易得多了。届时，阿米巴经营一定会助力企业持续盈利和腾飞。

三、阿米巴模式中国化实践的思考

“阿米巴经营是个好模式”已是公论，需要经营哲学支持也毋庸置疑。但是中国企业的行业特点、具体情况、特色问题的确千差万别。**好模式，怎么套？必须结合实际来套！**

为什么要结合？阿米巴经营模式导入中国，在千万家企业应用，必须符合中国实际情况、每家企业所处行业特点、每家企业发展阶段特点。

提出问题应占10%，解决问题应该占90%，中国企业该如何导入阿米巴模式呢？

首先，必须有“两个注意”！

1. 稻盛哲学和阿米巴经营模式的顺序问题

我不赞成必须稻盛哲学在先，阿米巴模式在后。为什么？原因有三。

① 稻盛哲学从人性到道德，再到天理的境界，我们如果学到那个境界再研究导入阿米巴模式，恐怕企业早完蛋了；

② 中国企业不是没有探索过阿米巴模式，早期的邯钢“倒逼成本法”、企业内部银行等都是类似阿米巴模式的部分缩影，只不过没有系统化和哲学支持；

③ 很多中国企业家都在探索，他们也提出过很多经营思想和理念，包括实际做法，甚至部分企业的确具备与稻盛哲学交叉的内容。比如广东温氏集团就提出过“分段管理，分段利润”的概念，这也是类似阿米巴的探索。

所以，可以边学稻盛哲学，边研究阿米巴；可以边研究阿米巴，边渗透稻盛哲学。不必让稻盛哲学和阿米巴的顺序关系干扰企业的经营创新。

2. 必须结合行业特点和企业特点

不同的行业有不同的特点，比如建筑业有定额、取费标准、监理限制等要求；银行有监管、稽核、政策导向性要求；医院有营利和非营利的政策性区分，有各种监管等；汽车零部件行业的收入计算模式，做贸易背景下的汽车零部件企业与做国内汽车主机厂的汽车零部件企业就非常不同。这就是行业特点。

企业特点更是千差万别。老板重视文化的、重视实际的、只关注过程的、只关注结果的、非常喜欢稻盛哲学的、非常喜欢西方套路的、打工出身、创二代、家族化管理、职业经理人化管理、影子老板、代持股份等都不一而足。如果拿阿米巴理论原理生搬硬套，没有哪家企业会搞得很好。

其次，整个落地过程必须循序渐进。

1. 自主经营体设计

设计小微公司，如哪里是利润区？哪些组织可以变成利润中心？如何把这些利润中心变为自主经营体？在哪里试点？实施的组织计划和时间计划怎么确定？这些问题必须想清楚。

2. 核算设计

虽然阿米巴经营核算表都是按照收入、支出、利润的角度来设计，但还是有很多实际操作技巧的。怎么出报表？怎么跑报表？这些需要稳步推进。

3. 运营设计

巴长如何产生，以及如何训练？如何做好预实管理？如何做好 TCD 改善？如何开好经营分析会或经营业绩质询会？

4. 如何进行激励

这是绕不过去的一道坎。激励政策出台之前必须做大量、多月的对比测算：与原来模式比较多了还是少了，与利润贡献度如何结合等都十分关键。

5. 如何培养阿米巴内部的创业意识和创业思维

如何从管理者向经营者频道切换等也是需要过程的。这一点是重要但不紧急的范畴。

6. 如何培养巴长带团队的能力

带领团队攻坚克难，完成目标与计划，要摒弃打工心理，切换到老板思维和领导者思维，这也是重要但不紧急的范畴。

7. 打造什么样的经营文化和奋斗精神

这看起来是虚的，实际是兜底的、是助推的、是引领的、是根本的。阿米巴核算容易学会，但是大家是否愿意用阿米巴模式核算就需要经营文化和奋斗精神来保证了。

上述落地过程，在每家企业里千差万别。哪个在先，怎么交叉进行？局部应用阿米巴原理？阿米巴模式向原有模式靠拢，还是原有模式迅速切换到阿米巴模式？某一阶段以哪个为主，上一个台阶后再互相融合？最后一定要切换到阿米巴经营模式频道。

总之，实现每个经营单元的**独立核算、自负盈亏、自主经营是大势所趋**，阿米巴经营模式正是这种趋势的应用载体。阿米巴经营模式与其说是基于自利、利他哲学下的经营模式，不如说是“多快好省”的模式，或者“你好我也好”的共赢模式。

再好的模式，应用起来也必须中国化，也必须基于实事求是的原则，更必须基于行业特点和企业实际来设计和实施。

四、独立核算≠阿米巴经营

很多企业，尤其是商贸类、服务类、连锁类、门店类等企业都已实现“独立核算”，甚至提出了“分段管理”的模式，这给人感觉就是在应用阿米巴经营模式了。其实。这样的独立核算确实是按照化小的原则实现了自收自支，但还不能称其为阿米巴经营！

中国企业集团按照管控原理分类，一般分为：运营型分支机构，总部紧密跟踪、督导下属分支的日常运营；战略型分支机构，总部只给予方向和简单的指标管理，不做日常紧密型督导；财务型分支机构，总部只考核下属分支机构的运营指标，不做细致的日常督导。这三种类型的分支机构运营，除运营型外，都具有独立核算的典型特点。

这样的独立核算，分清的是业务的干涉与被干涉、与总部紧密与不紧密的管理关系，完成总部规定的利税等指标，这根本不是阿米巴经营！

那么什么样的独立核算才算是真正意义上的阿米巴运营呢？

第一个关键指标：仍然是独立核算。

即在总部指导下，除现金流被总部管控外，自主制定年度目标与计划，自主对销售额、利润等指标负责，分支机构完全享有经营权、人事权、定价权、销售权等。

这样的独立核算与上文说到的核算区别是：必须贯彻执行总部的文化价值观。

第二个关键指标：真正实现每日经营。

阿米巴经营的时间轴是从每月经营转向了每日经营，其核算都是按照“日”来实施的。而上文提到的独立核算没有精确到每日经营。

各个业务单元的阿米巴单位时间附加值日报表都是日报、日核算；各个阿米巴组织每日运营分析，找日差异，累计差异，要体现在每日的预实分析对照表上面。这是阿米巴经营模式的典型特点。

因此，必须澄清两个概念。

① 有了日报表，但不认真做每日核算、每日预实分析，不是真正地贯彻了阿米巴“每日经营”的要义；

② 每日经营不一定必须是每日报表（特殊行业），相反，即使每日报表，假如是应付了事，也绝对不是真正意义上的阿米巴经营。

第三个关键指标：应用经营会计。

经营会计基于经营实际，强调每日如实的经营。这一点与上文提到的“独立核算”中依然以财务账套模式实施经营是不同的。

强调每个阿米巴组织实现自主经营，其切入点就是依照收付实现制来算账，算每日据实的收支账。包括哪里该节约？哪里该开源？哪里亏了？哪里赚了？

每个阿米巴组织一定是基于收入、支出、时间来体现利润、人效和时效。

第四个关键指标：能让员工主动算账。

如果每个阿米巴自主经营体实现的只是阿米巴长（如店长，分公司经理等）在算账，而其他员工都在旁观，那么这样的独立核算根本不能称为阿米巴经营模式。阿米巴经营模式是实现全员或大部分员工主动参与每日算账、每日改善、每日提升、每日与指标的 PK。

实现独立核算，其收益直接与每个员工相关，否则员工依然是为公司干，而不是为自己干。

第五个关键指标：从数字看努力程度。

每个阿米巴自主经营体所取得的单位时间附加值，其本身就是个数字而已。但这数字不是拿来浏览的，而是拿来“看”的。“看”什么？看数字背后的逻辑，即整个团队努力的程度如何？每个员工努力的程度如何？

销售收入如何？成本费用如何？工效如何？如何调整这三个主要要素才能获取更高的人均利润？所以，单位时间附加值不是简单的数字，而是自主经营体和员工努力程度的晴雨表。

第六个关键指标：践行阿米巴原则。

（1）销售（收入）最大化。

你的阿米巴销售是否实现了数量最大化？是否实现了客户最大化？是否实现了价值最大化？是否实现了利他最大化？关键是是否实现了利润最大化？

（2）费用（支出）最小化。

你的阿米巴运营是否在固定费用、变动费用，以及形式费用上实现了费用最小化？是否按照“人、机、料、法、环”的要求去追求费用最小化？

第七个关键指标：实现哲学共有。

哲学共有，也就是价值观的统一理解和践行程度。每个分支机构一定要执行总部的统一价值观。要么是总部缺乏这样统一的价值观（甚至有的企业没有任何文字版的文化指导资料），要么是分支机构没有很好地践行总部要求的价值观宣贯。

首先要解决的是员工意识。什么意识？所有的价值观条目都不如“给谁干”来得实惠和震撼。其次，要继续强化奋斗和进取的价值观，继续强化利他和奉献的价值观。

这是一个“入心、入脑、入行”的过程，需要长期渗透，需要长期努力，绝非一日之功。

综上所述，真正实行了阿米巴经营模式，体现为实现独立核算。但缺乏上述七条中的任何一条，就不算是好的阿米巴经营模式，甚至不能以所谓的“独立核算”名曰“阿米巴”了。

五、观点·阿米巴模式借鉴与应用

阿米巴经营模式是成功的实践，是一种好模式。具体到应用层面，确实还令许多经营者摸不到窍门！到底如何借鉴应用呢？以下是我项目咨询经验的三点体会。

1. 本企业是否适用

原则上讲，追求利润的企业都适用，事实并非如此。

不同行业、不同企业都有各自独特的要求和特点。譬如民营医院，有的是被卫健委定义为非营利性医院，那引用阿米巴模式的时候，从目的性上就有些冲突，这就是行业的特殊性。

民营医院具体导入阿米巴模式的时候，受限于竞争性，理论上把每个科室搞成两个医疗小组竞争就是一种阿米巴模式设计，但受限于建筑规模、主治医师的稀缺，有时候很难充分应用阿米巴模式，这就是企业的特殊性。

实践中我们感受到资源型（比如房地产）等行业的企业、特别暴利的企业和垄断性的企业都不大适合阿米巴经营模式。

2. 本企业是否会用

原则上，自己摸索是可以的，事实却大相径庭。

参加阿米巴三天两夜方案班的企业有很多。学习完毕，回去就开始套用。阿米巴组织划分好了，报表也很像样了，但是效果大打折扣，与预期相去甚远。

出现这样的问题，一定是企业操之过急，或是囫囵吞枣、照葫芦画瓢。要想用好阿米巴，一定要自己摸索。

企业家本人能够倾情投入，包括对稻盛和夫阿米巴经营原理和经营文化的热爱与投入。山东天保集团董事长张传法就是这样的典型。

2013 年他自从接触了稻盛和夫的经营体系和工具后，全情投入，按照张总的说法，仅仅稻盛和夫的《阿米巴经营》这一本书，一年之内他就读了百余遍。

同时，张总又力推企业学习稻盛哲学，全员践行。天保集团不仅仅追求业绩，更是全面学习稻盛哲学。从结合岗位的早读，到专项分享、家书传递、每月空巴会议的实践，无不透露出稻盛哲学的魅力，既追求了员工幸福，又持续提升了企业业绩。

3. 本企业是否能用好

阿米巴经营模式能否用好，需要从两个层面来说。

单纯的套用，把核算机制和竞争机制导进来，一两年内效果会很好。

对于经营会计的学习、算账，每个岗位、自主经营体学几次就会了，看来应用经营会计也不成问题。

关键是，如何让大家愿意用阿米巴这个模式？这是一个难题，是一个持久的问题。这也是另一个层面的问题。

要想让员工愿意使用这个模式，必须深化并持续做两项关键工作。

（1）变“给公司干”为“给自己干”。

这需要进行激励层面的政策设计，设计完毕还要反复测算，双轨制运行一段时间后再套用阿米巴模式下的激励政策。总之，要让员工尝到“甜头”再深化导入和应用，效果才能出来。

（2）经营文化和奋斗精神的深入人心。

稻盛和夫的经营哲学都是从经营实践中提炼出来的规律和原则，如果能结合企业的实际转化成自己企业的经营文化和奋斗精神，那就是最好的保障了。

有了自己企业特点的经营文化和奋斗精神，阿米巴经营模式的效果就会比较显著和持久。

第四节
项目笔记

一、咨询笔记·阿米巴经营咨询项目实施中的五个误区

第一，我们要正确理解咨询。无论甲方怎样强势，抑或对咨询项目了解甚少，都不能改变一个事实，那就是：**咨询一定是甲乙双方相向而行**，同时不要理解为只是乙方的知识转移，或是简单地判断乙方水平的高低。

第二，我们要正确认识项目。所谓立项，就是就某个问题去寻找共同的最佳解决方案。正是因为甲方不具备相应的方法论和工具，才需要乙方作为顾问方去据实研究探索。因此，**这是平等的对待项目，是共同在过程中解决问题，并形成企业的解决方案的一致性、协调性工作。**

企业大多在计划导入项目的时候都是满怀期待，期待着作为顾问方的乙方在所谓的不耽误甲方任何作业的前提下“妙手回春”、手到擒来。根据这几年阿米巴经营咨询项目的实践，我发现以下五个误区。

1. 顾问行业论

对于阿米巴经营咨询项目，乙方顾问老师是把普遍的规律和方法论与调研后的甲方情况相结合，从而**与甲方项目组共同寻找解决方案的过程。**

这里边就有一个乙方顾问出身的问题。甲方希望乙方顾问老师一定出身于甲方行业，这当然好。对于其他类型的咨询项目，可能顾问老师出身于甲方行业，但对于阿米巴经营项目来讲，本来国内好的咨询落地老师就凤毛麟角，再强调出身于甲方行业，那基本是不现实的。因为，抛开行业论，顾问老师都是掌握普遍规律和方法论的，不一定掌握全行业，但熟悉某一行业。

问题的关键是：**顾问老师能否迅速切入乙方行业、企业，并与甲方项目组一起迅速切中要害，将顾问老师的方法论和工具结合甲方问题与期望，迅速转化为可行的解决方案**。

2. 顾问神仙论

对于乙方顾问老师抱有满怀期望，觉得乙方顾问老师能够“华佗驾临”，能够手到病除。老师再厉害，也**需要双方紧密配合，项目的阶段性推动需要双方共同努力，阶段性成果需要共同提炼和巩固**。甲方的配合、支持很重要，尤其是甲方的重视程度。

3. 干部担当论

阿米巴经营咨询项目是一项组织变革。对于企业来讲，正是因为需要变革，才请乙方作为顾问方来参与解决和推动。这一定是“**一把手工程**”。董事长、总经理需要重视起来，亲自过问、关注进度、了解关键点甚至拍板，不是干部能完全决定的。

在某些项目实施过程中，多次出现老板们把阿米巴咨询项目嘱托给中层干部或项目组，不重视项目进展和关键节点。中层干部和项目组是不能全部掌握资源的，需要老板们调配资源和解决关键问题。

4. 项目试验论

阿米巴经营咨询项目是**先成为经营工具，后成为思维模式，再固化为自主算账的行为习惯的过程**。这是一环套一环的、从操作到意识的全方位变革。可以拿某个项目或某个公司（车间）试验一下，但不会持久。只有从问题到思维，再到固化的一系列变革，成长才是持久的，否则就是一次性的成功而已。所以，**衡量一下，您的企业是需要成功还是成长？**

因此，项目成功与否，取决于老板是否真想把项目做成功，取决于老板的决心！

5. 避重就轻论

阿米巴经营咨询项目是一场变革。顾问老师的进驻就是要了解实际问题，尤其是真实问题，比如文化价值观的问题、组织的问题、资产的问题、人的问题等。有些企业担心形象受损或是碍于面子，不希望老师了解更真实的经营情况，总是避重就轻，这样就无法直面问题，何谈解决问题呢？

阿米巴经营项目咨询涉及组织问题、价值观问题、资产分摊问题、分配问题，甚至涉及某些人的问题，因此，必须直面这些问题。既然签订保密协议，乙方顾问老师就是按照职业操守和保密协议来协助甲方工作的，没必要避重就轻，而应当策略地、直白地让顾问老师了解和面对问题。

上述五个误区，其实也不是什么误区，只是甲乙双方在项目认识上的不一致而已。所以，甲方有义务对上述五个所谓误区深入思考，乙方更有义务让甲方意识到上述五个误区，**尤其是要意识到：项目一定是双方相向而行，共同探讨转化方法论和工具成为甲方解决方案的过程。这是阿米巴经营咨询项目的要义所在。**

二、项目笔记·阿米巴实施过程的有效对接

阿米巴经营模式导入过程中，必不可少地要与客户公司业务对接。有哪些对接？又怎么对接呢？

1. 与什么对接

（1）与人对接。

与谁对接？老板是第一责任人，所以，必须在“三盘”“三定”的调研阶段与老板、高管对接，取得充分的共识和实施意见。

特别要注意坚持专业性和原则性，要结合企业实际，但不能被企业的“随意性”牵着鼻子走，否则项目会失真，会“四不像”。

与项目组对接。项目组怎么组成？由数据化、数据敏感度高且对运营分析熟悉的人，以及各个关键阿米巴负责人组成，共同与老师推动项目实施。

与巴长对接。跟巴长交流、熟悉人员，然后熟悉流程、制度、模式与业务。项目收支情况，包括明细、测算、跑表等都要经常对接。

（2）与行业对接。

必须了解你所处的行业特点、产品特点，不然所操作的项目必然是水中浮萍，很难扎下根，很难落实，自然很难见效。

（3）与制度流程对接。

原来怎么做薪酬、怎么做绩效、怎么核算、怎么授权，生产工序是什么、销售模式是什么等都要了解清楚。

（4）与数据对接。

生产等经营的数据、成本及费用数据、销售数据、有关的财务数据等都要了解、都要看，甚至包括收入测算都要对接。

（5）与文化对接。

看公司的文化是不是创新性的经营文化，看公司有无奋斗精神。单纯的大而空的企业文化是不能适应阿米巴模式的，必须做对接、衔接的工作。

2. 怎么对接

（1）要深度调研。

项目初期，从启动会开始就要深入调研，取得第一手资料，对行业、企业、人员、工序、文化等都了解透。尤其要按照“六盘”和“六定”来作出准确判断。

（2）专业与实际对接。

老师是阿米巴原理领域专家，企业对接人员是最了解自己企业的。所以，这是专业与实际对接的过程，换句话说：这是互相接近、互相转化，最后形成解决方案的过程。

（3）经常性沟通。

项目实施过程中，问题很多，依据阿米巴核算的原则与企业特点设计核算表和经营文化，从而及时解决问题，提高转效率和转化质量。

（4）注重规则。

阿米巴在某种程度上遵循规则，如时间的规则、费用的规则、核算的规则、节点的规则等，要讨论、集中、定清楚。

（5）充分合作。

甲乙双方互相认可非常重要。老师专业性要强，尤其项目经理不仅要对阿米巴精通，责任心和沟通能力也要强。每一次定方案、定规则、定节点，都要讲透，更要带好顾问团队，真的为客户着想。

企业要虚心接受知识传递和转化，企业方项目组成员和各个阿米巴巴长要结合实际多动脑筋。双方只要本着专业、诚恳、负责任的态度推进，阿米巴项目一定成功。

三、项目笔记·阿米巴的理想国

用好了阿米巴经营模式，的确是一剂“良药”；用不好就是一副“保健药”，耽误时间，无甚疗效。

1. 了解阿米巴模式，从下列三点开始认识

（1）阿米巴经营模式就是小微公司制。

根据工序、项目、客户、区域、小组等要素划分出来的，设计成可以独立核算、自负盈亏的小微公司，从而实现其收入、对比其支出、形成其利润。

（2）阿米巴经营模式就是利润制。

阿米巴经营模式是利润导向，是提高企业运营质量的好模式。过去我们习惯沿用提成制，因为提成制确保业务人员的收入，但不能确保公司利润收入，所以“利润创造”成为关键。

按照“销售最大化、经费最小化”的原则去经营，就是“毛利最大化”。

（3）阿米巴经营模式就是“双利”模式。

阿米巴强调每个自主经营体追求实现利润，但绝不是唯利是图，而是要在“利他”原则下的利润追求。

利他，从不同角度理解就是不同行业的企业，客户虽不同，但员工相同；利员工、利客户、利社会。

2. 吃透阿米巴，必须从下列三点加深认识

阿米巴是好模式，**但不是万能的**。

阿米巴的利润导向可以提高企业收益质量；阿米巴强调现金流的重要性，可以提高企业现金流量。

阿米巴使员工从给公司干、给老板干转变为给自己干、给未来干。对于新时代员工而言，的确是发挥个性的好模式。

光看诸如上述好处就盲目乐观地导入阿米巴模式，会欲速则不达。企业问题多、停滞不前、客情关系很差、供应商关系紧张、员工关系糟糕，很难通过阿米巴的快速实施扭转局面，所谓的“药到病除”是不可能的。

阿米巴是好模式，**导入是需要做准备的**。

文化的准备，有没有奋斗文化？聚没聚焦到经营文化，而不是大而空的企业文化上来？奋斗精神有没有加强的可能？

组织的准备，组织具不具备强有力的领导人才？能不能复制、培养一批能征善战的人才？

数据的准备，是否具备数据说话的习惯？阿米巴是每日经营，需要

让数据说话。阿米巴是数字化经营，是从经营理念到收支数字、利润数字、人效数字的转化，所以需要数据习惯。

阿米巴是好模式，**但必须要过几关**。

第一关，**高层价值观。**

施行阿米巴是为了什么？一定是为了企业未来，为了企业培养更多经营人才。

如果单纯考虑为企业提升利润，从而为股东赚取更多利润，那"初心"就蒙尘了；如果不舍得从创造的利润里分配，企业隐藏或预留过多利润，也是分心行为，效果一定打折扣。

如果单纯地考虑绩效改变，就直接偏离了方向。

第二关，**利润创造与利润分配。**

阿米巴模式是利润创造模式。首先要把原来提成制下的提成额度做多月多次测算，再看阿米巴创造的利润如何按照比例分配。创造越多，激励越多，分配越多。

过渡过程中要双轨制运行，原来的模式和阿米巴模式同时运行、同时测算，过渡期间双测算，分配就高不就低，直至最后阿米巴模式实实在在落地。

第三关，**打通财务与业务逻辑。**

阿米巴模式需要以下几个关键动作。

（1）至少三个方面需要打通与财务的关系。

一个是费用分摊，一个是阿米巴报表科目设置，一个是后期的利润平衡（阿米巴利润与财务利润）。

（2）如何"双靠近"，如何"扭成一股绳"。

阿米巴核算要向财务靠近，财务核算要向阿米巴靠近，要为经营服务，比如出入库单据节点如何与阿米巴协调一致等。

阿米巴核算与财务核算不能成为两条道上跑的"车"，而是"一股绳"。如何成为一股绳，不同企业有不同情况，需要企业"最佳实践"。

四、项目笔记·阿米巴玩的就是规则

在咨询项目上，企业最关心的是阿米巴模式如何落地。阿米巴，究其生物学含义，无非是个神奇而又超级顽强的“小强”——单体细胞虫。阿米巴这种单体细胞虫具有超强的自我分裂、自我修复、自我成长的能力。对企业而言，具备阿米巴虫这样的超级能力无不令人向往，可是又谈何容易呢?

所有的事物都有其内在规律，阿米巴模式也是一样，只要洞悉到内部规律，其运行方法就有章可循。而阿米巴模式的内部规律就两个字——规则。

阿米巴模式落地的规则，无外乎收入相关规则、费用相关规则和时间相关规则。有效制定规则，原则性妥协并融会贯通，以及版本升级才可以确保阿米巴模式“入心、入脑、入行”。

稻盛和夫说：“阿米巴，机制、领导、哲学，一个都不能少！”因此，规则制定的经纬度要考虑全面，横向无非收入、费用、时间，纵向剖开无非就是机制、领导和哲学。

1. 自主经营的规则：机制

要想员工发挥更大积极性，就需要打造平台，激发组织活力，调动所有个体的积极性。现在是一个百花盛开的时代，是一个个性充分崛起，同时也是组织变得更加柔性、更加有机的时代。因此，要想释放个体的活力与能量，就要给个体和团队持续赋能，而这恰恰是新时代组织成长的特性。那么，激发个体、配套平台、持续赋能就需要机制来保证。

阿米巴运行就是一个激发个体、配套平台和持续赋能创造价值的过程，需要自主经营体打造的组织进化，导入能够基于核算的经营会计，进行日常的预实分析，不断地改善，设计更好的激励与竞争办法，培养自主创业的心态和能力。因此，自主经营需要在机制上下功夫。这些机制良性运行的基础就是各项规则。

2. 团队激活的引擎：领导

带好一个团队需要一个领导者，而不单需要管理者。管理是基于流程和制度的，但如果不激发人心和洞悉人性，所有制度和流程都将失去活性。美国领导力大师詹姆斯·库泽斯赋予领导力五条定义：率先垂范、以身作则、挑战现状、使众人行、激励人心。

阿米巴团队中首要的就是阿米巴巴长。巴长就是基层领导、经营第一负责人和小总经理。让阿米巴成员做到的，班长要自己先做到，规矩和规则，巴长要先遵守，要随时洞察成员的思想和情绪，带领成员集思广益、不断创新，督促成员达标和超标，牵引着大家向前进。

关于领导力，稻盛和夫在《领导者的资质》一书中也有类似观点：具备使命感，明确描述并实现目标，挑战新事物，获取众人的信任和尊敬，抱有关爱之心。阿米巴这种自主经营体中，稻盛和夫提出的领导者的这五个资质恰如其分。

3. 奋斗文化的灵魂：哲学

只要是奋斗的精神都可以提炼成奋斗的哲学。稻盛和夫提倡的是“付出不亚于任何人的努力”“用百米的速度跑马拉松”“高目标”“高收益”“敬天爱人”“致良知”“提高心性，拓展经营”。

阿米巴自主经营体的运行需要靠机制，机制的基础就是规则；阿米巴的团队需要引擎，这个引擎就是领导，这就是培养领导力的规则；阿米巴需要奋斗的精神，需要提炼自己的奋斗哲学，这就是保障阿米巴效果持久的规则。

五、阿米巴模式是否持续有效，取决于企业能否实现“化整为零”与“化零为整”的闭环

阿米巴经营模式是一种通过**划分自主经营体并通过各个自主经营体快**

速适应市场、积极改善，每日专注于经营目标达成的、有效提升企业运营质量的创新经营工具。

按照原理，阿米巴经营模式需要设计各个自主经营体，也就是常说的“化小”。化小核算单元，在公司大平台上有一块块小的、相关联的自主经营体，每个自主经营体都以独立核算、自负盈亏的方式开展经营，实际就是**“化整为零”**，灵活机动适应市场，提升小单元员工积极性，进而提升小单元经营效益。

“化整为零”也算是“自组织”，这些“自组织”的自主经营体被赋予相应的经营权限，不断被赋能，通过每日的经营核算报表反映出各自的业绩和努力程度。

因为是自主经营体，所以平台上的每一个小“自组织”都**“自己的账自己算，自己的活自己干，自己的钱自己赚，开源节流做老板”**，员工潜能和小“自组织”的活力得到了释放，局部效益得到提升。这是我们导入阿米巴模式期望达到的目标。

但是，如果每一个自主经营体都是单打独斗，那么取得的业绩不仅仅是局部的，而且依然会造成内耗并会失去公司协同、规模、技术的整合优势。从这个角度上看，需要再反过来进行阿米巴模式设计，即**“化零为整”**。

所谓的**“化零为整”**，实际就是为了凸显公司整体的运营能力，这不是简单的自主经营体的“1+1=2”的意思，而是要达成“1+1>2”的效果，还是上面提到的协同、规模、技术创造的整体效应的问题。

如何有效设计阿米巴的**“化整为零”**，以及反向的**“化零为整”**呢？那就要进行平台化设计。

“化整为零”，就是在**公司大平台上建立“创业平台”**，创业平台上是各个小的自主经营体，赋予各个自主经营体经营的授权，让它们实现自主经营、自负盈亏，尤其要按照“销售最大化、费用最小化”的原则进行有效运营。

“化零为整”，就是在**公司大平台上建立相应的“公共平台”**，公共平台必须建立相应的“文化和旅游部功能”“发改委功能”“银行功能”“审计署功能”“财政部功能”“工信部功能”等管控、服务标准化、制度化、流程化的公共政策和文化职能。

阿米巴经营模式的有效导入和运营，必须从设计阿米巴模式开始，按照这两个方向进行系统思考和设计，方能实现阿米巴经营模式的基本功能、主要目的和持续的效益提升。

“化整为零”与**“化零为整”**必须实现有机闭环。

后记 POSTSCRIPT

学好用之

“学好用之”源于日本圣德太子给隋朝遣隋使（早期的官派赴华留学生用语）的讲话寄语。

圣德太子（574 年 2 月 7 日—622 年 4 月 8 日），日本飞鸟时期思想家、政治家。圣德太子在位期间，着力引进中国的先进文化、制度，积极派遣遣隋使来中国学习。

“学好用之”的寄语中不难看出圣德太子对遣隋使的期望。日本历史上，早期学中国，19 世纪中后期的“明治维新”后脱亚入欧，学习西方，成就了日本今天中西合璧的国体，也奠定了日本企业界、经济界在国际商圈的实力和地位。

有意思的是，日本历史上思想界是苍白的，是学习我们中国的，可是日本近现代却产生了全球知名的具备深邃哲学思想的企业大家。从“日本企业之父”涩泽荣一（“论语加算盘”、义利合一等思想成为日本企业界遵照的基本准则），到大名鼎鼎的松下幸之助（自来水哲学、水库式经营、玻璃般透明的经营、员工要自主算账等思想启迪了日本一大批现代企业家，包括当时年轻的稻盛和夫），再到今天我们推崇的稻盛和夫（利他经营、平衡经营、幸福经营、全员经营、创新经营等思想，历史性地提出“经营哲学”，创造性地归纳提炼了降本增效的利器“阿米巴经营模式”等）都成为了大名鼎鼎的具备哲学思想的大家。

这些企业家不仅承担了企业家创造世界、建设世界的使命，还承担了哲学家解释世界的使命。这令 20 世纪 90 年代到访日本的全球管理大师彼得·德鲁克大吃一惊：日本竟然有那么多具备哲学思想的企业家群体。

日本现代企业界中最突出的贡献，除了这些企业家的成就和思想，有两个体系化的工具非常了不得，特别值得我们借鉴学习、消化应用，就是“精益生产管理”和“阿米巴经营模式”。

精益生产管理源于英国，应用于美国，却被日本吸收借鉴后成了炉火纯青的管理利器；阿米巴经营模式是稻盛和夫在多年生产经营实践中摸索出的降本增效、调动员工积极性的，与精益生产管理相辅相成、相得益彰的经营利器。这两大利器完全可以为我所用，不必拘泥于来源，要学习任正非的思想和格局，向一切先进学习，包括向对手学习。

因此，我们何尝不能大力提倡“学好用之”呢？

本书编写过程中，部分引用了浙江中兴精密集团董事长张忠良（宁波盛和塾理事长）、山东天保集团董事长张传法（山东盛和塾理事长）、苏州固锝电子股份有限公司等公开发表的文章、资料和分享，非常感谢！本书编写过程中也得到了阿米巴资深咨询专家王韧老师、宋涛老师等各界朋友的大力支持！一并致谢！

参考文献

[1] 〔日〕北方雅人，久保俊介 . 空巴：稻盛和夫手把手教你如何践行阿米巴 [M]. 叶瑜，译 . 北京：东方出版社，2016.

[2] 吴影 . 阿米巴不是什么 [M]. 北京：东方出版社，2013 年 .